Português Contemporâneo 2

Maria Isabel Abreu
Cléa Rameh

Richard J. O'Brien, S.J.
Editor

Robert Lado
J. Mattoso Camara, Jr.
Consultants

Georgetown University Press, Washington, D.C. 20007

This edition of *Português Contemporâneo* has been
revised to conform to the new orthography established by
Brazilian Law number 5765 of December 18, 1971.

INTRODUCTION

This is the second of two volumes prepared for a basic course in Portuguese. It is based on the same linguistic principles as *Português Contemporâneo 1* and continues the presentation of the first volume in a similar format.

Each lesson in volume one consists of the following parts: (1) a dialogue, (2) notes, (3) pronunciation practice, (4) structure and drills. The lessons in this second volume show a similar composition. There are, however, a few differences.

(1) To the four-part lesson pattern of volume one, a fifth part has been added in each lesson of volume two. The fifth part of each lesson is a reading.

The readings have as their objectives: vocabulary expansion, fixation of the material practiced orally, and the teaching of Brazilian culture.

Each reading selection is followed by a set of questions which may serve both to check comprehension and to provide a basis for controlled conversation.

Each reading section concludes with an alphabetical list of the new words introduced in that particular reading selection.

(2) In the first three lessons of volume two the pronunciation practice is expanded to include exercises in Portuguese orthography. Beginning with lesson 26, exercises in the Portuguese writing system entirely replace the pronunciation drills.

(3) The last and perhaps most notable way in which the lessons of volume two differ from those of volume one is that both the cultural notes which follow each dialogue and the explanations of structure and directions which accompany each set of structural drills are written in Portuguese rather than in English as in the first volume.

For beginning students, certainly, the explanations of structure should be in English. But for students who have made some progress in Portuguese, the sort of Portuguese in which the explanations of structure are couched should not prove difficult.

For not only does Portuguese grammatical terminology show a large number of English cognates, but since the grammatical statements appear in conjunction with grammatical charts which are, for the most part, almost self-defining, it was felt that the combination of chart and explanatory prose would be mutually defining—especially if taken in conjunction with the immediately following drill.

Moreover, Portuguese has its own grammatical terminology and way of talking about language. Neither exactly parallels its English counterpart. Certainly it can be argued that part of a language student's enculturation into a foreign language and culture should include precisely a new vocabulary and manner of talking about the target language—on the condition, of course, that the imparting of this information would not markedly slow down his otherwise rapid assimilation of the foreign language.

It was also felt that if, at this stage of the student's progress, both the notes on the culture and the explanations of structure were presented in Portuguese, it would encourage student and teacher alike to conduct as much of the class as possible—if not all—in Portuguese. And since in the actual classroom situation, an instructor will always be at hand to explain or, if necessary, to 'translate' those parts of the explanations expressed in Portuguese which may on occasion prove difficult for any individual student, the exclusive use of Portuguese in this second volume has much to recommend it.

Once again we would like to express our gratitude to all those who contributed both time and effort to either volume of *Português Contemporâneo*.

Those acknowledged in the introduction to the first volume continued to aid and support us during the preparation of this second volume. We wish to acknowledge their assistance first of all. In addition we are indebted to the following.

Dr. Luis E. Aguilar-León of Georgetown University and Dr. Raymond Sayers of Queens College read some of the readings and offered valuable suggestions.

Jean Huang, Blanca Díez-Suárez, Victor dos Reis, Joseph Geremia, Peter Collins-Cona, Frank Fenwick, Peter Giaimo, Michael Vargo, Daniel Lopata, and Joseph Fanelli helped prepare the final vocabulary.

Marian Higgins with the help of Agostinho and Marília Machado typed the manuscript.

Although the assistance of Dr. J. Mattoso Camara, Jr., was acknowledged in the first volume, we could not close without another word of gratitude for his constant, generous, and most valuable contributions.

To all who have helped and supported *Português Contemporâneo* in any way, our warmest thanks.

This edition of *Português Contemporâneo* has been revised to conform to the new orthography established by Brazilian Law number 5765 of December 18, 1971.

Maria Isabel Abreu
Cléa Rameh

Índice

Fotografias

As fotografias foram oferecidas pela União Pan-americana e pelo Instituto Cultural Brasil-Estados Unidos.

23

O noivado de Helena

Maria Teresa e Helena

T: Eu não pude ir à festa do seu noivado. Mas já me deram notícias sobre o noivo.

H: O que é que lhe disseram?

T: Contaram que o Carlos é um ótimo rapaz e é louco por você.

H: De fato. Ele já deu muitas provas de gostar de mim e os pais se dão muito bem comigo.

T: Alguém nos disse que eles não puderam vir de Recife.

H: Mas nós lhes telefonamos e, assim, eles falaram conosco no grande dia. Pelo menos, nós lhes demos esse prazer.

T: É verdade que eles deram um apartamento para o Carlos?

H: Só para o Carlos, não. Eles o deram para nós dois.

Helena's engagement

T: I couldn't go to your engagement party. But I've already heard a lot about your fiancé.

H: What did they tell you?

T: They said Carlos is very nice and really crazy about you.

H: That's true. He's shown that he likes me a lot and his parents have been very nice to me.

T: Someone said they couldn't come from Recife.

H: But we phoned them, and so they talked to us on the big day. At least, we gave them this pleasure.

T: Is it true that they have given Carlos an apartment?

H: Not just to Carlos, they've given it to both of us.

1

NOTAS

No Brasil a festa do noivado é quase tão importante quanto a do casamento. Todos os parentes e amigos das duas famílias se reúnem em casa da noiva, trazem presentes e, geralmente, comemoram o acontecimento com um grande jantar. Nesse dia faz-se o que é chamado o pedido oficial. Isto quer dizer que o noivo ou, como é mais tradicional, o pai deste, pede ao pai da moça permissão para o casamento. Também nesse dia o noivo traz as alianças que os dois conservarão na mão direita até o dia do casamento, quando então as passarão para a mão esquerda.

PRONÚNCIA E ORTOGRAFIA

(1) /k/ vs. /g/

/k/ e /g/ são consoantes oclusivas velares. /k/ é surda e não aspirada, diferindo do som mais próximo em inglês que é aspirado; /g/ é sonora. Repita:

/k/		/g/	
/kátu/	cato	/gátu/	gato
/kálu/	calo	/gálu/	galo
/kṍmu/	como	/gṍmu/	gomo
/kɔ́sta/	costa	/gɔ́sta/	gosta
/káku/	caco	/gágu/	gago
/kalkáȓ/	calcar	/galgáȓ/	galgar

(2) /kr/ vs. /gr/

Estes grupos consonantais ocorrem no início de sílaba. Repita:

/kr/		/gr/	
/kré/	cré	/gré/	gré
/krátu/	Crato	/grátu/	grato
/krávu/	cravo	/grávu/	gravo
/ákri/	Acre	/ágri/	agre
/krízi/	crise	/grízi/	grise
/sákru/	sacro	/ságru/	sagro
/krṹmi/	crume	/grṹmi/	grume
/krúpi/	crupe	/grúpi/	grupe
/krávi/	crave	/grávi/	grave
/krṍma/	croma	/grṍma/	groma

(3) /kl/ vs. /gl/

Estes grupos consonantais ocorrem no início de sílaba. Repita:

/kl/		/gl/	
/kláru/	claro	/glasiál/	glacial
/tékla/	tecla	/gládiu/	gládio
/deklára/	declara	/aglutinádu/	aglutinado
/r̃eklãma/	reclama	/gléba/	gleba
/klamór̃/	clamor	/glóbu/	globo
/klási/	classe	/glɔ́ria/	glória
/kléru/	clero	/glosáriu/	glossário
/klĩma/	clima	/ĩglés/	inglês

(4) Alfabeto

As letras usadas para representar os sons da língua são as mesmas usadas em inglês com exceção de *k, w, y*. Estas letras aparecem apenas em nomes próprios estrangeiros ou em derivados desses nomes. O alfabeto português consta das vinte e três letras seguintes:

a	- a	i	- i	r	- erre
b	- bê	j	- jota	s	- esse
c	- cê	l	- ele	t	- tê
d	- dê	m	- eme	u	- u
e	- e	n	- ene	v	- vê
f	- efe	o	- o	x	- chis
g	- gê	p	- pê	z	- zê
h	- agá	q	- quê		

Além dessas letras há outros sinais gráficos como os acentos (´) (^) (`), o til (˜), a cedilha sob o *c* (ç) e o trema (¨).

(5) Representação gráfica do som /k/

Escreva as seguintes palavras ditadas pelo professor.
O som /k/ é representado graficamente por:

qu antes de *i, e*		*q* antes de *ua*	
quilo	quero	quatro	quase
quinze	aquele	quadro	qual
quinta-feira	quente	quarta-feira	quanto
aqui	quebrar	quatorze	quando

c em todas as outras posições

casa	como	curso	escritório
cada	coisa	cunhado	clima
cana	comigo	cumprir	claro
caro	conosco	custar	intelectual
louca	rouco	oculto	reclame

ESTRUTURA E EXERCÍCIOS

(1) Pretérito perfeito de *dar, dizer, poder*

Ele já deu muitas provas de gostar de mim.
Pelo menos, nós lhes demos esse prazer.
Mas já me deram notícias sobre o noivo.
Alguém nos disse que eles não puderam vir de Recife.
O que é que lhe disseram?
Eu não pude ir à festa do seu noivado.

dar, dizer, poder		
d-ei diss- ⎤ -e pud- ⎦	d- diss- ⎤ -emos pud- ⎦	
d-eu diss- ⎤ -e pôd ⎦	d- diss- ⎤ -eram pud- ⎦	

Dar, no pretérito, tem as mesmas terminações dos verbos em *-er*, exceto na primeira pessoa do singular. *Dizer* e *poder* têm radical irregular em todas as formas; suas terminações são irregulares no singular. Note a terminação *-eram* com /ɛ/. Isto acontece em todos os verbos irregulares.

Substitua o sujeito.

	Ele já deu muitas provas.
eu	Eu já dei muitas provas.
o seu noivo	O seu noivo já deu muitas provas.
os meus pais	Os meus pais já deram muitas provas.
nós	Nós já demos muitas provas.
lá em casa todos	Lá em casa todos já deram muitas provas.
o seu cunhado	O seu cunhado já deu muitas provas.
eu e você	Eu e você já demos muitas provas.
vocês	Vocês já deram muitas provas.

	Nós lhes demos a notícia.
eu	Eu lhes dei a notícia.
o advogado	O advogado lhes deu a notícia.
vocês	Vocês lhes deram a notícia.
os meus tios	Os meus tios lhes deram a notícia.
o professor	O professor lhes deu a notícia.
eu e o Paulo	Eu e o Paulo lhes demos a notícia.
o filho	O filho lhes deu a notícia.
os senhores	Os senhores lhes deram a notícia.

	Alguém nos disse isto.
vocês	Vocês nos disseram isto.
a senhora	A senhora nos disse isto.
o médico	O médico nos disse isto.
você	Você nos disse isto.
as senhoras	As senhoras nos disseram isto.
ninguém	Ninguém nos disse isto.
o noivo	O noivo nos disse isto.
os pais do noivo	Os pais do noivo nos disseram isto.

	O que é que eles lhe disseram?
eu	O que é que eu lhe disse?
você	O que é que você lhe disse?
nós	O que é que nós lhe dissemos?
vocês	O que é que vocês lhe disseram?
o noivo	O que é que o noivo lhe disse?
os médicos	O que é que os médicos lhe disseram?
o guia	O que é que o guia lhe disse?
eu e os colegas	O que é que eu e os colegas lhe dissemos?

	Eles não puderam vir de Recife.
nós	Nós não pudemos vir de Recife.
o sogro e a sogra	O sogro e a sogra não puderam vir de Recife.
o meu cunhado	O meu cunhado não pôde vir de Recife.
ninguém	Ninguém pôde vir de Recife.
os pais do noivo	Os pais do noivo não puderam vir de Recife.
eu	Eu não pude vir de Recife.
vocês	Vocês não puderam vir de Recife.
nenhum parente	Nenhum parente pôde vir de Recife.

Passe para o pretérito as seguintes frases.

Eu não posso ir à festa.	Eu não pude ir à festa.
Eles me dão notícias.	Eles me deram notícias.
Eu digo que sim.	Eu disse que sim.
Dizem que é uma noite animada.	Disseram que é uma noite animada.
Ele dá muito trabalho.	Ele deu muito trabalho.
Os pais se dão bem comigo.	Os pais se deram bem comigo.
Ele não pode vir dos Estados Unidos.	Ele não pôde vir dos Estados Unidos.
Nós podemos saber pelas cores.	Nós pudemos saber pelas cores.
Alguém nos diz.	Alguém nos disse.
O que é que lhe dizem?	O que é que lhe disseram?
Você dá muitos presentes?	Você deu muitos presentes?
Os convidados dizem que sim.	Os convidados disseram que sim.
Ele pode saber pelas linhas.	Ele pôde saber pelas linhas.
Eu não posso vir do Brasil.	Eu não pude vir do Brasil.
Eu me dou bem com eles.	Eu me dei bem com eles.
Vocês podem me contar tudo.	Vocês puderam me contar tudo.

Passe as frases acima do pretérito para o presente.

(2) Pronomes pessoais - objeto indireto

Mas já me deram notícias sobre o noivo.
O que é que lhe disseram?
Alguém nos disse que eles não puderam vir de Recife.
Pelo menos, nós lhes demos esse prazer.

eu	me	nós	nos
você		vocês	
o senhor		os senhores	
a senhora	lhe	as senhoras	lhes
ele		eles	
ela		elas	

Estas formas diferem dos pronomes pessoais, objeto direto, somente na terceira pessoa do singular e plural.

Objeto direto e indireto				
O Paulo me levou.	Eles	me	deram	notícias.
	Alguém	nos	disse	isto.
O guia nos acompanhou.	Contaram-	nos		uma história
Objeto direto	**Objeto indireto**			
Você a viu.	Você	lhe	escreveu	uma carta.
Você os aprendeu.	Nós	lhes	telefonamos.	
	Disseram-	lhe		isto.

Estas formas correspondem de maneira geral às expressões em inglês *to me, to you, to us, to him, to her, to them.* Ocorrem com grande frequência antes do verbo mas, na linguagem formal, quando não há sujeito expresso, ocorrem depois do verbo.

Substitua a expressão precedida de preposição pelo pronome necessário.

Ele telefonou para a noiva. Ele lhe telefonou.
Ele deu um presente aos pais. Ele lhes deu um presente.
Ele disse a verdade ao professor. Ele lhe disse a verdade.
Ele traz dois livros para você. Ele lhe traz dois livros.
Ele escreveu para nós. Ele nos escreveu.

Ele contou uma história às crianças. Ele lhes contou uma história.
Ele não responde ao pai. Ele não lhe responde.
Ele sempre traz as notícias para nós. Ele sempre nos traz as notícias.
Ele pergunta tudo aos professores. Ele lhes pergunta tudo.
Ele escreve para os amigos. Ele lhes escreve.

Substitua o pronome por outro pronome sugerido pela palavra dada.

	Já me deram notícias.
o Paulo	Já lhe deram notícias.
nós	Já nos deram notícias.
a noiva	Já lhe deram notícias.
vocês	Já lhes deram notícias.
os meus pais	Já lhes deram notícias.
o senhor	Já lhe deram notícias.
eu e você	Já nos deram notícias.
a Helena	Já lhe deram notícias.

	Alguém nos disse isto.
o noivo	Alguém lhe disse isto.
eu	Alguém me disse isto.
a senhora	Alguém lhe disse isto.
os médicos	Alguém lhes disse isto.
vocês	Alguém lhes disse isto.
eu e a Helena	Alguém nos disse isto.
a família dele	Alguém lhe disse isto.
você	Alguém lhe disse isto.

	Você lhe escreveu uma carta.
nós	Você nos escreveu uma carta.
eu	Você me escreveu uma carta.
os nossos colegas	Você lhes escreveu uma carta.
a professora	Você lhe escreveu uma carta.
os paulistas	Você lhes escreveu uma carta.
a sua sogra	Você lhe escreveu uma carta.
eu e a minha irmã	Você nos escreveu uma carta.
os cariocas	Você lhes escreveu uma carta.

	Nós lhes telefonamos.
você	Nós lhe telefonamos.
os meus irmãos	Nós lhes telefonamos.
o Rui	Nós lhe telefonamos.
os portugueses	Nós lhes telefonamos.
a mãe do Betinho	Nós lhe teiefonamos.
as empregadas	Nós lhes telefonamos.
vocês	Nós lhes telefonamos.
a Helena	Nós lhe telefonamos.

Responda as seguintes perguntas, de acordo com o modelo sugerido pela primeira resposta.

Você deu as notícias ao noivo?
Você escreveu a seus pais?
Nós lhes telefonamos ontem?

Dei sim, eu lhe dei as notícias.
Escrevi sim, eu lhes escrevi.
Telefonaram sim, vocês nos telefonaram ontem.

Ele já lhe deu provas?
Eu lhes falei sobre o livro?

Deu sim, ele já me deu provas.
Falou sim, você nos falou sobre o livro.

Ela lhe disse que não pode vir?

Disse sim, ela me disse que não pode vir.

Você me telefonou ontem?	Telefonei sim, eu lhe telefonei ontem.
Você sempre me diz a verdade?	Digo sim, eu sempre lhe digo a verdade.
Você contou tudo aos amigos?	Contei sim, eu lhes contei tudo.
Você nos traz os livros?	Trago sim, eu lhes trago os livros.

Pratique os pronomes usando-os em lugar das expressões que seguem o verbo.

O que é que disseram a você?	O que é que lhe disseram?
Alguém disse a nós.	Alguém nos disse.
Você já viu a bandeira?	Você já a viu?
Eu encontrei as moças brasileiras.	Eu as encontrei.
Com quem você aprendeu os símbolos?	Com quem você os aprendeu?

Nós telefonamos a ele.	Nós lhe telefonamos.
O advogado não respondeu a você.	O advogado não lhe respondeu.
Nós convidamos os nossos amigos.	Nós os convidamos.
Ela compreendeu a história.	Ela a compreendeu.
Eu escrevi ao meu amigo.	Eu lhe escrevi.

(3) Pronomes pessoais depois de preposição

Ele já deu provas de gostar de mim.
Os pais se dão muito bem comigo.
Ele é louco por você.
Vocês estão olhando tanto para ela.
Eles falaram conosco no grande dia.

(1)	(2)
comigo (com + pronomes)	mim
conosco	nós

(3)	
você	vocês
ele	eles
ela	elas
o senhor	os senhores
a senhora	as senhoras

(1) Estas são formas aglutinadas de *com* + os pronomes correspondentes a *eu* e *nós*.

(2) Estas formas dos pronomes *eu* e *nós* são usadas depois de outras preposições.

(3) Outros pronomes depois de preposição têm formas idênticas às usadas para sujeito.

Na linguagem coloquial as formas *lhe* e *lhes* são freqüentemente substituídas por preposição seguida do pronome correspondente. Exemplos: *Eu dei o livro a ele* (eu lhe dei o livro); *ela traz estas canetas para nós* (ela nos traz estas canetas).

Substitua o pronome depois da preposição fazendo as contrações necessárias.

	Eles são loucos por você.
mim	Eles são loucos por mim.
elas	Eles são loucos por elas.
vocês	Eles são loucos por vocês.
nós	Eles são loucos por nós.
os senhores	Eles são loucos pelos senhores.
ela	Eles são loucos por ela.
o senhor	Eles são loucos pelo senhor.
a senhora	Eles são loucos pela senhora.
	O Carlos deu provas de gostar de mim.
você	O Carlos deu provas de gostar de você.
elas	O Carlos deu provas de gostar delas.
a senhora	O Carlos deu provas de gostar da senhora.
ele	O Carlos deu provas de gostar dele.
nós	O Carlos deu provas de gostar de nós.
ela	O Carlos deu provas de gostar dela.
vocês	O Carlos deu provas de gostar de vocês.
eles	O Carlos deu provas de gostar deles.
	Eles se dão bem comigo.
conosco	Eles se dão bem conosco.
você	Eles se dão bem com você.
ele	Eles se dão bem com ele.
a senhora	Eles se dão bem com a senhora.
o senhor	Eles se dão bem com o senhor.
vocês	Eles se dão bem com vocês.
ela	Eles se dão bem com ela.
elas	Eles se dão bem com elas.
	Eles falaram conosco no grande dia.
vocês	Eles falaram com vocês no grande dia.
ele	Eles falaram com ele no grande dia.
a senhora	Eles falaram com a senhora no grande dia.
comigo	Eles falaram comigo no grande dia.
o senhor	Eles falaram com o senhor no grande dia.
elas	Eles falaram com elas no grande dia.
você	Eles falaram com você no grande dia.
ela	Eles falaram com ela no grande dia.

Responda as seguintes perguntas escolhendo a segunda alternativa.

Eles falaram comigo ou com vocês?	Eles falaram conosco.
Ele telefonou para mim ou para eles?	Ele telefonou para eles.
Você vai com eles ou comigo?	Eu vou com você.
Ele deu provas a ela ou a você?	Ele deu provas a mim.

O Paulo foi com ela ou com você?	Ele foi comigo.
Você disse a mim ou a eles?	Eu disse a eles.
Os pais dele se dão comigo ou com você?	Eles se dão comigo.
Ele gosta dela ou de você?	Ele gosta de mim.

O Carlos telefonou para o professor ou para vocês?	Ele telefonou para nós.
A Helena vai sair comigo ou com vocês?	Ela vai sair conosco.
Ele deu as informações ao Sr. Luís ou a você?	Ele deu as informações a mim.
Você levou isto para todos ou para ela?	Eu levei isto para ela.

(4) Dois pronomes na mesma frase

Eles o deram para nós dois.

sujeito + objeto direto + verbo + objeto indireto

Quando dois pronomes, objeto direto e objeto indireto, ocorrem na mesma frase, usa-se o objeto direto em seguida ao sujeito. O objeto indireto, conservando a forma do sujeito, vem no fim da frase depois de uma preposição.

Exemplos

Eu o dei a você (Eu lhe dei o livro).
Helena as traz para nós (Helena nos traz as canetas).

Os pais a deram a eles (Os pais lhes deram uma casa).
Ele o disse a mim (Ele me disse isto).

Na linguagem coloquial é freqüente não dizer o objeto direto nestes casos. As frases acima passariam a ser: *Eu dei a você. Os pais deram a eles*, etc.

Na língua escrita muito formal usa-se a contração dos dois pronomes. Assim as mesmas frases teriam a seguinte construção: *Eu lho dei, Os pais lha deram, Helena no-las traz, Ele mo disse.*

Responda as seguintes perguntas na forma negativa de acordo com o modelo sugerido pela primeira resposta.

Os pais deram um apartamento para o Carlos? nós	Não, eles o deram para nós.
Os convidados deram presentes ao noivo? ela	Não, eles os deram a ela.
Você traz os livros para ele? eles	Não, eu os trago para eles.
Nós dissemos isto ao advogado? eu	Não, vocês o disseram a mim.
A empregada faz o jantar para a Dona Amélia? vocês	Não, ela o faz para vocês.
Vocês contaram esta história a ele? ela	Não, nós a contamos a ela.
Ele pediu os papéis à Helena? você	Não, ele os pediu a você.
A sua avó lê histórias para as crianças? nós	Não, ela as lê para nós.

Substitua na posição correta.

	Os amigos o deram para nós.
para vocês	Os amigos o deram para vocês.
para ela	Os amigos o deram para ela.
a	Os amigos a deram para ela.
o noivo	O noivo a deu para ela.
os	O noivo os deu para ela.
leu	O noivo os leu para ela.
para eles	O noivo os leu para eles.
o avô	O avô os leu para eles.
as	O avô as leu para eles.
traz	O avô as traz para eles.
para mim	O avô as traz para mim.
as colegas	As colegas as trazem para mim.
para ele	As colegas as trazem para ele.
para você	As colegas as trazem para você.

LEITURA: Helena e Carlos ficam noivos

Helena mora com sua família em Copacabana. Seu pai, Dr. Alceu de Andrade Lima, veio de Minas há muitos anos, tendo no Rio se casado com Dona Amélia. Embora formado em direito, dedicou-se desde cedo a negócios e é hoje gerente de uma grande firma comercial. Helena tem dois irmãos: Paulo, estudante de direito, e Betinho, menino de doze anos, estudante de ginásio.

Helena formou-se pela Faculdade de Filosofia em dezembro e, agora, acaba de ficar noiva. O noivo é um rapaz alto e simpático de Recife. Ele se chama Carlos Tavares de Albuquerque. Carlos é engenheiro mas provavelmente entrará na política, como o pai.

Todos os parentes e amigos foram convidados para a festa do noivado e trouxeram lindos presentes para a noiva. Além das alianças, Carlos deu-lhe um anel de brilhantes que todos admiraram. O noivo falou com o pai de Helena e a data do casamento ficou marcada para fins de setembro.

Os pais de Carlos não puderam vir para o grande dia porque Dona Antônia, assim se chama a sua mãe, não se sentia muito bem. Carlos e Helena lhes telefonaram e lhes deram, assim, um grande prazer. Eles gostam muito de Helena e estão contentes com o noivado, apesar de acharem que ainda é cedo para Carlos se casar e que ele ainda deveria "aproveitar mais a vida," como diz Dona Antônia.

Carlos e Helena se conheceram no carnaval do ano passado, num baile do Fluminense. Quando Ricardo, colega de Carlos e amigo da família do Dr. Alceu, os apresentou, Carlos muito se impressionou pela graça e vivacidade de Helena. E no meio de todo o barulho da festa ele decidiu que se casaria com ela. Assim começou o romance.

Perguntas sobre a leitura

1 Onde Helena mora?
2 Quando Dr. Alceu veio de Minas?
3 O que é que ele faz?
4 Quantos irmãos tem Helena?
5 Quando Helena se formou?
6 Quem é o noivo de Helena?
7 Quem foi convidado para a festa do noivado?
8 O que é que Carlos deu a Helena?
9 Para quando ficou marcada a data do casamento?
10 Os pais de Carlos vieram para o grande dia?
11 Eles estão contentes com o noivado?
12 Onde Carlos e Helena se conheceram?
13 Quem os apresentou?

Vocabulário introduzido na leitura

acabar de v 'have just, end, finish'
admirar v 'admire'
além de avl 'besides'
anel -éis n m 'ring'
apesar de 'in spite of'
aproveitar v 'take advantage of'
baile n m 'dance'
barulho n 'noise'
brilhante n m 'diamond'
carnaval n m 'carnival'
casar-se v 'get married'
cedo avl 'early'
chamar-se v 'be called'
comercial -ais aj m/f 'commercial'
contente aj m/f 'content, happy'
data n 'date'
dedicar v 'dedicate'
embora c 'although'
estudante n m/f 'student'

faculdade n f 'school, college, a department at a university'
filosofia n 'philosophy'
fim -ns n m 'end'
firma n 'business, firm'
formar-se v 'graduate'
gerente n m 'manager'
graça n 'charm'
impressionar-se v 'be impressed'
lindo -a aj 'beautiful'
marcar v 'set, mark'
meio n 'middle'
negócio n 'business'
política n 'politics'
provavelmente av 'probably'
romance n m 'romance'
vida n 'life'
vivacidade n f 'vivaciousness'

24

Jantar no restaurante

Rui e Paulo

R: Sábado passado eu quis vê-lo mas não o encontrei.
P: Foi pena. Eu trouxe uns amigos americanos para jantar na Colombo.
R: Você soube escolher bem o restaurante.
P: Eu acho que soube mesmo. Nós fizemos uma boa refeição. O "garçon" nos trouxe tudo especial.
R: Por que é que ele quis agradar tanto? O que é que você fez?
P: Eu não fiz nada. Os meus amigos quiseram praticar português e fizeram uma porção de brincadeiras com ele.
R: Eu aposto como vocês puseram o homem tonto, coitado.
P: Tontos estávamos todos, pois houve vinho à vontade.

Dining out

R: Last Saturday I wanted to see you, but I couldn't find you.
P: That's too bad. I took some American friends to dinner at the Colombo.
R: You really knew how to pick a restaurant.
P: I think I really did too. We had a good dinner. The waiter brought us everything special.
R: Why was he so nice to you? What did you do?
P: I didn't do anything. My friends wanted to practice Portuguese and they joked with him.
R: I bet you drove the man crazy, the poor fellow.
P: We were all acting crazy; there was plenty of wine.

PRONÚNCIA E ORTOGRAFIA

(1) /t/ vs. /d/

/t/ e /d/ são consoantes oclusivas, alveolares. /t/ é surda e não aspirada, diferindo do som mais próximo em inglês que é aspirado; /d/ é sonora. Em alguns dialetos as oclusivas /t/ e /d/ são substituídas pelas africadas [ĉ] e [ĵ] antes do som /i/. Repita:

/t/		/d/	
/áta/	ata	/áda/	ada
/téu/	teu	/déu/	deu
/tóra/	tora	/dóra/	Dora
/séta/	senta	/séda/	senda
/tõ/	tom	/dó/	dom

(2) /tr/ vs. /dr/

Estes grupos consonantais ocorrem no início da sílaba. Repita:

/tr/		/dr/	
/kuátru/	quatro	/kuádru/	quadro
/trãma/	trama	/drãma/	drama
/patrãũ/	patrão	/padrãũ/	padrão
/trága/	traga	/drága/	draga
/tréna/	trena	/dréna/	drena

(3) Representação gráfica do som /g/

Escreva as seguintes palavras ditadas pelo professor.
O som /g/ é representado graficamente por:

gu antes de *i, e*

guia	português
seguir	ninguém
guiar	alguém
Guilherme	freguês
águia	cheguei

g em todos os outros casos

colega	agora	água	gratidão
chega	amigo	algum	ingrato

obrigado	gosta	iguaria	gleba
gato	domingo	gula	globo
bagagem	comigo	Guanabara	gruta

ESTRUTURA E EXERCÍCIOS

(1) Pretérito perfeito de *saber, trazer, haver*

Você soube escolher bem o restaurante.
Eu trouxe uns amigos para jantar na Colombo.
O "garçon" nos trouxe tudo especial.
Houve vinho à vontade.

```
saber, trazer, haver

soub- ⌉          soub-  ⌉
        -e              -emos
troux- ⌋         troux- ⌋

soub-  ⌉         soub-  ⌉
                         -eram
troux- | -e      troux- ⌋
houv-  ⌋
```

Estes verbos são irregulares no radical e nas terminações do singular, além de terem /ε/ na terminação da terceira pessoa do plural. A não ser na língua escrita muito formal, *haver* somente ocorre na forma acima e é usado tanto para o singular como para o plural, por exemplo: *houve uma festa, houve muitas festas.*

Substitua o sujeito.

	Você soube escolher bem o restaurante.
nós	Nós soubemos escolher bem o restaurante.
eu	Eu soube escolher bem o restaurante.
ninguém	Ninguém soube escolher bem o restaurante.
os meus amigos	Os meus amigos souberam escolher bem o restaurante.
o noivo da Helena	O noivo da Helena soube escolher bem o restaurante.
os americanos	Os americanos souberam escolher bem o restaurante.
você	Você soube escolher bem o restaurante.
eu e o Paulo	Eu e o Paulo soubemos escolher bem o restaurante.
	Eu trouxe uns amigos para jantar.
os noivos	Os noivos trouxeram uns amigos para jantar.

a mamãe	A mamãe trouxe uns amigos para jantar.
vocês	Vocês trouxeram uns amigos para jantar.
você	Você trouxe uns amigos para jantar.
alguém	Alguém trouxe uns amigos para jantar.
eu e a Helena	Eu e a Helena trouxemos uns amigos para jantar.
os meus tios	Os meus tios trouxeram uns amigos para jantar.
	Houve vinho à vontade.
brincadeiras	Houve brincadeiras à vontade.
festas	Houve festas à vontade.
dinheiro	Houve dinheiro à vontade.
café	Houve café à vontade.
tempo	Houve tempo à vontade.
verduras	Houve verduras à vontade.
diversões	Houve diversões à vontade.
concertos	Houve concertos à vontade.

Responda as seguintes perguntas escolhendo a primeira alternativa.

Você trouxe uns amigos para jantar ou para almoçar?	Eu trouxe uns amigos para jantar.
O "garçon" trouxe tudo especial ou qualquer coisa?	Ele trouxe tudo especial.
Você soube escolher bem o restaurante ou o apartamento?	Eu soube escolher bem o restaurante.
Vocês souberam falar francês ou italiano?	Nós soubemos falar francês.
Os seus amigos trouxeram uns rapazes ou umas moças?	Eles trouxeram uns rapazes.
Houve muitos concertos ou muitas óperas?	Houve muitos concertos.
Houve um pequeno jantar ou uma festa grande?	Houve um pequeno jantar.
Eles souberam bem o diálogo ou a lição?	Eles souberam bem o diálogo.

Passe para o pretérito as frases seguintes.

O "garçon" nos traz tudo especial.	O "garçon" nos trouxe tudo especial.
Você traz os seus amigos.	Você trouxe os seus amigos.

Eu sei escolher os meus livros.
Todos trazem alguma coisa.

Eu trago uma porção de moças.
Há muitas festas no Rio.
Nós não sabemos ir ao aeroporto.
Há um jantar na casa da Dona
  Amélia.
Vocês sabem que a Helena
  ficou noiva.

Eu soube escolher os meus livros.
Todos trouxeram alguma coisa.

Eu trouxe uma porção de moças.
Houve muitas festas no Rio.
Nós não soubemos ir ao aeroporto.
Houve um jantar na casa da Dona
  Amélia.
Vocês souberam que a Helena ficou
  noiva.

Passe as frases acima do pretérito para o presente.

(2) Pretérito perfeito de *fazer, querer, pôr*

Eu não fiz nada.
O que é que você fez?
Nós fizemos uma boa refeição.
Eles fizeram uma porção de brincadeiras.
Por que é que ele quis agradar tanto?
Os meus amigos quiseram praticar português.
Vocês puseram o homem tonto.

fazer, querer, pôr		
fiz	fiz-	
quis	quis-	-emos
pus	pus-	
fez	fiz-	
quis	quis-	-eram
pôs	pus-	

Estes verbos são irregulares no radical, além de não terem terminações no singular.

Substitua o sujeito.

	O que é que você fez?
eu	O que é que eu fiz?
os meninos	O que é que os meninos fizeram?
o "garçon"	O que é que o "garçon" fez?

nós	O que é que nós fizemos?
vocês	O que é que vocês fizeram?
o Betinho	O que é que o Betinho fez?
eu e você	O que é que eu e você fizemos?
os brasileiros	O que é que os brasileiros fizeram?

	Os meus amigos quiseram praticar português.
nós	Nós quisemos praticar português.
os seus sobrinhos	Os seus sobrinhos quiseram praticar português.
eu	Eu quis praticar português.
vocês	Vocês quiseram praticar português.
o seu marido	O seu marido quis praticar português.
a senhora	A senhora quis praticar português.
os americanos	Os americanos quiseram praticar português.
eu e o Carlos	Eu e o Carlos quisemos praticar português.

	Vocês puseram o homem tonto.
a Ana Maria	A Ana Maria pôs o homem tonto.
eu	Eu pus o homem tonto.
os meninos	Os meninos puseram o homem tonto.
nós	Nós pusemos o homem tonto.
o médico	O médico pôs o homem tonto.
você	Você pôs o homem tonto.
os parentes	Os parentes puseram o homem tonto.
o vinho	O vinho pôs o homem tonto.

Responda as seguintes perguntas escolhendo a segunda alternativa.

Você fez o jantar ou não fez nada?	Eu não fiz nada.
Os seus amigos quiseram praticar espanhol ou português?	Eles quiseram praticar português.
Eles puseram o homem contente ou tonto?	Eles puseram o homem tonto.
Você pôs tudo no lugar certo ou em qualquer lugar?	Eu pus tudo em qualquer lugar.
Vocês fizeram alguma coisa especial ou um jantar comum?	Nós fizemos um jantar comum.
Você quis vir de avião ou de navio?	Eu quis vir de navio.

Vocês quiseram ir à Colombo ou a
outro restaurante?
O senador fez um trabalho simples
ou um trabalho importante?

Nós quisemos ir a outro restaurante.

Ele fez um trabalho importante.

Passe para o pretérito as frases seguintes.

Eu quero uma informação.	Eu quis uma informação.
Nós fazemos uma boa refeição.	Nós fizemos uma boa refeição.
Você põe tudo no lugar certo.	Você pôs tudo no lugar certo.
O que é que você faz?	O que é que você fez?
O que é que eles querem?	O que é que eles quiseram?
Eu ponho tudo no lixo.	Eu pus tudo no lixo.
Vocês põem o homem tonto.	Vocês puseram o homem tonto.
Eu não faço nada.	Eu não fiz nada.

Passe as frases acima do pretérito para o presente.

(3) Pronomes pessoais oblíquos depois do verbo

Sábado passado eu quis vê-lo.

A posição dos pronomes é muito flexível mas as formas *o, a, os, as,*
freqüentemente ocorrem depois do infinito dos verbos com as modificações
abaixo:

ver	+	o	=	vê-lo
levar	+	a	=	levá-la
ouvir	+	os	=	ouvi-los
pôr	+	as	=	pô-las

Note que as vogais finais dos verbos têm acento gráfico com exceção do *i*.

Exemplos

Eles foram levá-lo ao aeroporto.
Eu quis ouvi-la no Teatro Municipal.
Nós não podemos vê-los amanhã.
Você quer recebê-las hoje?
Eu vou pô-las em cima da mesa.
Ele pode trazê-la para casa.

As construções abaixo geralmente não se usam na língua falada mas ocorrem na língua escrita formal.

Os pronomes *o, a, os, as,* depois de uma forma verbal terminada em nasal, têm as formas *no, na, nos, nas,* como nos exemplos seguintes:

As lições são fáceis; os alunos aprendem-nas bem.
Esta moça é muito simpática; convidam-na sempre para tudo.

Quando *nos* ocorre depois de uma forma verbal terminada em *s,* este desaparece; e.g.,

Levantamo-nos cedo 'We got up early'.
Cumprimentamo-nos amavelmente.

Note que há um hífen entre a forma verbal e o pronome quando este vem depois do verbo.

Substitua por pronomes as expressões depois do verbo.

Ele quis ver os amigos.　　　　　　Ele quis vê-los.
Ele quis comprar o livro.　　　　　Ele quis comprá-lo.
Ele quis ouvir a história.　　　　　Ele quis ouvi-la.
Ele quis fazer as lições.　　　　　Ele quis fazê-las.

Ele quis trazer os amigos.　　　　Ele quis trazê-los.
Ele quis levar as moças.　　　　　Ele quis levá-las.
Ele quis receber o aluno.　　　　　Ele quis recebê-lo.
Ele quis esperar a irmã.　　　　　Ele quis esperá-la.

Eu vou ver o rapaz.　　　　　　　Eu vou vê-lo.
Eu vou aprender os pronomes.　　Eu vou aprendê-los.
Eu vou encontrar a senhora.　　　Eu vou encontrá-la.
Eu vou procurar o porteiro.　　　Eu vou procurá-lo.

Eu vou ouvir vocês (falando a　　Eu vou ouvi-los.
　homens).
Eu vou trazer os convidados.　　Eu vou trazê-los.
Eu vou chamar as minhas amigas.　Eu vou chamá-las.
Eu vou ver você (falando a uma　Eu vou vê-la.
　senhora).

Responda as seguintes perguntas de acordo com o modelo apresentado pela primeira resposta.

Você pode me ouvir?	Posso sim, eu posso ouvi-lo muito bem.
Você pode compreender os seus colegas?	Posso sim, eu posso compreendê-los muito bem.
Você pode ver aquele edifício?	Posso sim, eu posso vê-lo muito bem.
Nós podemos fazer as lições?	Podemos sim, nós podemos fazê-las muito bem.
Você pode abrir a mala?	Posso sim, eu posso abri-la muito bem.
Vocês podem ler as histórias?	Podemos sim, nós podemos lê-las muito bem.
Vocês podem aprender os pronomes?	Podemos sim, nós podemos aprendê-los muito bem.
Você pode resolver a situação?	Posso sim, eu posso resolvê-la muito bem.

Para revisão dos pronomes responda as seguintes perguntas na forma afirmativa.

Vocês viram as estrelas brancas?	Vimos sim, nós as vimos.
Vocês aprenderam os pronomes?	Aprendemos sim, nós os aprendemos.
Ela lhe telefonou ontem?	Telefonou sim, ela me telefonou ontem.
Você escreveu a seus pais?	Escrevi sim, eu lhes escrevi.
Você pode ouvir o seu colega?	Posso sim, eu posso ouvi-lo.
Vocês querem ver a sua colega?	Queremos sim, nós queremos vê-la.
Você me disse que esteve no Brasil?	Disse sim, eu lhe disse que estive no Brasil.
Você nos disse que vai ao Brasil?	Disse sim, eu lhes disse que vou ao Brasil.
Você estuda comigo?	Estudo sim, eu estudo com o senhor.
A sua namorada sai com você?	Sai sim, ela sai comigo.
O Paulo convidou os amigos americanos?	Convidou sim, ele os convidou.
Ela disse isto a você?	Disse sim, ela disse isto a mim.

Você vai ver os artistas?　　　　　　Vou sim, eu vou vê-los.
Você viu o Paulo a semana passada?　　Vi sim, eu o vi a semana passada.
Você pode chamar a Helena?　　　　　Posso sim, eu posso chamá-la.
O avô leu as histórias para você?　　　Leu sim, ele as leu para mim.

LEITURA: Uma noite na Colombo

Fred e Margaret, um casal de americanos, estão no Brasil fazendo, juntos, pesquisas para um trabalho que vão escrever. Susana, uma colega americana de Paulo, de volta aos Estados Unidos, deu-lhes o endereço do rapaz. Assim, ao chegar ao Rio, os dois conheceram toda a família do Dr. Alceu, de quem ficaram logo bons amigos.

Sábado passado Paulo levou-os para jantar na Colombo, um dos mais populares restaurantes do Rio situado em Copacabana. Lá chegando, o "maître" os conduziu a uma mesa pequena perto de uma janela que dava para a rua. Os três se sentaram. Chegou então o "garçon" que pôs diante de cada um um prato e os talheres, isto é, a colher e a faca à direita e o garfo à esquerda. Trouxe também os copos e os guardanapos.

Paulo e os amigos olharam os "menus" e fizeram cada um o seu pedido. Margaret quis uma feijoada bem brasileira. Fred pediu bife mal passado com batatas e uma verdura. Paulo preferiu macarrão com frango. Todos quiseram também uma salada e concordaram em experimentar um vinho do Rio Grande do Sul.

Antes dos pratos pedidos, o "garçon" trouxe pão, manteiga e azeitonas.

Logo depois foi servido o vinho, o que fez os três amigos muito animados. A conversa tornou-se mais interessante e os três quase se esqueceram de que estavam com fome. Nem sentiram o tempo passar.

Chegou o jantar. Margaret foi a primeira a dizer:

—Hum! a comida parece tão gostosa.

Fred, depois de experimentar o seu bife, pediu ao "garçon" para lhe trazer sal.

Quando acabaram, escolheram a sobremesa. Margaret quis experimentar goiabada e achou-a deliciosa. Os dois rapazes tomaram sorvete.

Afinal o "garçon" serviu o cafezinho. Os americanos acharam-no muito gostoso apesar de forte. Paulo, como todo bom brasileiro, tomou-o com uma grande quantidade de açúcar.

O "garçon" trouxe a nota. Paulo pagou-a e deixou uma gorjeta. Fred e Margaret agradeceram muito a Paulo por aquele jantar tão bom e alegre, e, como ainda era cedo, decidiram convidá-lo para ir a uma "boîte".

Perguntas sobre a leitura

1 O que é que Fred e Margaret estão fazendo no Brasil?
2 Quem lhes deu o endereço da família do Dr. Alceu?

3 Onde Paulo e os amigos estiveram?
4 Para onde o "maître" os conduziu quando chegaram ao restaurante?
5 O que é que o "garçon" pôs diante de cada pessoa?
6 O que é que os amigos fizeram depois de olharem os "menus"?
7 O que é que cada um pediu?
8 Em que é que todos concordaram?
9 O que é que o "garçon" trouxe antes dos pratos pedidos?
10 Por que é que a conversa se tornou mais interessante?
11 O que é que Margaret disse quando o jantar chegou?
12 Quando Fred pediu ao "garçon" para lhe trazer sal?
13 Que sobremesa os amigos escolheram?
14 O que é que os americanos acharam do cafezinho?
15 Quem pagou a nota?
16 Os amigos convidaram Paulo para ir a algum lugar?

Vocabulário introduzido na leitura

açúcar n m 'sugar'
afinal avl 'finally, at last'
agradecer v 'thank'
alegre aj m/f 'happy'
azeitona n 'olive'
bife n m 'steak'
"boîte" n f 'night club'
cada ajl 'each'
cafezinho n 'demitasse (coffee)'
casal -ais n m 'couple'
colher -es n f 'spoon'
comida n 'food'
concordar v 'agree'
copo n 'glass'
dar para v 'overlook'
deixar v 'leave'
delicioso -a aj 'delicious'
diante de p 'in front of'
endereço n 'address'
experimentar v 'taste'
faca n 'knife'
feijoada n 'a Brazilian dish'
forte aj m/f 'strong'
frango -a n 'chicken'
garfo n 'fork'
goiabada n 'guava marmalade'

gorjeta n 'tip'
guardanapo n 'napkin'
janela n 'window'
junto -a aj 'together'
macarrão -ões n m 'spaghetti, noodle'
"maître" n m 'head waiter'
mal passado ajl 'rare'
manteiga n 'butter'
"menu" n m 'menu'
nota n 'check'
pagar v 'pay'
pedir v 'order (new meaning), ask'
pesquisa n 'research'
popular -es aj m/f 'popular'
prato n 'plate, dish'
preferir v 'prefer'
quantidade n f 'quantity'
sal n m 'salt'
salada n 'salad'
sentar-se v 'sit down'
servir v 'serve'
situar v 'locate'
sobremesa n 'dessert'
sorvete n m 'ice cream'
talher -es n m 'silverware'

25

Fazendo compras

Helena e Carlos

H: Eu me sinto exausta mas tenho que fazer compras. Vamos à cidade?
C: Você não prefere comprar aqui mesmo no bairro? Você não disse que aqui há de tudo, que não falta nada?
H: Qualquer lugar serve. Eu quero ver muitas lojas.
C: Eu vi muito vestido e muita fazenda por aí.
H: Eu sei. Todas as paulistas elegantes se vestem na rua Augusta.
C: Então vamos. Nós sempre nos divertimos tanto com as suas compras.
H: Escute, Carlos, se você vai se aborrecer eu vou com a Maria Teresa.

Going shopping

H: I'm exhausted but I have to go shopping. Let's go to town.
C: Don't you want to shop right here in the neighborhood? You always say that you can find everything here, don't you?
H: Any place will do. I want to see many stores.
C: I saw a lot of dresses and materials around here.
H: I know. All the elegant ladies of São Paulo buy their clothes on Augusta Street.
C: Let's go then. We always have such a good time on your shopping trips.
H: Listen, Carlos. If you're going to be bored, I'll go with Maria Teresa.

PRONÚNCIA E ORTOGRAFIA

(1) /f/ vs. /v/

/f/ é surda em contraste com /v/ que é sonora. São ambas fricativas, lábio-dentais. Repita:

/f/		/v/	
/fés/	fez	/vés/	vez
/fĩ/	fim	/vĩ/	vim
/fáka/	faca	/váka/	vaca
/álfa/	alfa	/álva/	alva
/fía/	fia	/vía/	via

(2) /fr/, /fl/, /vr/

Estes grupos consonantais ocorrem em início de sílaba. Repita:

/fr/		/fl/		/vr/	
/fráku/	fraco	/flóŕ/	flor	/lívru/	livro
/frítu/	frito	/fláuta/	flauta	/lávra/	lavra
/kófri/	cofre	/flóku/	floco	/livréiru/	livreiro
/sáfra/	safra	/aflítu/	aflito	/lívri/	livre
/frúta/	fruta	/ŕefléti/	reflete		

(3) Representação gráfica do som /s/ inicial

Escreva as seguintes palavras ditadas pelo professor.
O som /s/ no início de palavra pode ser representado graficamente por

c antes de i, e

cinto	cinema	cem	cesta
círio	circo	cento	célebre
cidade	ciência	cede	certo
cigarro		ceda	

s antes de qualquer vogal

sinto	sem	sala	sogra	sua
sírio	sento	sábado	sobremesa	subir
sílaba	sede	são	sono	sublime
simples	seda	saindo	sobrenome	sujo
sirvo	sexta	sabão	socorro	Susana
silêncio	semana	sadio	sol	suco
sinal	seguinte	sabor	sou	subúrbio

ESTRUTURA E EXERCÍCIOS

(1) Presente dos verbos com alternância vocálica /i/ ou /ĩ/: /ɛ/ ou /ẽ/

Nós sempre nos divertimos com as suas compras.
Eu me sinto exausta.
Elas se vestem na Rua Augusta.
Você não prefere comprar aqui mesmo?
Qualquer lugar serve.

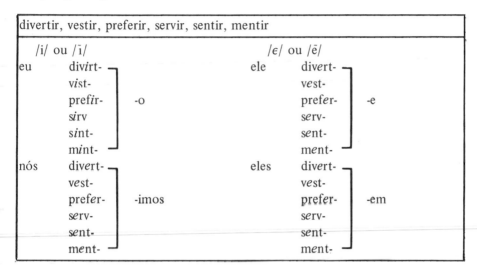

Há verbos como *divertir, vestir, preferir, servir, sentir, mentir* 'lie' que apresentam alternância vocálica no radical. A vogal tônica é /i/ ou /ĩ/ na primeira pessoa do singular e /ɛ/ ou /ẽ/ na terceira pessoa do singular e plural. Na primeira pessoa do plural a vogal tônica encontra-se na terminação.

Substitua o sujeito e os *pronomes que o seguem* quando estes ocorrerem.

	Nós sempre nos divertimos tanto.
os senhores se	Os senhores sempre se divertem tanto.
eles se	Eles sempre se divertem tanto.
eu me	Eu sempre me divirto tanto.
você se	Você sempre se diverte tanto.
vocês se	Vocês sempre se divertem tanto.
a senhora se	A senhora sempre se diverte tanto.
a Helena e o Carlos se	A Helena e o Carlos sempre se divertem tanto.
nós nos	Nós sempre nos divertimos tanto.
eu me	Eu sempre me divirto tanto.

	Eu me sinto exausto.
elas se	Elas se sentem exaustas.
o Carlos se	O Carlos se sente exausto.
nós nos	Nós nos sentimos exaustos.
ele se	Ele se sente exausto.
eu e o Rui nos	Eu e o Rui nos sentimos exaustos.
vocês se	Vocês se sentem exaustos.
eu me	Eu me sinto exausto.
a Helena se	A Helena se sente exausta.

	Elas se vestem na Rua Augusta.
nós nos	Nós nos vestimos na Rua Augusta.
as senhoras se	As senhoras se vestem na Rua Augusta.
eu me	Eu me visto na Rua Augusta.
a Dona Amélia se	A Dona Amélia se veste na Rua Augusta.
as paulistas se	As paulistas se vestem na Rua Augusta.
a Helena se	A Helena se veste na Rua Augusta.
você se	Você se veste na Rua Augusta.
a minha mãe se	A minha mãe se veste na Rua Augusta.

	Você prefere comprar aqui mesmo.
nós	Nós preferimos comprar aqui mesmo.
a noiva	A noiva prefere comprar aqui mesmo.
vocês	Vocês preferem comprar aqui mesmo.
a senhora	A senhora prefere comprar aqui mesmo.
os senhores	Os senhores preferem comprar aqui mesmo.
eu	Eu prefiro comprar aqui mesmo.
nós	Nós preferimos comprar aqui mesmo.
as minhas cunhadas	As minhas cunhadas preferem comprar aqui mesmo.

	Esta empregada não serve.
você	Você não serve.
eu	Eu não sirvo.
este pintor	Este pintor não serve.
estas lojas	Estas lojas não servem.
nós	Nós não servimos.
estas cortinas	Estas cortinas não servem.
esta fazenda	Esta fazenda não serve.
estes pratos	Estes pratos não servem.

Responda as frases ditas pelo professor com uma frase na primeira pessoa, incluindo a expressão *também*.

A empregada serve o jantar.	Eu também sirvo o jantar.
A Helena prefere comprar no bairro.	Eu também prefiro comprar no bairro.
O Paulo diverte os amigos.	Eu também divirto os amigos.
Os alunos preferem estudar na biblioteca.	Eu também prefiro estudar na biblioteca.
A minha amiga nunca mente	Eu também nunca minto.
A mãe veste as crianças.	Eu também visto as crianças.
O Paulo mente para ser agradável.	Eu também minto para ser agradável.
Nós sentimos que damos para línguas.	Eu também sinto que dou para línguas.

(2) Pronomes reflexivos

Eu me sinto exausta.
Todas as paulistas elegantes se vestem na Rua Augusta.
Nós sempre nos divertimos tanto com as suas compras.
Os três se sentaram.
Você vai se aborrecer.

eu	me	nós	nos
você		vocês	
o senhor		os senhores	
a senhora	se	as senhoras	se
ele		eles	
ela		elas	

Na construção com o reflexivo o sujeito e o objeto indicam a mesma pessoa.

Substitua o sujeito.

	Eu me sinto exausto.
a Helena	A Helena se sente exausta.
vocês	Vocês se sentem exaustos.
os "garçons"	Os "garçons" se sentem exaustos.
nós	Nós nos sentimos exaustos.
a senhora	A senhora se sente exausta.
ninguém	Ninguém se sente exausto.
eu e você	Eu e você nos sentimos exaustos.
os meninos	Os meninos se sentem exaustos.

	Nós sempre nos divertimos com as suas compras.
eu	Eu sempre me divirto com as suas compras.
vocês	Vocês sempre se divertem com as suas compras.
a Dona Amélia	A Dona Amélia sempre se diverte com as suas compras.

os seus pais	Os seus pais sempre se divertem com as suas compras.
o seu noivo	O seu noivo sempre se diverte com as suas compras.
eu e você	Eu e você sempre nos divertimos com as suas compras.
as senhoras	As senhoras sempre se divertem com as suas compras.
o Carlos	O Carlos sempre se diverte com as suas compras.

	Os três se sentaram à mesa.
vocês	Vocês se sentaram à mesa.
nós	Nós nos sentamos à mesa.
eu	Eu me sentei à mesa.
você	Você se sentou à mesa.
eu e os meus amigos	Eu e os meus amigos nos sentamos à mesa.
os noivos	Os noivos se sentaram à mesa.
alguém	Alguém se sentou à mesa.
ninguém	Ninguém se sentou à mesa.

	Você vai se aborrecer.
nós	Nós vamos nos aborrecer.
as paulistas elegantes	As paulistas elegantes vão se aborrecer.
os artistas	Os artistas vão se aborrecer.
eu	Eu vou me aborrecer.
o ator	O ator vai se aborrecer.
vocês	Vocês vão se aborrecer.
o gerente	O gerente vai se aborrecer.
eu e o Carlos	Eu e o Carlos vamos nos aborrecer.

Substitua na posição correta.

	Eu me sinto exausta.
bem	Eu me sinto bem.
visto	Eu me visto bem.
nós	Nós nos vestimos bem.
divertimos	Nós nos divertimos bem.
muito	Nós nos divertimos muito.
os artistas	Os artistas se divertem muito.
aborrecem	Os artistas se aborrecem muito.
aqui	Os artistas se aborrecem aqui.
você	Você se aborrece aqui.
senta	Você se senta aqui.
o deputado	O deputado se senta aqui.
eu	Eu me sento aqui.
à mesa	Eu me sento à mesa.
sirvo	Eu me sirvo à mesa.
nós	Nós nos servimos à mesa.

(3) Outros adjetivos e pronomes indefinidos.

Aqui há de tudo.
Não falta nada.
Qualquer lugar serve.
Ele pôs os talheres diante de cada um.
Todas as paulistas elegantes se vestem na rua Augusta.

Formas invariáveis   Formas variáveis

tudo	todo, toda, todos, todas
nada	outro, outra, outros, outras
cada	qualquer, quaisquer

Os indefinidos apresentam formas variáveis e invariáveis.
Quaisquer ocorre com pouca frequência na língua falada.
Tudo, 'everything' se refere a alguma coisa indeterminada e não forma construção com substantivos.
Todo, toda 'each, every', *todos, todas* 'all' podem, ou não, formar construção com substantivos. *Todo, toda* depois de substantivo significam 'total, entire'.
Todos, todas são seguidos de *os, as.*

Exemplos

Tudo o que ele disse é verdade.
Toda loja aqui tem vestidos bonitos.
Todas as minhas amigas se vestem bem.
É difícil comprar um vestido porque eu gosto de todos.
A loja toda está muito bonita hoje.

Substitua a expressão que se segue ao indefinido.

	Eu quero ver outras lojas.
carros	Eu quero ver outros carros.
rapaz	Eu quero ver outro rapaz.
países	Eu quero ver outros países.
moça	Eu quero ver outra moça.
vestidos	Eu quero ver outros vestidos.
fazenda	Eu quero ver outra fazenda.
cidades	Eu quero ver outras cidades.
quadros	Eu quero ver outros quadros.

	Todas as paulistas elegantes compram lá.
artistas	Todos os artistas compram lá.

moça	Toda moça compra lá.
professor	Todo professor compra lá.
pintores	Todos os pintores compram lá.
minhas cunhadas	Todas as minhas cunhadas compram lá.
noiva	Toda noiva compra lá.
brasileiros	Todos os brasileiros compram lá.
pessoas	Todas as pessoas compram lá.

	Ele pôs os talheres diante de cada um.
professor	Ele pôs os talheres diante de cada professor.
moça	Ele pôs os talheres diante de cada moça.
rapaz	Ele pôs os talheres diante de cada rapaz.
empregado	Ele pôs os talheres diante de cada empregado.
menina	Ele pôs os talheres diante de cada menina.
aluno	Ele pôs os talheres diante de cada aluno.
convidado	Ele pôs os talheres diante de cada convidado.
senhora	Ele pôs os talheres diante de cada senhora.

	Qualquer lugar serve.
casa	Qualquer casa serve.
vestidos	Quaisquer vestidos servem.
livro	Qualquer livro serve.
fazendas	Quaisquer fazendas servem.
lápis	Qualquer lápis serve.
pessoa	Qualquer pessoa serve.
loja	Qualquer loja serve.
dia	Qualquer dia serve.

Transforme em frases na forma negativa.

Lá você encontra tudo.	Lá você não encontra nada.
Falta tudo.	Não falta nada.
Nós compreendemos tudo.	Nós não compreendemos nada.
A Dona Amélia gostou de tudo.	A Dona Amélia não gostou de nada.

Eles compram tudo.	Eles não compram nada.
Vocês fizeram tudo.	Vocês não fizeram nada.
Você fala de tudo.	Você não fala de nada.
Elas serviram tudo.	Elas não serviram nada.

Responda as seguintes perguntas escolhendo a primeira alternativa.

A Helena compra tudo ou não compra nada?	A Helena compra tudo.

Você gostou de todos os livros ou de nenhum?	Eu gostei de todos os livros.
Vocês se divertem em qualquer festa ou só no seu clube?	Nós nos divertimos em qualquer festa.
Ela não disse nada ou contou toda a história?	Ela não disse nada.
O professor conversou com cada aluno sozinho ou com todos juntos?	O professor conversou com cada aluno sozinho.
Você viu outras lojas ou só esta?	Eu vi outras lojas.
Este carro é de todos ou é seu?	Este carro é de todos.
Você quer conversar com outras ou esta empregada serve?	Eu quero conversar com outras.

Para revisão dos pronomes substitua por pronomes os substantivos no fim de cada frase.

A Helena falou com o Paulo.	A Helena falou com ele.
Eu vi a menina.	Eu a vi.
Ela dá o livro a Rui.	Ela lhe dá o livro.
Nós preferimos canetas.	Nós as preferimos.
A empregada vai levar a criança.	A empregada vai levá-la.

A Dona Amélia deu um presente ao Betinho.	A Dona Amélia lhe deu um presente.
Nós compramos os vestidos.	Nós os compramos.
Eles escreveram o livro.	Eles o escreveram.
Eu telefonei para os noivos.	Eu lhes telefonei.
O advogado telefonou para o senhor.	O advogado lhe telefonou.

Responda as seguintes perguntas na forma afirmativa usando o pronome conveniente.

A Helena falou com você?	Falou sim, ela falou comigo.
Você dá o livro para mim?	Dou sim, eu lhe dou o livro.
A professora lhe explicou a lição?	Explicou sim, ela me explicou a lição.
Você sempre se diverte muito?	Divirto-me sim, eu sempre me divirto muito.
A empregada vai levar o Betinho para a escola?	Vai sim, ela vai levá-lo para a escola.
O Sr. Luís veio com vocês?	Veio sim, ele veio conosco.

Elas se vestem bem?
Você vai ver o embaixador?
Ele as comprou para você?

Vestem-se sim, elas se vestem bem.
Vou sim, eu vou vê-lo.
Comprou sim, ele as comprou para mim.

LEITURA: Uma tarde na rua Augusta

Helena foi a São Paulo passar uns dias com Maria Teresa, amiga da família, que mora no Jardim América, um dos bairros tradicionais da cidade. Ricardo, marido de Maria Teresa, é engenheiro da filial paulista da firma dirigida por Dr. Alceu.

Carlos ficou morrendo de saudades e, assim, alguns dias depois aproveitou o primeiro pretexto e foi também para São Paulo. Mas logo que chegou, percebeu que Helena só pensava em fazer compras para o enxoval e que, para ficar com ela, teria que acompanhá-la às lojas. Sua paciência cedo se esgotou e, nessa tarde, ele resolveu tratar de seus negócios enquanto Helena foi fazer compras com Maria Teresa.

Elas foram à rua Augusta. Helena ficou fascinada pelo grande número de butiques, pequenas lojas de artigos exclusivos, que têm feito tanto sucesso ultimamente. Parou numa vitrine e admirou as bolsas, sapatos e luvas, dispostos tão artisticamente que era difícil resistir.

Teve que entrar e experimentá-los e acabou comprando alguma coisa.

Na loja ao lado, gostou de um costume de linho azul de mangas curtas, mas a moça, que amavelmente veio atendê-la, informou que não tinham o seu número.

Saiu muito triste e entrou numa casa de roupas esporte. Helena viu algumas saias e blusas, mas nada lhe agradou. Pediu para ver outras mas não se decidiu por nenhuma. Preferiu ir a outros lugares, pois é muito exigente e quer ver tudo primeiro.

Numa das casas de roupas brancas viu uma liqüidação de meias e, como toda mulher, não pôde deixar passar esta oportunidade. Comprou alguns pares.

Quase na hora de voltar para casa, ao passarem por uma sapataria, Helena resolveu comprar uns chinelos de couro e acabou levando também um par de sapatos de salto alto.

Morrendo de cansada, mas feliz por ter comprado tanta coisa, Helena voltou para casa com Maria Teresa. Lá encontraram Carlos, já impaciente com a demora das duas amigas.

Perguntas sobre a leitura

1 Para onde foi Helena?
2 Onde Maria Teresa mora?
3 Quem é Ricardo?
4 O que é que Carlos fez?
5 O que é que ele percebeu logo que chegou?

6 Com quem Helena foi fazer compras?
7 Por que é que Helena ficou fascinada?
8 O que é que ela admirou numa vitrine?
9 De que é que ela gostou na loja ao lado?
10 Ela comprou o costume? Por quê?
11 O que é que ela viu numa loja de roupas esporte?
12 O que é que ela comprou numa liqüidação?
13 E na sapataria?
14 Por que é que Helena está feliz?

Vocabulário introduzido na leitura

artigo n 'article'
artisticamente av 'artistically'
atender v 'wait on, answer'
blusa n 'blouse'
bolsa n 'purse'
butique n f 'boutique'
chinelo n 'slipper'
costume n m 'woman's suit'
couro n 'leather'
curto -a aj 'short'
demora n 'delay'
dirigir v 'direct'
disposto part of dispor 'displayed'
enquanto c 'while'
enxoval -ais n m 'trousseau'
esgotar-se v 'be worn out'
esporte n m 'sport'
exclusivo -a aj 'exclusive'
exigente aj m/f 'demanding'
fascinar v 'fascinate'
fazer sucesso v 'be successful'
feito part of fazer
filial -ais n f 'branch'
impaciente aj m/f 'impatient'
linho n 'linen'

liqüidação -ões n f 'sale'
luva n 'glove'
manga n 'sleeve'
meia n 'stocking'
número n 'size' (new meaning)
oportunidade n f 'opportunity'
paciência n 'patience'
par n m 'pair'
parar v 'stop'
passar v 'spend'
perceber v 'perceive, discover'
pretexto n 'pretext'
resistir v 'resist'
roupa n 'clothing'
roupa branca n 'lingerie'
saia n 'skirt'
salto n 'heel'
sapataria n 'shoe store'
sapato n 'shoe'
saudade n f 'longing, nostalgia'
tratar de v 'work on, take care of'
triste aj m/f 'sad'
ultimamente av 'recently, lately'
vitrine n f 'store window'
voltar v 'return'

26

Roupas para o Betinho

Ana Maria e Dona Amélia

M: Hoje de tarde quando eu passei pela cidade, a senhora estava olhando uma vitrine.
A: O Betinho precisava de roupa. Eu fui ver se comprava alguma coisa.
M: A senhora foi a'O Príncipe? Outro dia eu notei que lá havia muito terno para criança.
A: Às vezes nós íamos lá quando o Betinho se vestia como criança. Mas ele agora já tem doze anos.
M: Lá em casa, os meninos nessa idade só compravam n'A Exposição.
A: Antigamente nós gostávamos dessa loja mas há muito tempo não vamos lá.

Clothes for Betinho

M: This afternoon when I went through town, you were looking in a store window.
A: Betinho needed clothes. I went to see if I could buy something.
M: Did you go to *O Príncipe*? The other day I noticed they had a lot of suits for children.
A: We used to go there sometimes when Betinho wore children's clothes. Now he's twelve years old.
M: At home we always shopped for the youngsters of that age at *A Exposição*.
A: We used to like that store but we haven't gone there for a long time.

41

NOTAS

Há duas palavras correspondentes a *window* em inglês: *janela*, que se refere a 'window' de casas, e *vitrine*, correspondendo a 'window' de lojas e museus onde se expõem objetos com fins variados.

No Brasil as pequenas lojas especializadas são mais comuns do que as grandes com vários departamentos. Estas são raras, ao passo que há um grande número de lojas de artigos para homens, lojas de artigos para crianças, lojas de fazendas, etc.

ORTOGRAFIA

Representação gráfica do som /s/ no meio das palavras.

Escreva as seguintes palavras ditadas pelo professor.

O som /s/ no início de sílaba, no meio de palavras, depois de consoantes, pode ser representado graficamente por:

c, sc antes de *i, e*

agência	francês	consciência
comercial	terceiro	consciente
principal	Alceu	cônscio
residência	concerto	
príncipe		

ç antes de *a, o, u*

licença	terço	calçudo
criança	berço	forçudo
calça	torço	
dançar	forçoso	

s antes de qualquer vogal

ensinar	falsa	bolso
ansioso	cansado	censo
ensejo	diversão	falso
conselho	valsa	verso
inseto	versão	cônsul

ESTRUTURA E EXERCÍCIOS

(1) Pretérito imperfeito

Eu fui ver se comprava alguma coisa.
O Betinho precisava de roupa.

Lá havia muito terno para criança.
Ele se vestia como criança.
Nós também gostávamos dessa loja.
Às vezes nós íamos lá.
Eles só compravam n' A Exposição.

Forma-se o pretérito imperfeito regular dos verbos acrescentando-se ao radical as terminações abaixo:

falar		comer, partir				
fal- ava	fal-ávamos	com- part- ⎤	-ia	com- part- ⎤	-íamos	
fal- ava	fal-avam	com- part- ⎤	-ia	com- part- ⎤	-iam	

Apenas quatro verbos, *ser, ter, vir, pôr* têm formas irregulares. Eles serão apresentados na próxima lição. O verbo *ir* é simplesmente *ia, ia, íamos, iam*

Substitua o sujeito.

	O Betinho precisava de roupa.
nós	Nós precisávamos de roupa.
os meninos	Os meninos precisavam de roupa.
o filho dela	O filho dela precisava de roupa.
eu	Eu precisava de roupa.
as crianças	As crianças precisavam de roupa.
a minha avó	A minha avó precisava de roupa.
você	Você precisava de roupa.
vocês	Vocês precisavam de roupa.

	Ela se vestia bem.
eu	Eu me vestia bem.
nós	Nós nos vestíamos bem.
a sogra dele	A sogra dele se vestia bem.
a Helena	A Helena se vestia bem.
eu e a minha irmã	Eu e a minha irmã nos vestíamos bem.
as francesas	As francesas se vestiam bem.
você	Você se vestia bem.
o senhor	O senhor se vestia bem.

	Antigamente nós gostávamos dessa loja.
a minha mãe	Antigamente a minha mãe gostava dessa loja.
as suas amigas	Antigamente as suas amigas gostavam dessa loja.
eu	Antigamente eu gostava dessa loja.
as filhas dele	Antigamente as filhas dele gostavam dessa loja.
você	Antigamente você gostava dessa loja.
eu e você	Antigamente eu e você gostávamos dessa loja.
o meu marido	Antigamente o meu marido gostava dessa loja.
vocês	Antigamente vocês gostavam dessa loja.

	Às vezes nós íamos lá.
eu	Às vezes eu ia lá.
você	Às vezes você ia lá.
os meninos	Às vezes os meninos iam lá.
os alunos da universidade	Às vezes os alunos da universidade iam lá.
eu e você	Às vezes eu e você íamos lá.
os senhores	Às vezes os senhores iam lá.
os engenheiros	Às vezes os engenheiros iam lá.
o seu Raul	Às vezes o seu Raul ia lá.

Responda as seguintes perguntas escolhendo a primeira alternativa.

Você foi ver se comprava roupa ou comida?	Eu fui ver se comprava roupa.
Ele notou que havia muito terno ou muito vestido?	Ele notou que havia muito terno.
Eles compravam n'A Exposição ou n'O Príncipe?	Eles compravam n'A Exposição.
Vocês iam muito lá ou a outra loja?	Nós íamos muito lá.
Vocês gostavam de outros restaurantes ou só da Colombo?	Nós gostávamos de outros restaurantes.
A moça ia à cidade ou à praia?	Ela ia à cidade.
Você estudava na universidade ou no ginásio?	Eu estudava na universidade.
Quando você morava lá, comia em casa ou na escola?	Quando eu morava lá, eu comia em casa.
Em São Paulo, vocês se divertiam muito ou pouco?	Em São Paulo, nós nos divertíamos muito.
Eles traziam amigos italianos ou franceses?	Eles traziam amigos italianos.

Passe as seguintes frases para o pretérito imperfeito.

O Betinho precisa de roupa.	O Betinho precisava de roupa.
Eu não encontro a minha pasta.	Eu não encontrava a minha pasta.
Eu compro roupa na cidade.	Eu comprava roupa na cidade.
Você só gosta dos sábados e domingos.	Você só gostava dos sábados e domingos.
Nós estudamos e praticamos todos os dias.	Nós estudávamos e praticávamos todos os dias.
Eu não falo inglês.	Eu não falava inglês.
Eles dançam o samba maravilhosamente.	Eles dançavam o samba maravilhosamente.
Quantas pessoas moram em sua casa?	Quantas pessoas moravam em sua casa?
Nós vamos muito lá.	Nós íamos muito lá.
Eu como bem a qualquer hora.	Eu comia bem a qualquer hora.
O seu relógio deve estar atrasado.	O seu relógio devia estar atrasado.
Só pode ser Portinari.	Só podia ser Portinari.
Todos trazem alguma coisa.	Todos traziam alguma coisa.
O meu irmão traz os amigos dele.	O meu irmão trazia os amigos dele.
Eu não leio nada.	Eu não lia nada.
Ela se sente exausta.	Ela se sentia exausta.

(2) Pretérito imperfeito vs. pretérito perfeito

A senhora foi a' O Príncipe?
Às vezes nós íamos lá.

Vocês ontem estudaram até tarde?
Os meninos nessa idade só compravam n'A Exposição.

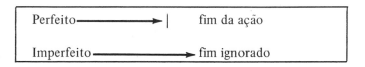

Perfeito⟶| fim da ação

Imperfeito⟶ fim ignorado

O pretérito perfeito e o imperfeito expressam ação no passado. O ponto principal de distinção é o fim da ação: o perfeito apresenta a ação já concluída, o imperfeito a apresenta ainda em desenvolvimento.

Imperfeito	Perfeito

(1)
Eu escrevia sempre para ela.
O Betinho se vestia como criança.
Os meninos só compravam n'A
    Exposição.
	(2)
	Eu escrevi para ela muitas vezes.
	O Betinho se vestiu como criança.
	Os meninos só compraram n'A
	    Exposição.

(3)
Eu já os conhecia
   'I already knew them'.
Você sabia que eles estavam aqui
   'You knew that they were here'.
A Helena podia cantar
   'She was able to sing'.
O aluno não queria fazer o exame
   'The student did not want to
   take the examination'.
Eu estava lá ontem de noite 'I was
   there last night'.
	(4)
	Eu os conheci a semana passada
	   'I met them last week'.
	Você soube que eles estavam aqui
	   'You learned that they were here'.
	A Helena pôde cantar
	   'She succeeded in singing'.
	O aluno não quis fazer o exame
	   'The student refused to take the
	   examination'.
	Eu estive lá ontem de noite 'I
	   went there last night'.

(5) Ela estava bem vestida e parecia rica.	
(6) Eram seis horas.	
(7) Ela ia sair ontem mas ficou doente.	

O imperfeito expressa ação ou série de ações em continuação no passado, correspondendo de modo geral à construção em inglês *used to* (1); o perfeito expressa ação ou série de ações terminadas (2).

O imperfeito indica estado continuado no passado (3); o perfeito indica ação ou estado em um momento determinado no passado (4).

Usa-se ainda o imperfeito para descrição no passado (5); indicação de hora no passado (6); e para indicar ação planejada e não realizada, correspondendo, de modo geral, à construção inglesa *I was going to* (7).

Substitua *ontem de noite* pela expressão sugerida e passe o verbo para o pretérito imperfeito.

Ontem de noite eu conheci os parentes dela. antigamente
Antigamente eu conhecia os parentes dela.

Ontem de noite nós fomos lá. todos os domingos
Todos os domingos nós íamos lá.

Ontem de noite nós compramos nesta loja. todas as semanas
Todas as semanas nós comprávamos nesta loja.

Ontem de noite ele falou conosco. todos os dias
Todos os dias ele falava conosco.

Ontem de noite você abriu as malas depressa. antigamente
Antigamente você abria as malas depressa.

Ontem de noite os meninos puderam cantar. às vezes
Às vezes os meninos podiam cantar.

Ontem de noite eu recebi notícias do Brasil. de dois em dois dias
De dois em dois dias eu recebia notícias do Brasil.

Ontem de noite ele não quis vir aqui. às vezes
Às vezes ele não queria vir aqui.

Substitua *às vezes* pela expressão sugerida e passe o verbo para o pretérito perfeito.

Às vezes havia pouca água. o mês passado
O mês passado houve pouca água.

Às vezes ela trazia muitas amigas. ontem
Ontem ela trouxe muitas amigas.

Às vezes a sogra percebia tudo. a semana passada
A semana passada a sogra percebeu tudo.

Às vezes o doente se sentia mal. hoje de manhã
Hoje de manhã o doente se sentiu mal.

Às vezes nós escrevíamos para ela. sábado passado
Sábado passado nós escrevemos para ela.

Às vezes a moça loura dançava com o Pedro. ontem
Ontem a moça loura dançou com o Pedro.

Às vezes eu pensava em você. ontem de noite
Ontem de noite eu pensei em você.

Às vezes o gerente ia ao clube com os amigos. domingo
Domingo o gerente foi ao clube com os amigos.

Forme frases com as palavras sugeridas usando o pretérito perfeito ou imperfeito conforme o caso.

ela /ir/ teatro ontem e gostou muito	Ela foi ao teatro ontem e gostou muito.
ela /ir/ teatro ontem mas não pôde ir	Ela ia ao teatro ontem mas não pôde ir.
nós /estar/ casa dela só meia hora	Nós estivemos em casa dela só meia hora.
o Paulo/estar/ casa dela quando nós chegamos	O Paulo estava em casa dela quando nós chegamos.
eu me /divertir/ ontem na festa	Eu me diverti ontem na festa.
eu me /divertir/ antigamente nas festas	Eu me divertia antigamente nas festas.
a empregada /não querer/ fazer o trabalho mas eu o fiz	A empregada não quis fazer o trabalho mas eu o fiz.
a empregada /não querer/ fazer o trabalho mas o fez	A empregada não queria fazer o trabalho mas o fez.
ela /poder/ cantar e eles gostaram muito	Ela pôde cantar e eles gostaram muito.
ela /poder/ cantar antigamente	Ela podia cantar antigamente.

Use as seguintes construções em português.

My uncle didn't want to go but he went.	O meu tio não queria ir mas foi.
Helena chose this purse and bought it.	A Helena escolheu esta bolsa e comprou-a.
Carlos used to give Helena beautiful gifts.	O Carlos dava à Helena bonitos presentes.
The house was very beautiful, it seemed ready for a big party.	A casa estava muito bonita, parecia pronta para uma grande festa.
I practiced very little that day.	Eu pratiquei muito pouco aquele dia.
Sometimes I practiced very little.	Às vezes eu praticava muito pouco.
You learned that they were here.	Você soube que eles estavam aqui.
You knew that they were here.	Você sabia que eles estavam aqui.

(3) Pretérito imperfeito de *estar + -ndo*

Quando eu passei pela cidade, a senhora estava olhando uma vitrine.

Eu	estava	lendo	quando	ela		chegou.
Vocês	estavam	discutindo	quando	eu		saí.
Eles	estavam	dançando	quando	eu	os	vi.
Você	estava	pondo as luvas	quando	nós	a	vimos.

Usa-se esta construção para indicar o que estava acontecendo em determinado momento no passado. De modo geral corresponde em inglês ao pretérito de *to be + -ing*, como *I was reading*. A forma simples do pretérito imperfeito também ocorre para indicar a mesma situação mas com menor frequência e, em geral, na língua escrita. *Eu estava lendo quando ela chegou*, é mais frequente do que *Eu lia quando ela chegou*.

Substitua o sujeito da construção verbal com *estar*.

Quando eu passei a senhora estava olhando uma vitrine.

as alunas
Quando eu passei as alunas estavam olhando uma vitrine.

a Dona Amélia
Quando eu passei a Dona Amélia estava olhando uma vitrine.

você
Quando eu passei você estava olhando uma vitrine.

as senhoras
Quando eu passei as senhoras estavam olhando uma vitrine.

a minha amiga
Quando eu passei a minha amiga estava olhando uma vitrine.

as crianças
Quando eu passei as crianças estavam olhando uma vitrine.

a sua empregada
Quando eu passei a sua empregada estava olhando uma vitrine.

O ministro estava lendo quando ela chegou.

nós
Nós estávamos lendo quando ela chegou.

o meu pai
O meu pai estava lendo quando ela chegou.

os alunos	Os alunos estavam lendo quando ela chegou.
vocês	Vocês estavam lendo quando ela chegou.
a senhora	A senhora estava lendo quando ela chegou.
eu e você	Eu e você estávamos lendo quando ela chegou.
eu	Eu estava lendo quando ela chegou.
os meus irmãos	Os meus irmãos estavam lendo quando ela chegou.
	Eles estavam abrindo as malas quando o Paulo saiu.
eu	Eu estava abrindo as malas quando o Paulo saiu.
vocês	Vocês estavam abrindo as malas quando o Paulo saiu.
os noivos	Os noivos estavam abrindo as malas quando o Paulo saiu.
os empregados	Os empregados estavam abrindo as malas quando o Paulo saiu.
nós	Nós estávamos abrindo as malas quando o Paulo saiu.
a minha irmã	A minha irmã estava abrindo as malas quando o Paulo saiu.
os artistas	Os artistas estavam abrindo as malas quando o Paulo saiu.

Responda as seguintes perguntas na forma afirmativa.

Quando você passou pela cidade, eu estava olhando uma vitrine?	Estava sim, você estava olhando uma vitrine.
Quando eu cheguei, vocês estavam falando português?	Estávamos sim, nós estávamos falando português.
Quando você entrou, eles estavam dançando?	Estavam sim, eles estavam dançando.
Quando ela chegou, você estava lendo?	Estava sim, eu estava lendo.
Quando eu telefonei, ela estava trabalhando?	Estava sim, ela estava trabalhando.
Quando nós a vimos, você estava pondo as luvas?	Estava sim, eu estava pondo as luvas.

Quando você saiu, nós estávamos discutindo?	Estavam sim, vocês estavam discutindo.
Quando ele viajou, você estava se sentindo bem?	Estava sim, eu estava me sentindo bem.

Responda as seguintes perguntas de acordo com o diálogo.

O que é que a Dona Amélia estava fazendo quando a amiga passou pela cidade?	Ela estava olhando uma vitrine.
De que é que o Betinho precisava?	Ele precisava de roupa.
O que é que a Dona Amélia foi ver na cidade?	Ela foi ver se comprava alguma coisa.
O que é que a amiga notou n'O Príncipe?	Ela notou que lá havia muito terno para criança.
Quando a Dona Amélia ia a'O Príncipe?	Ela ia a'O Príncipe quando o Betinho se vestia como criança.
Quantos anos o Betinho tem?	Ele tem doze anos.
Onde os meninos compravam?	Os meninos compravam n'A Exposição.
A Dona Amélia ainda vai a essa loja?	Não, há muito tempo ela não vai lá.

LEITURA: Na rua do Ouvidor

Com todo o movimento do noivado de Helena, Betinho ficou esquecido por algum tempo e precisava de roupa. Durante a viagem de Helena a São Paulo, Dona Amélia pôde dar mais atenção ao filho e, nesse dia, foi com ele à cidade. Entraram primeiro numa pequena loja de artigos para homens na rua do Ouvidor e, como eram fregueses antigos, foram recebidos muito amavelmente por Seu José, o dono da casa. Dona Amélia disse-lhe que queria mandar fazer dois uniformes para o colégio e um terno bom para sair. Seu José trouxe a fazenda para ternos e, enquanto Dona Amélia e Betinho a examinavam, ele tomava as medidas do menino.

Depois conversaram sobre o feitio do terno. Betinho disse que gostava de calças estreitas e não compridas demais. Queria também um lenço de linho para colocar no bolso do paletó e umas gravatas de cores alegres. Dona Amélia concordou mas não deixou Betinho comprar um sobretudo como ele desejava. Não, isso era uma tolice. Ele só queria porque via sobretudos nas revistas americanas mas no Rio nunca fazia frio.

—Quando você crescer, disse ela, pode comprar tudo porque, então, tem o seu dinheiro e pode gastá-lo à vontade.

Dona Amélia e Seu José riram muito. Betinho não gostou da brincadeira e riu um pouco sem graça.

Depois de se despedirem de Seu José, atravessaram a rua, porque queriam ir a uma grande loja onde havia de tudo. Aí também o vendedor que veio atendê-los já os conhecia.

—Às suas ordens, Dona Amélia, disse ele.

—Eu quero ver umas camisas esporte para menino, brancas e de cores.

O vendedor trouxe uma porção de camisas, umas de colarinho, outras de gola aberta. Depois de escolher algumas, Dona Amélia pediu ao rapaz para trazer também pijamas, cuecas e meias.

Betinho nunca usava chapéu mas Dona Amélia achou que deviam comprar um de palha para a praia. Betinho, que já estava ficando impaciente por não estar interessado nas outras compras, voltou a se animar e pôs o chapéu na cabeça. Ficou ainda mais contente quando a mãe lhe disse que iam comprar também um calção de banho.

—Os seus calções estão velhos e pequenos, disse ela.

Quando terminaram as compras, saíram da loja e foram para a fila do ônibus que devia levá-los para casa.

Perguntas sobre a leitura

1 De que é que Betinho precisava?
2 Quando é que Dona Amélia pôde dar mais atenção ao filho?
3 Onde eles entraram primeiro?
4 O que é que Dona Amélia disse ao dono da loja?
5 O que é que Seu José fazia enquanto Dona Amélia e Betinho examinavam a fazenda?
6 Como é que Betinho gostava de calças?
7 O que é que Betinho queria também?
8 Por que é que Betinho queria um sobretudo?
9 Onde foram Dona Amélia e Betinho depois de se despedirem de Seu José?
10 O que é que Dona Amélia queria ver na segunda loja?
11 O que é que o vendedor trouxe?
12 O que é que Betinho nunca usava?
13 Por que é que ele estava ficando impaciente?
14 Por que é que ele ficou contente?
15 Para onde foram os dois quando saíram da loja?

Vocabulário introduzido na leitura

animar-se v 'become lively'
às suas ordens pl 'at your service, may I help you?'
atravessar v 'cross'

bolso n 'pocket'
calça n 'pants, trousers'
calção de banho n 'swimming trunks'
camisa n 'shirt'

camisa de colarinho 'dress shirt'
camisa de gola aberta 'sport shirt'
chapéu n m 'hat'
colarinho n 'collar'
colégio n 'senior high school, school'
colocar v 'put, place'
comprido -a aj 'long'
crescer v 'grow up'
cueca n 'under shorts'
dar atenção v 'pay attention'
demais avl 'too'
desejar v 'desire, wish'
dono n 'owner'
durante p 'during'
estreito -a aj 'narrow'
examinar v 'examine'
feitio n 'style, fashion'
fila n 'line'
freguês -esa -eses n 'client, customer'
gastar v 'spend'
gola n 'collar'

graça n 'wit'
gravata n 'tie'
interessar v 'interest'
lenço n 'handkerchief'
mandar v 'order'
medida n 'measurement'
movimento n 'excitement'
ordem -ns n f 'order'
paletó n 'jacket'
palha n 'straw'
pijama n m 'pajamas'
pôr v 'put on (new meaning)'
revista n 'magazine'
sem p 'without'
sem graça 'half-heartedly'
sobretudo n 'overcoat'
terno n 'man's suit'
tolice n f 'a silly thing, nonsense'
tomar medidas v 'measure'
uniforme n m 'uniform'
vendedor -a -es n 'salesclerk, seller'

27
A vida em Juiz de Fora

Rui e Ana Maria

R: Como era a sua vida em Juiz de Fora?
M: Nós tínhamos uma vida folgada. Eu só trabalhava por prazer.
R: Você vinha sempre ao Rio ou tinha que ficar lá?
M: Nós vínhamos ao Rio de vez em quando a passeio, mas eu sempre tinha pressa de voltar para casa.
R: O que é que punha você assim presa a essa cidade? Eram os namorados, a família ou o quê?
M: Eu nem sei. Eu gostava porque eu era de lá e estava acostumada, talvez.
R: Deixa disso. Você gostava era do cinema, do parque e do "footing" naquela rua estreitinha.

Life in Juiz de Fora

R: What was life like in Juiz de Fora?
M: We led an easy life. I used to work just for the fun of it.
R: Did you come to Rio often or did you have to stay there?
M: We used to come to Rio from time to time but I was always in a hurry to get back home.
R: What made you so attached to that town? Was it boyfriends, your family, or what?
M: I really don't know. Perhaps I liked it because that's where I'm from and I was accustomed to it.
R: Forget that. You liked the movies, the park and the strolling in that narrow little street.

NOTAS

"Footing" é uma forma inglesa criada no Brasil, na linguagem social. Supôs-se que a palavra existisse em inglês. Indica passeio a pé numa área limitada, como num parque ou num certo trecho de rua. No Brasil, principalmente nas cidades pequenas, o "footing" é um dos principais divertimentos da gente moça. As moças, em grupos, andam de um lado para outro na calçada, enquanto os rapazes, também em grupos, encontram-se parados conversando uns com os outros mas com os olhos para elas voltados. Seria interessante lembrar que muitos namoros aqui se iniciam e terminam em casamento.

ORTOGRAFIA

Representação gráfica do som /s/ intervocálico

Escreva as sequintes palavras ditadas pelo professor.

O som /s/ entre vogais pode ser representado graficamente por:

c, sc, xc, x antes de *i, e*

fácil	oscila	excede	próximo
edifício	ressuscita	exceto	máximo
notícias	descida	exceção	auxílio
especial	piscina	excesso	trouxe
parecer	descer	excelente	
conhecer	crescer		
esquecer	nascer		

ç antes de *a, o, u*

praça	aço	açúcar
faça	poço	caçula
refeição	faço	doçura
ação	conheço	
roça	almoço	-
maçã	preço	
começar	terraço	

ss antes de qualquer vogal

possível	posse	passar	asso
assina	desse	massa	passo
assim	esse	essa	assobiar
lindíssimo	passeio	possa	assusta
profissional	disse	comissão	ressuscitar

ESTRUTURA E EXERCÍCIOS

(1) Formas irregulares do pretérito imperfeito

Como era a sua vida em Juiz de Fora?
Eram os namorados?
Eu sempre tinha pressa de voltar para casa.
Você tinha que ficar lá?
Nós tínhamos uma vida folgada.
Você vinha sempre ao Rio?
Nós vínhamos ao Rio de vez em quando.
O que é que punha você assim presa a essa cidade?

Os verbos *ser, ter, vir, pôr* apresentam as seguintes formas no imperfeito:

ser, ter, vir, pôr				
er- tinh- vinh- punh-	-a	ér- tính- vính- púnh-	-amos
er- tinh- vinh- punh-	-a	er- tinh- vinh- punh-	-am

Estes verbos são irregulares no radical e nas terminações. Note que têm a mesma terminação para as pessoas do singular.

Substitua o sujeito.

	Como era a sua vida?
amigos	Como eram os seus amigos?
você	Como era você?
nós, quando crianças	Como éramos nós, quando crianças?
Juiz de Fora	Como era Juiz de Fora?
os seus professores	Como eram os seus professores?
o seu namorado	Como era o seu namorado?
essa cidade	Como era essa cidade?
vocês	Como eram vocês?
a sua casa	Como era a sua casa?

	Eu sempre tinha pressa de voltar.
os namorados	Os namorados sempre tinham pressa de voltar.
você	Você sempre tinha pressa de voltar.
nós	Nós sempre tínhamos pressa de voltar.
vocês	Vocês sempre tinham pressa de voltar.
a minha amiga	A minha amiga sempre tinha pressa de voltar.
os deputados	Os deputados sempre tinham pressa de voltar.
você e o Paulo	Você e o Paulo sempre tinham pressa de voltar.
eu e você	Eu e você sempre tínhamos pressa de voltar.

	Nós vínhamos ao Rio de vez em quando.
eu	Eu vinha ao Rio de vez em quando.
vocês	Vocês vinham ao Rio de vez em quando.
o marido dela	O marido dela vinha ao Rio de vez em quando.
os senhores	Os senhores vinham ao Rio de vez em quando.
a Ana Maria	A Ana Maria vinha ao Rio de vez em quando.
os filhos dela	Os filhos dela vinham ao Rio de vez em quando.
você	Você vinha ao Rio de vez em quando.
eu e a minha irmã	Eu e a minha irmã vínhamos ao Rio de vez em quando

	Ela punha o homem tonto.
nós	Nós púnhamos o homem tonto.
o trabalho	O trabalho punha o homem tonto.
os negócios	Os negócios punham o homem tonto.
eu	Eu punha o homem tonto.
as mulheres	As mulheres punham o homem tonto.
vocês	Vocês punham o homem tonto.
o vinho	O vinho punha o homem tonto.
eu e a Helena	Eu e a Helena púnhamos o homem tonto.

Passe para o plural o sujeito fazendo-o seguir de *todos* ou *todas*.

Eu tinha uma vida folgada.	Nós todos tínhamos uma vida folgada.
Você sempre vinha ao Rio.	Vocês todos sempre vinham ao Rio.
Eu sempre tinha pressa de voltar.	Nós todos sempre tínhamos pressa de voltar.
Ela punha o homem tonto.	Elas todas punham o homem tonto.
Eu era de lá.	Nós todos éramos de lá.
Você tinha que ficar lá.	Vocês todos tinham que ficar lá.
Ela era muito folgada.	Elas todas eram muito folgadas.
Eu punha tudo em qualquer lugar.	Nós todos púnhamos tudo em qualquer lugar.

Responda as seguintes perguntas usando a primeira alternativa.

A sua vida em Juiz de Fora era folgada ou você trabalhava muito?	A minha vida era folgada.
Vocês tinham uma vida folgada ou uma vida difícil?	Nós tínhamos uma vida folgada.
Vocês vinham sempre aos Estados Unidos ou ficavam lá?	Nós vínhamos sempre aos Estados Unidos.
Nós tínhamos pressa de voltar ou queríamos ficar?	Vocês tinham pressa de voltar.
Você era de lá ou era de Recife?	Eu era de lá.
O Seu Raul só tinha repolho ou tinha outras verduras?	Êle só tinha repolho.
O Betinho punha tudo em cima da mesa ou em qualquer lugar?	Ele punha tudo em cima da mesa.
As empregadas punham tudo no lixo ou não faziam nada?	Elas punham tudo no lixo.

(2) Usos de _por_ e _para_

Eu só trabalhava por prazer.
Eu tinha pressa de voltar para casa.

(1) Nós andamos pela cidade. Eu fui pela rua principal.	(7) Nós andamos para a cidade. Está na hora de ir para a escola.
(2) Ela escreveu pelos filhos. Eu trabalhei pelo Pedro. Ela trabalha por dinheiro.	Ela escreveu para os filhos. Eu trabalhei para o Pedro (Ele era meu chefe 'boss').
(3) Ele me deu muito dinheiro pelo carro.	(8) Ele me deu muito dinheiro para o carro. Lá havia muito terno para criança. Eu os trouxe para jantar.

(4) Eu posso saber pelas cores. Ele falou conosco pelo telefone.	
	(9) Isto não é difícil para você mas é para ele. Para uma criança da sua idade ele sabe muito.
(5) Oitenta por cento dos alunos.	
(6) Ele escreve duas vezes por mês. Ele vai ao Rio uma vez por semestre 'semester'.	

Por expressa: localização, posição (através de) (1); motivo, impulso (por causa de, em lugar de) (2); troca (3); por meio de (4); corresponde a *per* em inglês (5); corresponde a *a* em inglês como nas expressões *twice a month, once a year,* etc. (6).

Para expressa: destino, direção (7); objetivo (para uso de) (8); comparação, em consideração a (9).

Substitua as expressões depois da preposição.

	Ela andou pela cidade toda.
rua	Ela andou pela rua toda.
casa	Ela andou pela casa toda.
escritórios	Ela andou pelos escritórios todos.
bairro	Ela andou pelo bairro todo.
edifício	Ela andou pelo edifício todo.

	Eles fazem tudo pelos filhos.
amigos	Eles fazem tudo pelos amigos.
crianças	Eles fazem tudo pelas crianças.
parentes	Eles fazem tudo pelos parentes.
mãe	Eles fazem tudo pela mãe.
universidade	Eles fazem tudo pela universidade.

	O homem me deu muito dinheiro pelo carro.
quadro	O homem me deu muito dinheiro pelo quadro.

casa	O homem me deu muito dinheiro pela casa.
cortinas	O homem me deu muito dinheiro pelas cortinas.
cadeiras	O homem me deu muito dinheiro pelas cadeiras.
sofá	O homem me deu muito dinheiro pelo sofá.
	Ela vem aqui três vezes por semana.
dia	Ela vem aqui três vezes por dia.
ano	Ela vem aqui três vezes por ano.
mês	Ela vem aqui três vezes por mês.
semestre	Ela vem aqui três vezes por semestre.
	Vocês vão de carro para a escola.
escritório	Vocês vão de carro para o escritório.
casa	Vocês vão de carro para casa.
universidade	Vocês vão de carro para a universidade.
Ministério	Vocês vão de carro para o Ministério.
hospital	Vocês vão de carro para o hospital.
	Lá havia trabalho para todos.
engenheiros	Lá havia trabalho para os engenheiros.
advogados	Lá havia trabalho para os advogados.
professores	Lá havia trabalho para os professores.
você	Lá havia trabalho para você.
nós	Lá havia trabalho para nós.
	Eu convidei uma colega para jantar.
almoçar	Eu convidei uma colega para almoçar.
dançar	Eu convidei uma colega para dançar.
conversar	Eu convidei uma colega para conversar.
dar uma volta	Eu convidei uma colega para dar uma volta.
ir ao teatro	Eu convidei uma colega para ir ao teatro.

Responda as seguintes perguntas usando a primeira alternativa.

Você vai para casa ou para o escritório?	Eu vou para casa.
Este livro é difícil para você ou para ele?	Este livro é difícil para mim.
O Ricardo trabalha para o Dr. Alceu ou para outra pessoa?	Ele trabalha para o Dr. Alceu.
Os alunos levaram os doces para a festa ou para a escola?	Eles levaram os doces para a festa.
Lá havia muita roupa para crianças ou para homens?	Lá havia muita roupa para crianças.

Todos vão por esta ou por aquela rua?	Todos vão por esta rua.
Vocês trabalham por prazer ou por dinheiro?	Nós trabalhamos por prazer.
Os pais fazem tudo pelos filhos ou pelos amigos?	Os pais fazem tudo pelos filhos.
Ele deu um quadro pelos talheres ou pelos livros?	Ele deu um quadro pelos talheres.
Você trabalhou pelo Pedro ou pelo outro rapaz?	Eu trabalhei pelo Pedro.

Diga as frases seguintes em português.

We're headed for São Paulo.	Nós vamos para São Paulo.
We're going by way of São Paulo.	Nós vamos por São Paulo.
He gave me money for the car (to buy the car).	Ele me deu dinheiro para o carro.
He gave me money for the car (in exchange for).	Ele me deu dinheiro pelo carro.
I worked for Paulo (He was my boss).	Eu trabalhei para o Paulo.
I worked for Paulo (in his place).	Eu trabalhei pelo Paulo.
I wrote a letter to the teacher.	Eu escrevi uma carta para o professor.
I wrote a letter for the teacher.	Eu escrevi uma carta pelo professor.
He's headed for the park.	Ele vai para o parque.
He's going by way of the park.	Ele vai pelo parque.
We walked to the city.	Nós andamos para a cidade.
We walked through the city.	Nós andamos pela cidade.
Carlos talked to his parents over the phone.	O Carlos falou com os pais pelo telefone.
She invited her relatives for lunch.	Ela convidou os parentes para o almoço.

(3) Usos de *a* e *para*

Você vinha sempre ao Rio?
Você foi a algum lugar este fim de semana?
Eu tinha pressa de voltar para casa.
Está na hora de ir para a escola.

Eu vou para casa.	Eu vou à casa da minha tia.
Ele vai para o escritório.	Ele vai ao escritório de um amigo.
Nós vamos para a escola.	
Ele levou a família para o Brasil	Ele levou a família ao Brasil (Eles
(Agora eles moram lá).	foram passear).
Eu venho para o Ministério de	Eu venho ao Ministério de vez em
ônibus (Eu trabalho aqui).	quando (para visitar os amigos).

Depois de *ir, vir* e de alguns outros verbos de movimento usa-se *para* quando nos referimos a uma situação permanente, usa-se *a* quando nos referimos a uma situação temporária. Em conversação há uma tendência para substituir-se o *a* por *para* ou *em*.

Substitua a expressão depois da preposição.

	Nós vamos para a escola.
escritório	Nós vamos para o escritório
Ministério	Nós vamos para o Ministério.
Brasil	Nós vamos para o Brasil.
universidade	Nós vamos para a universidade.
casa	Nós vamos para casa.

	Eu venho ao Ministério de vez em quando.
casa da minha tia	Eu venho à casa da minha tia de vez em quando.
escritório do meu pai	Eu venho ao escritório do meu pai de vez em quando.
Brasília	Eu venho a Brasília de vez em quando.
Rio	Eu venho ao Rio de vez em quando.
cidade	Eu venho à cidade de vez em quando.

Responda as seguintes perguntas usando *a* ou *para* conforme o caso.

Vocês moravam em Juiz de Fora.
Vocês vinham sempre ao Rio ou para o Rio?
Nós vínhamos sempre ao Rio.

Ele morava em Juiz de Fora.
Ele tinha pressa de voltar a Juiz de Fora ou para Juiz de Fora?
Ele tinha pressa de voltar para Juiz de Fora.

Ela trabalha no Ministério.
Ela vem ao Ministério ou para o Ministério?
Ela vem para o Ministério.

Ele está morando com a tia.
Ele foi para a casa da tia ou à casa da tia?
Ele foi para a casa da tia.

Foram a passeio.
Ele levou a família ao Brasil ou para o Brasil?
Ele levou a família ao Brasil.

Agora vamos para casa ou a casa?
Agora vamos para casa.

Eu fui para casa um minuto ou a casa um minuto?
Você foi a casa um minuto.

Agora você vai para a escola ou à escola?
Agora eu vou para a escola.

Para revisão do pretérito imperfeito, faça as perguntas sugeridas e responda-as
de acordo com o modelo.

Pergunte ao colega se ele vai ao teatro hoje.
Você vai ao teatro hoje?
Eu ia mas não vou mais.

Pergunte ao colega se a irmã dele compra roupas nesta loja.
A sua irmã compra roupas nesta loja?
Ela comprava mas não compra mais.

Pergunte ao colega se eles comem neste restaurante.
Vocês comem neste restaurante?
Nós comíamos mas não comemos mais.

Pergunte ao colega se ele tem uma vida folgada.
Você tem uma vida folgada?
Eu tinha mas não tenho mais.

Pergunte ao colega se os colegas dele são estudiosos.
Os seus colegas são estudiosos?
Eles eram mas não são mais.

Pergunte ao colega se o Betinho põe tudo no lugar certo.
O Betinho põe tudo no lugar certo?
Ele punha mas não põe mais.

Pergunte ao colega se os amigos dele vêm amanhã.
Os seus amigos vêm amanhã?
Êles vinham mas não vêm mais.

Pergunte ao colega se eles gostam de ópera.
Vocês gostam de ópera?
Nós gostávamos mas não gostamos mais.

LEITURA: Uma visita a Juiz de Fora.

Ana Maria, amiga de Helena, agora mora no Rio, mas só há dois anos veio com sua família de Juiz de Fora, uma cidade bem brasileira no Estado de Minas Gerais.

No último fim de semana ela convidou os amigos, Helena, Carlos e Rui, para visitarem a sua cidade. Ficaram todos hospedados na casa dos tios de Ana Maria. Era uma casa grande de um só andar com uma varanda ao lado. A casa tinha na frente um pequeno jardim e atrás um grande quintal cheio de árvores.

Depois das visitas terem descansado um pouco, tio Juca e tia Sinhá, assim se chamavam os tios de Ana Maria, convidaram todos para um passeio de automóvel pela cidade. Foram primeiro ao Morro do Imperador, onde havia uma estátua muito grande de Cristo e de onde se via toda a cidade. Foram depois ao museu e em seguida ao Clube Juiz de Fora. No caminho, tio Juca ia mostrando aos hóspedes o que havia de interessante. Viram o parque, os dois cemitérios, a estação, os cinemas, o correio e uns bancos. A Câmara Municipal era num prédio branco, situado numa esquina e tinha uma torre arredondada. A Prefeitura funcionava no mesmo prédio.

Passaram por algumas igrejas mas quando chegaram à Catedral, tia Sinhá achou que deviam entrar para os hóspedes rezarem e fazerem três pedidos. Lá uma senhora de idade punha flores no altar do santo de sua devoção. Dois meninozinhos varriam o chão e punham tudo em ordem. Quando estavam saindo da igreja, um padre vinha entrando. Era o vigário da paróquia, um velhinho com ar bondoso, que os cumprimentou cordialmente.

—Antes nós vínhamos sempre a esta igreja, disse tia Sinhá, mas agora como estamos ficando velhos e cansados, preferimos a Igreja da Glória que é mais perto.

—Agora vamos para casa, meninos, disse tio Juca, e vamos pelo caminho mais curto porque já estamos todos com fome. Depois do jantar podemos passear pela rua Halfeld onde as moças e os rapazes fazem o 'footing'.

—É a rua principal, disse tia Sinhá. O comércio não é tão bom quanto o do Rio mas já há lojas bem boas. E vocês vão ver o número de arranha-céus que nós temos.

Perguntas sobre a leitura

1 Onde fica Juiz de Fora?
2 Há quanto tempo Ana Maria veio de lá?
3 Quem ela convidou para visitar a cidade?
4 Onde ficaram todos hospedados?
5 Como era a casa?
6 Para que tio Juca e tia Sinhá convidaram as visitas?
7 O que havia no Morro do Imperador?
8 Para onde foram depois?
9 O que é que tio Juca ia mostrando no caminho?
10 Como era o prédio da Câmara Municipal?
11 Quando chegaram à Catedral o que tia Sinhá achou que deviam fazer?
12 O que é que viram na igreja?
13 Quando estavam saindo da igreja quem vinha entrando?
14 Por que os tios agora preferem a Igreja da Glória?
15 O que tio Juca achou que deviam fazer depois que saíssem da igreja? Por quê?
16 O que eles podiam fazer depois do jantar?
17 Qual era a opinião de tia Sinhá sobre o comércio da cidade?

CANÇÃO DO VENTO E DA MINHA VIDA

Manuel Bandeira

O vento varria as folhas,
O vento varria os frutos,
O vento varria as flores . . .
   E a minha vida ficava
   Cada vez mais cheia
   De frutos, de flores, de folhas.

O vento varria as luzes
O vento varria as músicas
O vento varria os aromas . . .
   E a minha vida ficava
   Cada vez mais cheia
   De aromas, de estrelas, de cânticos.

O vento varria os sonhos
E varria as amizades . . .
O vento varria as mulheres . . .
   E a minha vida ficava
   Cada vez mais cheia
   De afetos e de mulheres.

O vento varria os meses
E varria os teus sorrisos . . .
O vento varria tudo!
E a minha vida ficava
Cada vez mais cheia
De tudo.

Vocabulário introduzido na leitura

afeto n 'affection'
altar -es n m 'altar'
amizade n f 'friendship'
andar -es n m 'story, floor'
ar -es n m 'air, appearance'
aroma n m 'aroma'
arranha-céu n m 'skyscraper'
arredondar v 'round'
árvore n f 'tree'
atrás avl 'behind, in back of'
automóvel -eis n m 'automobile'
banco n 'bank'
bondoso -a aj 'kind'
câmara n 'chamber'
câmara municipal 'city council'
canção -ões n f 'song'
cântico n 'song'
cemitério n 'cemetery'
chão n m 'floor, ground'
cheio -a aj 'full'
comércio n 'commerce, trade, stores'
cordialmente av 'cordially'
correio n 'post office'
descansar v 'rest'
devoção - ões n f 'devotion'
esquina n 'street corner'
estátua n 'statue'
flor -es n f 'flower'

folha n 'leaf'
frente n f 'front'
fruto n 'fruit'
funcionar v 'function'
hospedar v 'lodge, house'
hóspede n m 'guest'
jardim -ns n m 'garden'
luz - es n f 'light'
mostrar v 'show'
música n 'music'
no caminho 'on the way'
padre n m 'priest'
paróquia n 'parish'
passear v 'take a walk, ride'
prédio n 'building'
prefeitura n 'City Hall'
quintal -ais n m 'backyard'
rezar v 'pray'
santo -a n 'saint'
sonho n 'dream'
sorriso n 'smile'
teu tua 'your, yours'
torre n f 'tower'
último -a aj 'last'
varanda n 'veranda'
varrer v 'sweep'
vento n 'wind'
vigário n 'vicar, curate'

28

Vidas Secas

Carlos e Paulo

C: O filme que nós vimos ontem era muito melhor do que eu tinha pensado.
P: Eu quis ir com vocês mas quando eu me lembrei, vocês já tinham saído.
C: Mas você dorme, rapaz. Nós vimos *Vidas Secas* de Graciliano Ramos.
P: Durmo mesmo. Eu nem sabia que tinham aproveitado esse romance para o cinema.
C: Está fazendo um grande sucesso. As entradas somem logo. Quando nós chegamos lá, não havia mais nada.
P: E o que é que vocês fizeram?
C: Nós as conseguimos de duas mocinhas que tinham desistido de ir.

Barren Lives

C: The movie we saw yesterday was much better than I thought (it would be).
P: I wanted to go with you but when I thought of it you had already gone.
C: Brother, you are always half asleep. We saw Graciliano Ramos's *Barren Lives*.
P: I guess I am asleep. I didn't even know they had made a movie of that book.
C: It's been a big success. The tickets really disappear fast. When we got there, there weren't any more.
P: What did you do?
C: We got them from two young girls who had decided not to go.

NOTAS

Graciliano Ramos é um dos mais famosos romancistas brasileiros modernos. Nasceu em Alagoas em 1892 e morreu no Rio de Janeiro em 1953.

O escritor teve uma infância amarga a infeliz. Filho de pais rudes, sofreu em casa muitas punições injustas, tendo tido também ocasião de observar o ambiente de injustiça que o cercava. Tornou-se um revoltado e toda a sua obra é um grito angustiado de protesto. Entre seus livros citam-se *São Bernardo, Angústia, Vidas Secas, Infância* e *Memórias do Cárcere.* O romance *Vidas Secas* foi recentemente aproveitado para o cinema.

ORTOGRAFIA

Representação gráfica do som /z/ no início de sílaba

Escreva as seguintes palavras ditadas pelo professor.

O som /z/ no início de palavra ou depois de consoante é representado graficamente por z.

zebra	quatorze
zero	donzela
zona	Elza
zangar	anzol
zelar	quinze
zombar	onze
zelador	cinza

O som /z/ no meio da palavra, intervocalicamente pode ser representado graficamente por s, z.

s		z	
preciso	resolver	fazer	certeza
visita	generoso	dizia	bazar
Brasil	rosa	cozinha	generalizar
casa	portuguesa	prazer	doze
francesa	residência	dizer	treze
meses	uso	razão	generalização

O som /z/ intervocálico depois de e inicial é representado graficamente por x.

exame	exótico	exuberante	exalto
exemplo	executivo	exaltar	exercício
êxito	exilar	exagero	exibir

ESTRUTURA E EXERCÍCIOS

(1) Pretérito mais-que-perfeito

O filme era melhor do que eu tinha pensado.
Quando eu me lembrei vocês já tinham saído.
Eu nem sabia que tinham aproveitado esse romance para o cinema.
Elas tinham desistido de ir.

fal-ar	fal-ado
com-er	com-ido
part-ir	part-ido

O particípio regular dos verbos tem as terminações acima. É usado com o pretérito imperfeito de *ter* na construção do pretérito mais-que-perfeito, como se nota abaixo.

fal-ar	com-er	part-ir
tinha	fal-ado	
tinha	com-ido	
tínhamos	part-ido	
tinham		

O pretérito mais-que-perfeito expressa um passado antes de outro passado. Corresponde em inglês a *I had talked (studied, eaten, etc.)*.

Ter pode ser substituído por *haver* no pretérito imperfeito, *havia, havia, havíamos, haviam*, sendo essa construção mais rara e mais formal.

A forma simples do pretérito mais-que-perfeito ocorre em situações muito formais, na língua escrita. Forma-se substituindo-se a terminação *-ram* do pretérito perfeito pelas terminações *-ra, -ra, -ramos, -ram*. Exemplos:

O filme era melhor do que eu pensara.
Ela já saíra quando eu me lembrei.
Nós passáramos por muitas igrejas antes de chegarmos à Catedral.

Substitua o sujeito do pretérito mais-que-perfeito.

	O filme era melhor do que eu tinha pensado.
nós	O filme era melhor do que nós tínhamos pensado.
vocês	O filme era melhor do que vocês tinham pensado.
os americanos	O filme era melhor do que os americanos tinham pensado.
as mocinhas	O filme era melhor do que as mocinhas tinham pensado.
a minha avó	O filme era melhor do que a minha avó tinha pensado.
os alunos de português	O filme era melhor do que os alunos de português tinham pensado.
você	O filme era melhor do que você tinha pensado.
eu e você	O filme era melhor do que eu e você tínhamos pensado.

	Quando eu me lembrei vocês já tinham saído.
nós	Quando eu me lembrei nós já tínhamos saído.
ela	Quando eu me lembrei ela já tinha saído.
você	Quando eu me lembrei você ja tinha saído.
os namorados	Quando eu me lembrei os namorados já tinham saído.
os meus amigos mexicanos	Quando eu me lembrei os meus amigos mexicanos já tinham saído.
a mocinha	Quando eu me lembrei a mocinha já tinha saído.
os colegas	Quando eu me lembrei os colegas já tinham saído.
eu	Quando eu me lembrei eu já tinha saído.

	Elas tinham desistido de ir.
eu	Eu tinha desistido de ir.
o namorado dela	O namorado dela tinha desistido de ir.
as minhas primas	As minhas primas tinham desistido de ir.
a professora canadense	A professora canadense tinha desistido de ir.
nós	Nós tínhamos desistido de ir.
vocês	Vocês tinham desistido de ir.
o senhor	O senhor tinha desistido de ir.
eu e você	Eu e você tínhamos desistido de ir.

	Ela já tinha vendido a casa quando você quis comprá-la.
eu	Eu já tinha vendido a casa quando você quis comprá-la.
o Dr. Alceu	O Dr. Alceu já tinha vendido a casa quando você quis comprá-la.
os seus amigos	Os seus amigos já tinham vendido a casa quando você quis comprá-la.
nós	Nós já tínhamos vendido a casa quando você quis comprá-la.
o advogado	O advogado já tinha vendido a casa quando você quis comprá-la.
a minha sogra	A minha sogra já tinha vendido a casa quando você quis comprá-la.
os meus pais	Os meus pais já tinham vendido a casa quando você quis comprá-la.
o homem	O homem já tinha vendido a casa quando você quis comprá-la.

Transforme as seguintes frases em outras no pretérito, usando primeiro o imperfeito e depois o mais-que-perfeito.

Eles aproveitam o romance.	Eles aproveitavam o romance.
	Eles tinham aproveitado o romance.
As mocinhas desistem de ir.	As mocinhas desistiam de ir.
	As mocinhas tinham desistido de ir.
Eu estudo antes do jantar.	Eu estudava antes do jantar.
	Eu tinha estudado antes do jantar.
Eles são nossos amigos.	Eles eram nossos amigos.
	Eles tinham sido nossos amigos.
Nós não bebemos nada.	Nós não bebíamos nada.
	Nós não tínhamos bebido nada.
Nós temos bons filmes no Rio.	Nós tínhamos bons filmes no Rio.
	Nós tínhamos tido bons filmes no Rio.
O meu irmão traz os amigos dele.	O meu irmão trazia os amigos dêle.
	O meu irmão tinha trazido os amigos dele.

Você compreende a situação.

Você compreendia a situação.
Você tinha compreendido a situação.

Faça perguntas com duas alternativas para as seguintes repostas, incluindo as expressões sugeridas.

O filme era melhor do que eu tinha
pensado.
pior

O filme era melhor ou pior do que você
tinha pensado?

Quando ele se lembrou já tinha saído.
estava em casa

Quando ele se lembrou já tinha saído
ou estava em casa?

Nós tínhamos tido uma vida folgada.
difícil

Vocês tinham tido uma vida folgada
ou difícil?

Já me tinham dado notícias sobre
o noivo.
sobre a noiva

Já lhe tinham dado notícias sobre
o noivo ou sobre a noiva?

Eles não tinham podido vir de
Recife.
Bahia

Eles não tinham podido vir de
Recife ou da Bahia?

Eu tinha trazido uns amigos
brasileiros.
americanos

Você tinha trazido uns amigos
brasileiros ou americanos?

Ela tinha sido boa aluna.
boa amiga

Ela tinha sido boa aluna ou
boa amiga?

Elas tinham desistido de ir
ao cinema.
teatro

Elas tinham desistido de ir
ao cinema ou ao teatro?

(2) Diminutivo

Nós as conseguimos de duas mocinhas.
O Betinho precisava de roupa.
Um pouco de picadinho.
O "garçon" serviu o cafezinho.
Dois meninozinhos varriam o chão.

picado Pedro Beto português		+ -inho =	picadinho Pedrinho Betinho portuguesinho
casa moça criança		+ -inha =	casinha mocinha criancinha
café homem pai	+z	+ -inho =	cafezinho homenzinho paizinho
avó mãe irmã	+z	+ -inha =	avozinha mãezinha irmãzinha

A terminação -inho (a) é acrescentada a muitas formas para indicar tamanho pequeno ou para formar apelidos. Mas freqüentemente essa terminação contém uma conotação adicional como ternura, graça, etc., e, então, é usual na linguagem feminina.

Quando a palavra termina em vogal acentuada, nasal ou ditongo, há em geral a ocorrência de um z antes de se acrescentar -inho.

Muitas palavras fazem o diminutivo numa variação livre de ocorrência ou não do z: por exemplo menino tem as formas menininho e meninozinho.

Há outras terminações menos usadas para formar o diminutivo: -ito, -ete, -ote, etc.

Substitua nas seguintes frases as palavras sugeridas pelas formas do diminutivo com -inho (-a).

Nós as conseguimos de duas moças.
  moças

Nós as conseguimos de duas mocinhas.

A moça dançava com o Pedro. Pedro

A moça dançava com o Pedrinho.

Você já viu as bandeiras. bandeiras

Você já viu as bandeirinhas.

Vocês viram as estrelas brancas.
  estrelas

Vocês viram as estrelinhas brancas.

Nós tínhamos uma vida boa. vida

Nós tínhamos uma vidinha boa.

Elas fizeram uma festa. festa

Elas fizeram uma festinha.

Era um trabalho fácil. trabalho

Era um trabalhinho fácil.

Está na hora de ir para a escola. hora

Está na horinha de ir para a escola.

Substitua nas seguintes frases as palavras sugeridas pelas formas do diminutivo com z + -*inho* (-*a*).

O "garçon" serviu o café. café
Vocês puseram o homem tonto. homem
Eu tinha falado com a minha avó. avó
O menino varria o chão. menino

O "garçon" serviu o cafezinho.
Vocês puseram o homenzinho tonto.
Eu tinha falado com a minha avozinha.
O meninozinho varria o chão.

Ela fez um feijão gostoso. feijão
É uma inflamação na garganta. inflamação
Nós tínhamos um escritório. escritório
Era um vinho delicioso. vinho

Ela fez um feijãozinho gostoso.
É uma inflamaçãozinha na garganta.
Nós tínhamos um escritoriozinho.
Era um vinhozinho delicioso.

(3) Presente dos verbos com alternância vocálica /u/: /ɔ/ ou /o/

Durmo mesmo.
Mas você dorme, rapaz.
As entradas somem logo.

dorm-ir, cobr-ir, sub-ir, toss-ir, sum-ir					
/u/			/ɔ/ ou /o/		
eu	durm- cubr- sub- tuss- sum-	-o	ele	dorm- cobr- sob- toss- som-	-e
nós	dorm- cobr- sub- toss- sum-	-imos	eles	dorm- cobr- sob- toss- som-	-em

Os verbos como *dormir, cobrir* 'cover', *subir* 'go up', *tossir* 'cough', *sumir* 'disappear' apresentam alternância vocálica no radical. A vogal tônica é /u/ na primeira pessoa do singular e /ɔ/ na terceira do singular e plural. Quando a vogal é seguida de consoante nasal, a alternância é /u/: /o/, como *sumo - some*. Na primeira pessoa do plural a vogal tônica encontra-se na terminação.

Exemplos

As crianças tossem e a mãe fica nervosa.
Eu tusso o dia todo.
O "garçon" cobre os pratos.
Eu cubro os talheres com um guardanapo.
Nós dormimos quando estamos cansados.
Eu durmo bem a noite toda.
O presidente 'president' não dorme muito.
As crianças sobem nas cadeiras e caem.
Eu subo para o meu apartamento.
Você some todos os fins de semana.
Eu sempre sumo quando ela chega.

Substitua o sujeito.

	Mas você dorme, rapaz.
os seus amigos	Mas os seus amigos dormem, rapaz.
o avô dela	Mas o avô dela dorme, rapaz.
nós	Mas nós dormimos, rapaz.
eu	Mas eu durmo, rapaz.
este comandante	Mas este comandante dorme, rapaz.
vocês	Mas vocês dormem, rapaz.
ninguém	Mas ninguém dorme, rapaz.
o presidente do clube	Mas o presidente do clube dorme, rapaz.

	As entradas somem logo.
nós	Nós sumimos logo.
o irmão dela	O irmão dela some logo.
os deputados	Os deputados somem logo.
eu	Eu sumo logo.
vocês	Vocês somem logo.
as atrizes	As atrizes somem logo.
o nosso amigo italiano	O nosso amigo italiano some logo.
as mocinhas	As mocinhas somem logo.

	O "garçon" cobre os pratos.
as empregadas	As empregadas cobrem os pratos.
eu	Eu cubro os pratos.
nós	Nós cobrimos os pratos.

a Dona Amélia	A Dona Amélia cobre os pratos.
você	Você cobre os pratos.
a sogra da Helena	A sogra da Helena cobre os pratos.
vocês	Vocês cobrem os pratos.
alguém	Alguém cobre os pratos.

	Ele tosse e tem dor de garganta.
nós	Nós tossimos e temos dor de garganta.
a minha avó	A minha avó tosse e tem dor de garganta.
eu	Eu tusso e tenho dor de garganta.
os doentes	Os doentes tossem e têm dor de garganta.
a professora	A professora tosse e tem dor de garganta.
o Paulo	O Paulo tosse e tem dor de garganta.
vocês	Vocês tossem e têm dor de garganta.
o senhor	O senhor tosse e tem dor de garganta.

Responda as seguintes perguntas de acordo com o modelo.

Você e os outros doentes tossem muito?	Eles tossem, eu não tusso.
Você e os seus irmãos dormem bem?	Eles dormem, eu não durmo.
Você e a Helena somem todos os fins de semana?	Ela some, eu não sumo.
Você e a empregada cobrem os pratos?	Ela cobre, eu não cubro.
Você e os seus amigos sobem para o clube?	Eles sobem, eu não subo.
Você e as colegas cobrem a cabeça na igreja?	Elas cobrem, eu não cubro.
Você e ela sobem de elevador?	Ela sobe, eu não subo.
Você e ela tossem o dia todo?	Ela tosse, eu não tusso.

Para revisão do pretérito imperfeito faça as perguntas sugeridas e depois responda-as de acordo com o modelo.

Pergunte ao colega se ele ia sempre ao cinema.
Você ia sempre ao cinema?
Ia mas não vou mais.

Pergunte ao colega se eles vendiam entrada lá.
Eles vendiam entrada lá?
Vendiam mas não vendem mais.

Pergunte ao colega se o Pedro tinha uma inflamação na garganta.
O Pedro tinha uma inflamação na garganta?
Tinha mas não tem mais.

Pergunte ao colega se eles viam sempre os velhos amigos.
Vocês viam sempre os velhos amigos?
Víamos mas não vemos mais.

Pergunte ao colega se a família do Carlos gostava da Helena.
A família do Carlos gostava da Helena?
Gostava mas não gosta mais.

Pergunte ao colega se os pais dele podiam vir ao Rio.
Os seus pais podiam vir ao Rio?
Podiam mas não podem mais.

Pergunte ao colega se ele se dava bem com a sogra.
Você se dava bem com a sogra?
Dava-me mas não me dou mais.

Pergunte ao colega se ele queria trazer a namorada aqui.
Você queria trazer a namorada aqui?
Queria mas não quero mais.

LEITURA: A estréia de *Vidas Secas*

[1]A estréia de *Vidas Secas* num dos cinemas da Cinelândia, no Rio, e cuja renda [2]seria em benefício da Cruz Vermelha Brasileira, constituiu uma grande reunião social.[3]Carlos e Helena já tinham comprado as entradas antes e,[4]assim, não teriam que se preocupar com as filas que se formam diante da bilheteria em noites de filmes de grande sucesso como esse.[5]Eles só gostam da platéia porque os camarotes e o balcão ficam muito longe do palco e da tela.

Jantaram mais cedo, tomaram um táxi que os levou ao cinema mas, mesmo assim, quando chegaram lá,[6]o filme já tinha começado. É que o tráfego entre Copacabana e a cidade é muito intenso e, nessa noite, houve muitas interrupções. No cinema[7]o moço da lanterninha deu um programa a cada um e mostrou-lhes os seus lugares.

—Acho que não perdemos muito, disse Helena, parece que o filme acaba de começar.

De fato,[8] tinham-se apagado as luzes e[9]levantara-se a cortina havia poucos minutos.

[10]O diretor e o elenco eram muito bons.[11]Tinham sabido dar ao filme o tom de simplicidade que correspondia ao espírito do romance. Fabiano, o vaqueiro

taciturno e heróico, não poderia ter sido melhor. A atriz que fazia o papel de Sinhá Vitória representou de maneira brilhante. A música se harmonizava bem com o significado das cenas.

No entanto, o que realmente despertava o interesse era o próprio drama. É a história de uma família de nordestinos fugindo da seca e da fome. Fabiano, a mulher, os filhos e a cachorra Baleia vêm de uma terra árida e inóspita e de um ambiente de injustiça. Fabiano e Sinhá Vitória são humildes e rudes mas sabem enfrentar com heroísmo as grandes desgraças. Esmagados pela natureza e pelos homens, sonham com um mundo melhor para os seus filhos para quem querem um pouco de felicidade, longe daquele meio hostil.

O filme era curto, e não houve, portanto, nenhum intervalo. Carlos e Helena, que tinham guardado todos os comentários para o fim, estavam ansiosos para falar.

À saída, e ainda no vestíbulo do cinema, conversaram sobre o enredo do filme, os cenários e a roupa dos artistas, tudo simples e rústico. Helena achou que toda a alma do nordeste estava no filme e que uma das cenas mais emocionantes da história tinha sido a morte da cachorra Baleia. Carlos, que é do nordeste, só tinha uma preocupação e dizia:

—Alguma coisa deve ser feita pela gente pobre do nordeste.

Perguntas sobre a leitura

1 O que é que constituiu uma grande reunião social?
2 Em benefício de quê foi a renda da estréia de *Vidas Secas*?
3 Carlos e Helena já tinham comprado as entradas?
4 Por que eles compraram as entradas antes?
5 Eles gostavam mais da platéia, dos camarotes ou do balcão? Por quê?
6 Quando eles chegaram lá, o filme já tinha começado? Por quê?
7 O que fez o moço da lanterninha?
8 As luzes estavam acesas ou já se tinham apagado?
9 Já se tinha levantado a cortina?
10 Como eram o diretor e o elenco?
11 O que eles tinham sabido dar ao filme?
12 Como era Fabiano?
13 Como representou a atriz que fazia o papel de Sinhá Vitória?
14 De que trata esta história?
15 Como são Fabiano e Sinhá Vitória?
16 Com que eles sonham?
17 Houve algum intervalo?
18 Sobre o que Carlos e Helena conversaram à saída do cinema?
19 Qual era uma das cenas mais emocionantes da história?
20 Qual é a preocupação de Carlos?

Vocabulário introduzido na leitura

alma n 'soul'
ansioso -a aj 'anxious, eager'
apagar v 'turn off'
árido -a aj 'arid, dry'
balcão -ões n m 'balcony'
benefício n 'benefit'
bilheteria n 'ticket office (window)'
cachorro -a n 'dog'
camarote n m 'box seat'
cena n 'scene'
cenário n 'scenery'
comentário n 'comments'
constituir v 'constitute'
cruz -es n f 'cross'
cujo -a 'whose'
desgraça n 'misfortune'
despertar v 'awaken'
diretor -es n m 'director'
drama n m 'drama'
elenco n 'cast' (theat.)
emocionante aj m/f 'moving'
enfrentar v 'meet, face'
enredo n 'plot'
esmagar v 'crush, overwhelm'
espírito n 'spirit'
estréia n 'debut, opening (night, day)'
fazer o papel 'play the part'
felicidade n f 'happiness'
fugir v 'flee, run away'
gente n f 'people'
guardar v 'save, guard'
harmonizar v 'harmonize'
heróico -a aj 'heroic'
heroísmo n 'heroism'
hostil -is aj m/f 'hostile'
humilde aj m/f 'humble'
inóspito -a aj 'inhospitable'
intenso -a aj 'heavy, intense'

interesse n m 'interest'
interrupção -ões n f 'interruption'
intervalo n 'intermission'
levantar v 'raise'
longe avl 'far away'
meio n 'environment'
moço da lanterninha n m 'usher'
morte n f 'death'
mundo n 'world'
natureza n 'nature'
no entanto c 'nevertheless'
nordeste n m 'northeast'
nordestino -a n 'a person from the
    Northeast of Brazil'
palco n 'stage'
platéia n 'orchestra seat section'
preocupação -ões n f 'preoccupation,
    worry'
preocupar-se v 'worry'
programa n m 'program'
realmente av 'really'
renda n 'proceeds'
representar v 'act'
reunião -ões n f 'gathering'
rústico -a aj 'rustic'
saída n 'exit'
seca n 'drought'
simplicidade n f 'simplicity'
sinhá n 'Missy'
social -ais aj m/f 'social'
sonhar v 'dream'
taciturno -a aj 'taciturn, quiet'
tela n 'screen'
terra n 'land'
tom -ns n m 'tone'
tráfego n 'traffic'
vaqueiro n 'cowboy, herdsman'
vestíbulo n 'vestibule'

29

Uma partida de futebol

Paulo e Ricardo

P: Outro gol contra nós! Eu nunca tinha visto coisa igual.

R: Isto dá raiva mesmo. Mas não havia jeito. O Pelé já tinha posto o goleiro fora da jogada.

P: Eu devia esperar isto. Os cronistas já tinham dito que este novo goleiro não vale nada. Ele destrói tudo.

R: Os cronistas que escrevem para que jornal?

P: Para o *Globo*. Domingo passado nós tínhamos feito dois gols mas perdemos o jogo.

R: O time tinha aberto a contagem e não ganhou a partida?

P: Pois é. Aquele jogador formidável de quem eu lhe falei se machucou.

R: A vida é assim mesmo. Quantas vezes eu construo os meus planos e fico decepcionado.

A soccer game

P: Another goal for them! I've never seen anything like it.

R: It's really maddening. But there was no way to avoid it. Pelé had already put the goalie out of position.

P: I should have expected this. The sportswriters already said that this new goalie isn't worth anything. He ruins everything.

R: The sportswriters for what paper?

P: The *Globo*. Last Sunday we had made two goals but we lost.

R: The team scored first and then didn't win the game?

P: Exactly. That terrific goalie I told you about got hurt.

R: Such is life. I don't know how many times I've built up my hopes and then ended up disappointed.

NOTAS

Futebol é o esporte mais popular do Brasil. É o chamado *soccer* e sempre arrasta multidões para os estádios. Há diversos clubes esportivos que mantêm quadros de futebol caríssimos com jogadores profissionais. Além disso os meninos desde pequenos chutam bolas (de meias ou de qualquer tipo) nos parques, nas ruas, em qualquer lugar. Quase todos os rapazes, em alguma época da vida, pertencem a um quadro de futebol amador.

Há grande rivalidade entre os quadros de futebol de São Paulo e os do Rio e, em geral, o campeonato brasileiro é decidido entre eles.

ORTOGRAFIA

Representação gráfica dos sons /ŝ/ e /ẑ/ no início de sílaba

Escreva as seguintes palavras ditadas pelo professor. O som /ŝ/ no início de sílaba, no início ou meio de palavra é representado graficamente por *ch* ou *x*.

ch		*x*	
cheque	chá	xeque	baixo
chão	chuva	xadrez	bruxa
acho	chutar	deixo	enxada
enchi	colcha	caixa	enxoval
chegar	colchão	abacaxi	faixa
boliche	chave	ameixa	xícara
cachaça	cachorro		

O som /ẑ/ no início de sílaba, no início ou no meio de palavra é representado graficamente por

g antes de *i, e*			
relógio	gigante	geladeira	bagagem
giz	gíria	agência	agenda
rigidez	Egito	gente	estrangeiro
rugido	gilete	inteligente	viagem

j antes de qualquer vogal			
canjica	loja	jogar	juiz
lojista	laranja	vejo	julgar
gorjeta	viajar	anjo	justo
injeção	janeiro	jovem	ajustar
hoje	cereja	jogo	caju
jesuíta	cerveja	jogador	

ESTRUTURA E EXERCÍCIOS

(1) Particípio irregular

Eu nunca tinha visto coisa igual.
Ele já tinha posto o goleiro fora da jogada.
Nós tínhamos feito dois gols.
O time tinha aberto a contagem.

Particípios regulares

falar	falado
comer	comido
partir	partido

Particípios irregulares

ver	visto
dizer	dito
fazer	feito
escrever	escrito
abrir	aberto
cobrir	coberto
vir	vindo
pôr	posto
ganhar	ganho
pagar	pago
gastar	gasto

Nestes verbos as formas do particípio são irregulares.

Outros exemplos

Eu tinha escrito a lição antes do professor chegar.
Vocês já tinham vindo quando eu entrei.
Era tarde e ela ainda não tinha dito nada.
Às onze horas eles já tinham pago a conta 'bill'.
O pintor já tinha coberto o quadro e ela não pôde vê-lo.
Nós não pudemos comprá-lo porque já tínhamos gasto todos os cruzeiros.
Quando nós chegamos o time já tinha ganho a partida.

Substitua o particípio.

	Era tarde e ela não tinha dito nada.
feito	Era tarde e ela não tinha feito nada.

escrito	Era tarde e ela não tinha escrito nada.
visto	Era tarde e ela não tinha visto nada.
pago	Era tarde e ela não tinha pago nada.
ganho	Era tarde e ela não tinha ganho nada.
coberto	Era tarde e ela não tinha coberto nada.
aberto	Era tarde e ela não tinha aberto nada.
gasto	Era tarde e ela não tinha gasto nada.
	Vocês já tinham vindo quando eu entrei.
escrito a carta	Vocês já tinham escrito a carta quando eu entrei.
pago a conta	Vocês já tinham pago a conta quando eu entrei.
gasto o dinheiro	Vocês já tinham gasto o dinheiro quando eu entrei.
aberto as janelas	Vocês já tinham aberto as janelas quando eu entrei.
ganho a partida	Vocês já tinham ganho a partida quando eu entrei.
visto os quadros	Vocês já tinham visto os quadros quando eu entrei.
dito tudo	Vocês já tinham dito tudo quando eu entrei.
feito o jantar	Vocês já tinham feito o jantar quando eu entrei.

Transforme as seguintes frases em outras, usando o pretérito mais-que-perfeito.

Nós não vimos o jogo.	Nós não tínhamos visto o jogo.
Eu disse isso.	Eu tinha dito isso.
O jogador abriu a contagem.	O jogador tinha aberto a contagem.
Os cronistas puseram tudo no jornal.	Os cronistas tinham posto tudo no jornal.
Vocês fizeram o exercício.	Vocês tinham feito o exercício.
O Pelé fez um gol muito bonito.	O Pelé tinha feito um gol muito bonito.
Esta senhora viu a vitrine.	Esta senhora tinha visto a vitrine.
A Helena pôs o vestido novo.	A Helena tinha posto o vestido novo.
Eles ganharam muito dinheiro.	Eles tinham ganho muito dinheiro.
Ele escreveu este romance.	Ele tinha escrito este romance.
Elas cobriram as cadeiras.	Elas tinham coberto as cadeiras.
Nós pagamos tudo.	Nós tínhamos pago tudo.
A Helena veio cedo.	A Helena tinha vindo cedo.
Vocês não gastaram muito.	Vocês não tinham gasto muito.
Os jogadores ganharam a partida.	Os jogadores tinham ganho a partida.

Transforme as duas frases em uma usando o pretérito mais-que-perfeito.

Ele já abriu a carta. Eu falei.	Ele já tinha aberto a carta quando eu falei.
O Pelé já fez o gol. Eles correram.	O Pelé já tinha feito o gol quando eles correram.

Nós já dissemos tudo. Eles chegaram.	Nós já tínhamos dito tudo quando eles chegaram.
Vocês já viram o quadro. Ele entrou.	Vocês já tinham visto o quadro quando ele entrou.
Eu já pus o chapéu. Você telefonou.	Eu já tinha posto o chapéu quando você telefonou.
O professor já viu tudo. A aula terminou.	O professor já tinha visto tudo quando a aula terminou.
Ele já escreveu muito. Os colegas o escolheram.	Ele já tinha escrito muito quando os colegas o escolheram.
Eu já vim. Eles chegaram.	Eu já tinha vindo quando eles chegaram.
Ela já gastou muito. Eu a vi.	Ela já tinha gasto muito quando eu a vi.
Ela já cobriu as cadeiras. Nós entramos.	Ela já tinha coberto as cadeiras quando nós entramos.
Você já pagou tudo. Nós saímos.	Você já tinha pago tudo quando nós saímos.
Os jogadores já ganharam. Você chegou.	Os jogadores já tinham ganho quando você chegou.
Os senhores já escreveram a carta. Eu saí.	Os senhores já tinham escrito a carta quando eu saí.

(2) **Relativos:** *que, quem, o que, o qual, cujo*

O filme que nós vimos ontem era muito melhor do que eu tinha pensado.
Nós as conseguimos de duas mocinhas que tinham desistido de ir.
Os cronistas que escrevem para que jornal?
Aquele jogador formidável de quem eu lhe falei se machucou.
O vendedor que veio atendê-los já os conhecia.
Carlos deu-lhe um anel de brilhantes que todos admiraram.

(1)		
Eu falei com o cronista	que	escreve para o Globo.
Ele gostou das casas	que	eu comprei.
Não gostei do jogo	que	eu vi.
Não é esse o jogador	que	você admira?
(2)		
Aquele é o rapaz com	quem	ela saiu.
Esta é a moça a	quem	eu dei o livro.
Aquelas são as atrizes de	quem	eu lhe falei.
(3)		
Este rapaz é	o que	eu vi ontem.
Você quer estas luvas ou	as que	estão na gaveta?

(1) *Que* refere-se a coisa ou pessoa e ocorre como sujeito ou objeto. Corresponde em inglês a *that, which, who, whom*.

(2) *Quem* refere-se a pessoa e ocorre depois de preposição.

(3) *O que, a que, os que, as que* referem-se a coisas ou pessoas e correspondem em inglês a *he who, she who, the one (s) who, the one (s) which*, etc.

Os pronomes relativos não se omitem em português como acontece com freqüência em inglês.

Que pode ser substituído por *o qual, a qual, os quais, as quais* para evitar ambigüidade. Exemplo: *O pai da moça, o qual é presidente da firma, está aqui agora.*

Cujo, cuja, cujos, cujas correspondem a *whose* e precedem um substantivo com o qual concordam em gênero e número. Exemplo: *Eu me dou com aquela senhora cuja filha é pintora.*

O qual, cujo e variações são raramente usados em conversação.

Substitua a expressão que precede o relativo.

	Eu conheço os cronistas que escrevem para este jornal.
as moças	Eu conheço as moças que escrevem para este jornal.
aquele rapaz	Eu conheço aquele rapaz que escreve para este jornal.
os advogados	Eu conheço os advogados que escrevem para este jornal.
os cariocas	Eu conheço os cariocas que escrevem para este jornal.
o deputado	Eu conheço o deputado que escreve para este jornal.

	Ele gostou da casa que eu comprei.
quadro	Ele gostou do quadro que eu comprei.
mobília	Ele gostou da mobília que eu comprei.
cortinas	Ele gostou das cortinas que eu comprei.
carro	Ele gostou do carro que eu comprei.
jornais	Ele gostou dos jornais que eu comprei.
mesa	Ele gostou da mesa que eu comprei.

	O goleiro de quem eu lhe falei se machucou.
a menina	A menina de quem eu lhe falei se machucou.
as crianças	As crianças de quem eu lhe falei se machucaram.
o amigo	O amigo de quem eu lhe falei se machucou.
a moça	A moça de quem eu lhe falei se machucou.
aquelas senhoras	Aquelas senhoras de quem eu lhe falei se machucaram.
os jogadores	Os jogadores de quem eu lhe falei se machucaram.

	Este rapaz é o que eu vi ontem.
moças	Estas moças são as que eu vi ontem.
atriz	Esta atriz é a que eu vi ontem.
atores	Estes atores são os que eu vi ontem.
chapéu	Este chapéu é o que eu vi ontem.
talheres	Estes talheres são os que eu vi ontem.
igreja	Esta igreja é a que eu vi ontem.
estudantes	Estes estudantes são os que eu vi ontem.
gente	Esta gente é a que eu vi ontem.

Faça perguntas usando as expressões sugeridas, o relativo necessário e preposição quando for preciso.

o cronista / escreve para o Globo	O cronista que escreve para O Globo?
o pintor / mora no Rio	O pintor que mora no Rio?
os alunos / nós conversamos	Os alunos com quem nós conversamos?
o escritor de / você falou	O escritor de quem você falou?
o cinema / fica perto do parque	O cinema que fica perto do parque?
a moça / mora naquela rua estreitinha	A moça que mora naquela rua estreitinha?
o rapaz / ela saiu ontem	O rapaz com quem ela saiu ontem?
o músico / você admira	O músico que você admira?
os meninos / você deu um presente	Os meninos a quem você deu um presente?
os vestidos / vocês viram na vitrine	Os vestidos que vocês viram na vitrine?
o deputado / eu viajei	O deputado com quem eu viajei?
os jogadores / ganharam a partida	Os jogadores que ganharam a partida?
o namorado / ela escreveu	O namorado a quem ela escreveu?

Responda as seguintes perguntas usando as expressões sugeridas e *o que, a que, os que, as que.*

Quem é este rapaz? você conheceu ontem	Este rapaz é o que você conheceu ontem.
Que vestido é este? eu comprei hoje	Este vestido é o que eu comprei hoje.
Quem é aquele jogador? fez o gol	Aquele jogador é o que fez o gol.
Que cidade é esta? nós visitamos	Esta cidade é a que nós visitamos.
Quem são estas moças? voltaram hoje	Estas moças são as que voltaram hoje.
Que flores são estas? ele trouxe	Estas flores são as que ele trouxe.
Quem são estes meninozinhos? cantaram	Estes meninozinhos são os que cantaram.
Quem é esta senhora? se machucou	Esta senhora é a que se machucou.

(3) Presente de verbos com alternância vocálica /u/: /ɔ/

Ele destrói tudo.
Quantas vezes eu construo os meus planos e fico decepcionado.

constru-ir, destru-ir				
/u/		/ɔ/		
eu constru- destru-	-o	ele constró- destró-	-i	
nós constru- destru-	-ímos	eles constro- destro-	-em	

Em verbos como *construir*, *destruir* a vogal tônica do radical apresenta alternância /u/: /ɔ/. /u/ ocorre na primeira pessoa do singular. /ɔ/ ocorre na terceira pessoa do singular e plural. Na primeira pessoa do plural a sílaba tônica ocorre na terminação.

Substitua o sujeito.

	Ele destrói os planos dos outros.
nós	Nós destruímos os planos dos outros.
você	Você destrói os planos dos outros.
aqueles jogadores	Aqueles jogadores destroem os planos dos outros.
eu	Eu destruo os planos dos outros.
ninguém	Ninguém destrói os planos dos outros.
os senhores	Os senhores destroem os planos dos outros.
ela	Ela destrói os planos dos outros.
os deputados	Os deputados destroem os planos dos outros.

	O engenheiro constrói casas.
vocês	Vocês constroem casas.
elas	Elas constroem casas.
nós	Nós construímos casas.
eu	Eu construo casas.
este rapaz	Este rapaz constrói casas.
algumas pessoas	Algumas pessoas constroem casas.
o tio dela	O tio dela constrói casas.
o senhor	O senhor constrói casas.

Transforme as seguintes frases em frases negativas usando *eu*.

Ela constrói muitos planos.	Eu não construo muitos planos.
O engenheiro constrói casas.	Eu não construo casas.
Eles constroem navios.	Eu não construo navios.
Vocês destroem os planos dos outros.	Eu não destruo os planos dos outros.

O professor constrói frases.	Eu não construo frases.
Ela destrói o prazer dos amigos.	Eu não destruo o prazer dos amigos.
Nós destruímos as cartas velhas.	Eu não destruo as cartas velhas.
Você destrói os livros ruins.	Eu não destruo os livros ruins.

Para revisão desta lição responda as seguintes perguntas na forma negativa.

Vocês tinham visto coisa igual?	Não, nós não tínhamos visto coisa igual.
Os alunos constroem as frases do diálogo?	Não, eles não constroem as frases do diálogo.
Os jogadores tinham ganho a partida?	Não, eles não tinham ganho a partida.
Você tinha pago a nota?	Não, eu não tinha pago a nota.

Ele destrói o que os outros constroem?	Não, ele não destrói o que os outros constroem.
As empregadas tinham posto os papéis no lixo?	Não, as empregadas não tinham posto os papéis no lixo.
O cronista de quem você falou está aqui?	Não, o cronista de quem eu falei não está aqui.
Vocês tinham feito os exercícios?	Não, nós não tínhamos feito os exercícios.

Para revisão de *por* e *para* responda as seguintes perguntas usando as expressões sugeridas.

Por que é que ele trabalhava tanto? prazer	Ele trabalhava tanto por prazer.
Por quem ela fazia tudo? filhos	Ela fazia tudo pelos filhos.
Para quem você descrevia o carnaval? cronistas	Eu descrevia o carnaval para os cronistas.
Para onde os doentes foram? hospital	Os doentes foram para o hospital.

Para onde os atores iam? palco	Os atores iam para o palco.
Para que é que ela deu este dinheiro? as compras	Ela deu este dinheiro para as compras.
Como o diretor falou com vocês? telefone	O diretor falou conosco pelo telefone.
Nesta loja há roupas para homens ou para senhoras? homens	Nesta loja há roupas para homens.
Por onde você andou a manhã toda? parque	Eu andei a manhã toda pelo parque.
Para quem esta lição é fácil? todos	Esta lição é fácil para todos.
Para que é que você trouxe os amigos? almoçar	Eu trouxe os amigos para almoçar.

LEITURA: Uma derrota é sempre triste

Chegou afinal o grande dia. O Santos joga com o Botafogo pela decisão do Torneio Rio-São Paulo. Como não podia deixar de ser, o Maracanã estava completamente lotado. Duas horas antes do início do jogo já tinham aberto os portões. Mas precisaram fechar a bilheteria pouco depois porque a lotação já estava esgotada. Mais de duzentas mil pessoas se comprimiam no enorme estádio.

Ricardo tinha vindo de São Paulo tratar de negócios e aproveitou para assistir o jogo. Como estava hospedado em casa de Paulo, foi com ele para o campo. Torcedor do Santos, estava muito animado. O seu time tinha ganho na semana anterior e parecia ter grandes possibilidades nesse dia. Paulo, que torce para o Botafogo, já tinha dito muitas vezes que a vitória seria sua.

Antes do início do jogo já a discussão era geral. Santistas e botafoguenses comentavam as reportagens que tinham lido, elogiavam os seus jogadores e procuravam defeitos no adversário. Quando o alto-falante do estádio anunciou os quadros, ouviram-se aplausos de todos os lados.

Durante a partida, à medida que o Santos ia fazendo gols e que o Botafogo nada conseguia, Paulo ficava cada vez mais nervoso e repetia:

—Este jogador não vale nada e este juiz é um ladrão. Marca faltas que não existem. Assim não é possível jogar. Quando o time constrói uma jogada, ele pára o jogo para marcar falta que ninguém vê.

O goleiro do Botafogo, que nunca via por onde a bola passava, conseguiu afinal fazer uma boa defesa. Isto animou os companheiros de jogo e a torcida. Pouco depois, quando o Botafogo fez um gol, o estádio quase veio abaixo. De todas as partes, da geral, da arquibancada e da numerada os torcedores aplaudiam e animavam seus jogadores.

O Santos, porém, continuava vencendo. Pelé driblava quantos tentavam impedir seu avanço e ia fazendo gols. O jogo terminou com a vitória dos santistas. A torcida botafoguense saiu culpando o juiz pela derrota. É sempre assim.

Paulo, para quem futebol era tudo e que tinha posto toda a esperança nesse jogo, estava decepcionado e se desabafou:

—Não quero mais saber de futebol.

—Por isso eu prefiro outro esporte como natação ou atletismo, comentou Ricardo.

—É mesmo. Acho que até vôlei ou bola ao cesto é melhor, disse Paulo.

—Por que não vamos ao clube jogar uma partida de tênis? Assim você se esquece um pouco do jogo, terminou Ricardo que procurava animar o amigo.

Quando chegaram ao clube, não puderam jogar logo porque não havia nenhuma quadra vazia, e, assim, enquanto esperavam a vez, foram ver o movimento dos outros esportes.

Encontraram alguns amigos que iam remar e levavam o barco para a água. Não puderam fazer-lhes companhia, porque não tinham trazido calção de banho.

Na piscina a animação era grande. Muita gente estava nadando. Provavelmente o calor e o sol daquele dia de verão tinham feito todos os sócios afluírem ao clube.

Perguntas sobre a leitura

1 Como estava o Maracanã no dia do Torneio Rio-São Paulo?
2 O que é que tinham feito duas horas antes do início do jogo?
3 Por que precisaram fechar a bilheteria pouco depois?
4 Quantas pessoas se comprimiam no estádio?
5 Para que Ricardo tinha vindo de São Paulo?
6 Por que ele foi com Paulo para o campo?
7 Por que ele estava animado?
8 O que é que Paulo já tinha dito muitas vezes?
9 O que é que santistas e botafoguenses comentavam? Quem é que elogiavam?
10 Quando se ouviram aplausos de todos os lados?
11 Por que Paulo ficava cada vez mais nervoso?
12 Na opinião de Paulo o que é que o juiz faz quando o time constrói uma jogada?
13 O que é que o goleiro do Botafogo conseguiu afinal fazer?
14 Por que é que o estádio quase veio abaixo?
15 O jogo terminou com a vitória de quem?
16 Quem a torcida botafoguense saiu culpando?
17 Por que Paulo estava decepcionado?
18 Q que é que ele disse?
19 O que é que Ricardo preferia?
20 Onde os dois amigos resolveram ir?
21 Por que não puderam ir remar com os amigos?
22 O que é que tinha feito todos os sócios afluírem ao clube?

Vocabulário introduzido na leitura

adversário n 'adversary'
afluir v 'flock, flow'
alto-falante n m 'loud-speaker'
à medida que c 'while, as'
animação - ões n f 'movement,
  excitement'
anterior -es aj m/f 'previous'
anunciar v 'announce'
aplaudir v 'applaud'
aplauso n 'applause'
arquibancada n 'bleacher seats'
assistir v 'attend'
atletismo n 'gymnastics, track'
avanço n 'advance'
barco n 'boat'
bola ao cesto 'basket-ball'
campo n 'field, playing field'
comentar v 'comment'
companheiro -a n 'companion'
completamente av 'completely'
comprimir v 'squeeze'
culpar v 'blame'
decisão -ões n f 'decision'
defeito n 'defect, fault'
defesa n 'save'
derrota n 'defeat'
desabafar v 'vent one's feelings'
discussão -ões n f 'argument'
driblar v 'dribble'
elogiar v 'praise'
esgotar-se v 'be sold out'
(new meaning)

esperança n 'hope'
existir v 'exist'
falta n 'penalty'
fazer companhia 'accompany'
geral n f 'standing room'
jogar v 'play'
juiz juízes n m 'referee, judge'
ladrão -ões n m 'thief'
lotação -ões n f 'capacity, small bus'
lotar v 'fill to capacity'
nadar v 'swim'
natação n f 'swimming'
numerada n 'reserved seats'
piscina n 'swimming pool'
porém c 'however'
portão -ões n m 'gate'
possibilidade n f 'possibility'
quadra n 'court'
remar v 'row'
reportagem n f 'newspaper story'
sócio -a n 'member'
tênis n m 'tennis'
tentar v 'try'
torcedor -es n m 'rooter, fan'
torcer v 'cheer, root'
torcida n 'rooters, fans'
torneio n 'tournament'
vazio -a aj 'empty'
vencer v 'win, overcome'
vez -es n f 'turn (new meaning)'
vitória v 'victory'
vôlei n m 'volleyball'

30

Preparando-se para o exame vestibular

Helena e Rui

H: Olá, seu ingratão, o que é que você tem feito? Ninguém o vê mais.
R: Eu só tenho estudado e ido às aulas.
H: Você está se preparando para o vestibular de medicina?
R: Estou. Algumas das matérias me têm fascinado.
H: E por isso você estuda mais do que precisa, não é?
R: Não, você sabe que eu preciso estudar. Na Universidade do Brasil os candidatos são muitos para poucas vagas.
H: Mas você não pode sumir assim. Nós temos sentido muita falta de você.

Preparing for the entrance exam

H: Well, hello, Mr. Ingrate. What have you been doing? Nobody ever sees you any more.
R: I haven't done a thing but study and go to class.
H: Are you getting ready for the medical school exam?
R: Yes, I am. Some of the subjects really fascinate me.
H: And that's why you're studying more than is necessary, right?
R: No. You know I have to study. At the University of Brazil there are a lot of candidates for very few openings.
H: But you can't just disappear like this. We've really missed you.

NOTA

Quando os alunos terminam o curso secundário, teoricamente, ou melhor, oficialmente, estão prontos para o exame vestibular que permite a sua entrada para a universidade. Não é isso, porém, o que acontece. O número de vagas nas diversas faculdades é sempre muito pequeno para o grande número de candidatos, principalmente nas universidades do governo. Assim, tornam-se os exames vestibulares cada vez mais difíceis a fim de se fazer a seleção e reduzir o número de alunos. Devido a esses fatos criaram-se uns cursos, denominados cursos vestibulares, onde os alunos geralmente estudam depois de terminarem o último ano do curso secundário ou simultaneamente com esse.

ORTOGRAFIA

Representação gráfica dos sons /s/, /z/, /ŝ/, /ẑ/ no fim de sílaba.

Escreva as seguintes palavras ditadas pelo professor.
O som /s/ ou /ŝ/ no fim de sílaba é representado graficamente por s ou x no meio da palavra e por s ou z no fim da palavra.

s	x	z
vestibular	externo	faz compras
esperar	sexta	o juiz
refresco	contexto	talvez
constante	expectativa	vez
posto	extraordinário	dez pratos
cronista	exterior	fiz tudo
estado	experiência	
eles compram	explicar	
as flores	êxtase	
nós tínhamos	extensão	
o país		
vocês faziam		

O som /z/ ou /ẑ/ no fim de sílaba é representado graficamente por s no meio da palavra e por s ou z no fim da palavra.

s	s	z
desde	eles gostam	traz doces
mesmo	vocês dão	diz muito
esguio	algumas delas	Juiz de Fora
desgraça	eu quis ver	talvez vá
esbanjar	fomos de avião	uma vez vamos
rasgo	visitamos você	faz muito calor

ESTRUTURA E EXERCÍCIOS

(1) Presente composto

Eu só tenho estudado e ido às aulas.
O que é que você tem feito?
Nós temos sentido muita falta de você.
Algumas das matérias me têm fascinado.

falar		falado
comer	tenho ⌐	comido
partir	tem	partido
pôr	temos	pôsto
abrir	têm ⌐	aberto
fazer		feito
etc.		etc.

O presente de *ter* é usado com o particípio de outro verbo na construção do presente composto.

Observe o uso do pretérito perfeito em contraste com o uso do presente composto.

Pretérito perfeito	Presente composto
Nós sentimos falta de você (numa festa, a semana passada).	Nós temos sentido falta de você (estes dias, depois que você sumiu).
A peça foi um grande sucesso (Agora não está no cartaz).	A peça tem sido um grande sucesso (Ainda está no cartaz).
O que é que você fez? (uma vez no passado)	O que é que você tem feito? (estes dias)
Eu estudei português (Agora não estudo mais).	Eu tenho estudado português (Estudei e ainda estou estudando).
Nós trabalhamos lá três anos (Agora trabalhamos noutro lugar). .	Nós temos trabalhado lá (várias vezes e possivelmente ainda vamos trabalhar lá).
Ele estudou a noite toda (uma só noite no passado).	Ele tem estudado todas as noites (Estudou a noite passada, a noite anterior etc. e possivelmente vai continuar a estudar).

O pretérito perfeito termina no passado. O presente composto inicia-se no passado e repete-se ou continua pelo presente e possivelmente pelo futuro. Geralmente a frase com o presente composto contém implícita ou explicitamente certas expressões, como *ultimamente, estes dias, desde* ou *depois deste fato*.

Substitua o sujeito.

	Eu só tenho estudado e ido às aulas.
nós	Nós só temos estudado e ido às aulas.
o meu amigo	O meu amigo só tem estudado e ido às aulas.
vocês	Vocês só têm estudado e ido às aulas.
o Rui	O Rui só tem estudado e ido às aulas.
todos	Todos só têm estudado e ido às aulas.
a Ana Maria	A Ana Maria só tem estudado e ido às aulas.
os alunos	Os alunos só têm estudado e ido às aulas.
você	Você só tem estudado e ido às aulas.

	Nós temos sentido muita falta de você.
eu	Eu tenho sentido muita falta de você.
as moças	As moças têm sentido muita falta de você.
o doente	O doente tem sentido muita falta de você.
os fregueses	Os fregueses têm sentido muita falta de você.
a minha madrinha	A minha madrinha tem sentido muita falta de você.
eu e os outros	Eu e os outros temos sentido muita falta de você.
os colegas italianos	Os colegas italianos têm sentido muita falta de você.
a sua namorada	A sua namorada tem sentido muita falta de você.

Substitua o particípio e as expressões que o seguem.

	O que é que você tem feito?
comer	O que é que você tem comido?
estudar	O que é que você tem estudado?
escrever	O que é que você tem escrito?
ver	O que é que você tem visto?
dizer	O que é que você tem dito?
sentir	O que é que você tem sentido?
aprender	O que é que você tem aprendido?
ganhar	O que é que você tem ganho?

	Algumas das matérias me têm fascinado.
pôr louco	Algumas das matérias me têm posto louco.
agradar	Algumas das matérias me têm agradado.
dar trabalho	Algumas das matérias me têm dado trabalho.
cansar	Algumas das matérias me têm cansado.
divertir	Algumas das matérias me têm divertido.
atrair	Algumas das matérias me têm atraído.
deixar tonto	Algumas das matérias me têm deixado tonto.
animar	Algumas das matérias me têm animado.

	Ultimamente nós não temos ido lá.
fazer nada	Ultimamente nós não temos feito nada.
vir aqui	Ultimamente nós não temos vindo aqui.
falar português	Ultimamente nós não temos falado português.
comprar roupa	Ultimamente nós não temos comprado roupa.
ver ninguém	Ultimamente nós não temos visto ninguém.
abrir os livros	Ultimamente nós não temos aberto os livros.
dizer muito	Ultimamente nós não temos dito muito.
cobrir a mesa	Ultimamente nós não temos coberto a mesa.

Transforme as frases seguintes em outras usando o presente composto e *estes dias.*

Nós sentimos falta de vocês a semana passada.	Nós temos sentido falta de vocês estes dias.
Todos os parentes se reuniram lá ontem.	Todos os parentes se têm reunido lá estes dias.
Eu passei pela cidade ontem de tarde.	Eu tenho passado pela cidade estes dias.
Eu trouxe uns amigos sábado passado.	Eu tenho trazido uns amigos estes dias.
Vocês puseram o homem tonto.	Vocês têm posto o homem tonto estes dias.
Você viu a bandeira brasileira.	Você tem visto a bandeira brasileira estes dias.
Eu tive dor de garganta.	Eu tenho tido dor de garganta estes dias.
O professor veio cedo ontem.	O professor tem vindo cedo estes dias.
Ele não me escreveu ontem.	Ele não me tem escrito estes dias.

Transforme as frases acima, do presente composto para o pretérito perfeito, usando *ontem*.

Use as expressões sugeridas e o tempo de verbo necessário.

	Ele estudou a noite passada.
estas noites	Ele tem estudado estas noites.
hoje de manhã	Ele estudou hoje de manhã.
ultimamente	Ele tem estudado ultimamente.
todos estes dias	Ele tem estudado todos estes dias.
ontem o dia todo	Ele estudou ontem o dia todo.
a semana passada	Ele estudou a semana passada.
durante a semana passada	Ele estudou durante a semana passada.
estes últimos tempos	Ele tem estudado estes últimos tempos.

	Este ano eles tem feito os exercícios.
ontem	Ontem eles fizeram os exercícios.
a noite passada toda	A noite passada toda eles fizeram os exercícios.
ultimamente	Ultimamente eles têm feito os exercícios.
estas últimas semanas	Estas últimas semanas eles têm feito os exercícios.
durante os três meses passados	Durante os três meses passados eles fizeram os exercícios.
durante um ano	Durante um ano eles fizeram os exercícios.
este ano	Este ano eles têm feito os exercícios.
sábado passado	Sábado passado eles fizeram os exercícios.

(2) Aumentativo

Olá, seu ingratão.
Dois malões e oito malas.

ingrato mala bonito	+ -ão	=	ingratão malão bonitão
ingrata mulher bonita	+ -ona	=	ingratona mulherona bonitona

As terminações *-ão, -ona* se adicionam a muitas formas para indicar tamanho grande ou aumento em qualidade. Contudo, contêm com freqüência outros significados. Assim, *mulherona* tem valor pejorativo, *bonitão* e *ingratão* têm valor familiar. *Mala* tem dois aumentativos: *malona* (mala grande) e *malão* 'trunk'. Aqui a palavra passou para o masculino como em outros casos: *uma vida, um vidão; uma sala, um salão.*

Há outras terminações do aumentativo menos usadas como *-arão, -arrão, -zarrão, -aço,* etc. Exemplos: *casa, casarão; santo, santarrão; homem, homenzarrão; rico, ricaço.*

Nas seguintes frases acrescente a palavra adequada na forma aumentativa.

Um homem muito ingrato é um . . .	Um homem muito ingrato é um ingratão.
Um homem muito bonito é um . . .	Um homem muito bonito é um bonitão.
Uma mulher grande é uma . . .	Uma mulher grande é uma mulherona.
Uma mala grande é uma . . .	Uma mala grande é uma malona.
Um homem grande é um . . .	Um homem grande é um homenzarrão.
Uma sala grande é um . . .	Uma sala grande é um salão.
Uma vida fácil é um . . .	Uma vida fácil é um vidão.
Um homem rico é um . . .	Um homem rico é um ricaço.
Uma casa muito grande é um . . .	Uma casa muito grande é um casarão.
Uma mulher muito ingrata é uma . . .	Uma mulher muito ingrata é uma ingratona.

(3) *Conhecer* e *saber*

Ele conhece o meu sogro.
A semana passada eu conheci todos os cunhados e sobrinhos de Dona Amélia.
Você sabe que eu preciso estudar.
Eu nem sabia que tinham aproveitado esse romance para o cinema.
Eu não fiquei sabendo nada.
Você sabe qual é o pintor?
Vocês, mulheres, sabem tudo.

Conhecer	Saber
(1) Eu conheço o professor. Ele conhece a família. Eu conheço os estados do Brasil.	(3) Eu sei português. Eu não sei jogar. Ela sabe dançar.
(2) Ele conhece o jogo. Eu conheço este caso. Nós conhecemos as idéias dele.	(4) Eu sei o número. Eu sei os estados do Brasil.
	(5) Ela sabe qual é o pintor. Eu sei onde eles moram.

Conhecer e *saber* correspondem em inglês a '*know*'.
Conhecer significa conhecimento pessoal (1); estar ciente da existência de alguma coisa (2).
Saber usa-se para expressar habilitação (3); para expressar conhecimento que se pode comunicar (4); antes de relativos e indefinidos (5).

Substitua as expressões depois de *conhecer* e *saber*.

	Ele conhece o meu sogro.
os alemães	Ele conhece os alemães.
a embaixatriz	Ele conhece a embaixatriz.
o país	Ele conhece o país.
os senadores	Ele conhece os senadores.
Portugal	Ele conhece Portugal.
a Dona Dulce	Ele conhece a Dona Dulce.
o livro	Ele conhece o livro.
este caso	Ele conhece este caso.

	A semana passada eu conheci os cunhados dela.
a Ana Maria	A semana passada eu conheci a Ana Maria.
a sua amiga	A semana passada eu conheci a sua amiga.
a casa dela	A semana passada eu conheci a casa dela.
o seu padrinho	A semana passada eu conheci o seu padrinho.
a sua cidade	A semana passada eu conheci a sua cidade.
o Teatro Municipal	A semana passada eu conheci o Teatro Municipal.
a Bahia	A semana passada eu conheci a Bahia.
um solteirão interessante	A semana passada eu conheci um solteirão interessante.

	Eu não fiquei sabendo nada.
português	Eu não fiquei sabendo português.
o nome dela	Eu não fiquei sabendo o nome dela.
jogar	Eu não fiquei sabendo jogar.
o número	Eu não fiquei sabendo o número.
dançar	Eu não fiquei sabendo dançar.
a lição	Eu não fiquei sabendo a lição.
história do Brasil	Eu não fiquei sabendo história do Brasil.
os diálogos	Eu não fiquei sabendo os diálogos.

	Você sabe que eu preciso estudar.
que eu gosto de dançar	Você sabe que eu gosto de dançar.
quando eu estudo português	Você sabe quando eu estudo português.
que ele é um bom pintor	Você sabe que ele é um bom pintor.
onde eles estão	Você sabe onde eles estão.
que há poucas vagas	Você sabe que há poucas vagas.
que eu só tenho estudado	Você sabe que eu só tenho estudado.
por que é que ela vai sair	Você sabe por que é que ela vai sair.
o que eu tenho feito	Você sabe o que é que eu tenho feito.

	Você sabe qual é o pintor?
qual é o doente	Você sabe qual é o doente?
qual é a rua	Você sabe qual é a rua?
de quem é a casa	Você sabe de quem é a casa?
quem é o embaixador	Você sabe quem é o embaixador?
qual é o livro	Você sabe qual é o livro?

quem é a atriz	Você sabe quem é a atriz?
qual é o número	Você sabe qual é o número?
de quem é a mobília	Você sabe de quem é a mobília?

Diga as seguintes frases em português.

I do not know the painter.	Eu não conheço o pintor.
I know who the painter is.	Eu sei quem é o pintor.
We know where she is.	Nós sabemos onde ela está.
We do not know anyone.	Nós não conhecemos ninguém.
I know how to work.	Eu sei trabalhar.
I know your friend.	Eu conheço o seu amigo.
I do not know Dona Dulce.	Eu não conheço a Dona Dulce.
I know where she lives.	Eu sei onde ela mora.
He knows the teacher.	Ele conhece o professor.
He does not know the lesson.	Ele não sabe a lição.

Para revisão dos pretéritos perfeito e imperfeito e do presente composto, faça as substituições na posição correta conservando *ninguém*.

	Ninguém tem visto o porteiro estes dias.
ontem	Ninguém viu o porteiro ontem.
encontrou	Ninguém encontrou o porteiro ontem.
antigamente	Ninguém encontrava o porteiro antigamente.
os candidatos	Ninguém encontrava os candidatos antigamente.
ultimamente	Ninguém tem encontrado os candidatos ultimamente.
tem preparado	Ninguém tem preparado os candidatos ultimamente.
quando tudo era fácil	Ninguém preparava os candidatos quando tudo era fácil.
as lições	Ninguém preparava as lições quando tudo era fácil.
gostava das	Ninguém gostava das lições quando tudo era fácil.
lia	Ninguém lia as lições quando tudo era fácil.
sábado passado	Ninguém leu as lições sábado passado.
as histórias	Ninguém leu as histórias sábado passado.
estes dias	Ninguém tem lido as histórias estes dias.

LEITURA: O corpo humano

Fred e Margaret têm dado muitos presentes americanos a Betinho. Desta vez
²deram-lhe um boneco desmontável representando o corpo humano.
³Betinho tem andado muito animado com o presente e o tem montado e
desmontado com freqüência para exibi-lo às visitas. Numa das visitas de

Margaret, além de ir logo mostrando a sua habilidade, ele aproveita a ocasião para testar o conhecimento de português da amiga americana.

Daí a pouco chega Rui que, notando o ar sério do menino, diz com um sorriso meio coberto pelo enorme bigode no rosto moreno:

—Eu tenho ido todos os dias a um curso de preparação para o vestibular de medicina, organizado num casarão da rua Uruguaiana. Ninguém me disse que aqui mesmo havia um professor. Agora já sei que não preciso mais levantar-me cedo e tomar o bonde para o centro da cidade.

Margaret não presta atenção ao comentário de Rui e continua voltada para o que faz o menino. Esse já tinha desmontado o boneco todo—cabeça, tronco e membros—e pede a Margaret para identificar todas as partes. Primeiro ela indica o que compõe os membros superiores: braços, mãos e dedos; depois, as partes dos membros inferiores: coxas, pernas e pés.

Muito contente, Betinho agora desmonta a cabeça, enquanto Margaret identifica a testa, os olhos, o nariz, o queixo e as orelhas.

—Os lábios formam a parte exterior da boca, explica Betinho, e dentro dela acham-se a língua e os dentes. As partes laterais do rosto chamam-se faces.

Rui, que todo esse tempo tem observado Margaret—seu aspecto sadio, cabelos castanhos, pele clara, sobrancelhas finas—admira a maneira com que a moça vai respondendo as perguntas de Betinho. De vez em quando ela até finge-se assustada ou amedrontada ao ver certos órgãos, pois, terminada a cabeça, a aula agora passou a ser sobre as duas partes do tronco: tórax e abdômen. No tórax, Betinho mostra o coração e os pulmões; no abdômen menciona o estômago, os intestinos, o fígado, os rins e a bexiga.

Betinho, muito contente com o sucesso da sua exibição, como sempre tem acontecido, já ia montar o boneco, quando Rui entra na conversa:

—Você se esqueceu do pescoço que liga a cabeça ao tronco, e dos ombros. Há ainda a coluna vertebral—o grande osso que percorre o centro das costas—as veias e o sangue. Mas quero cumprimentar o professor por explicar tudo tão detalhadamente e a aluna pelo seu conhecimento de toda essa nomenclatura complicada. E fala quase sem sotaque!

Margaret agradece e, como quer saber mais sobre o curso no qual Rui está matriculado, esse continua:

—Cursos desse tipo têm tido grande popularidade ultimamente. São cursos de preparação para a universidade. O que eu freqüento consiste de português, inglês e ciências físico-naturais. Vários professores são ainda estudantes como, por exemplo, meu professor de história natural que é um estudante gaúcho, quartanista de medicina. Os alunos, em geral, levam o estudo a sério, pois querem entrar para as faculdades.

Com o progresso que tem feito no conhecimento do corpo humano, provavelmente também Betinho será um bom estudante de medicina.

Perguntas sobre a leitura

1 O que Fred e Margaret têm dado a Betinho?
2 O que eles lhe deram desta vez?
3 O que Betinho tem feito com frequência?
4 O que ele faz numa das visitas de Margaret?
5 Quem chega daí a pouco?
6 O que Rui nota?
7 Onde Rui tem ido todos os dias?
8 O que Rui não precisa mais fazer?
9 A que Margaret não presta atenção?
10 Quais são as partes principais do corpo humano?
11 O que compõe os membros superiores?
12 Quais são as partes dos membros inferiores?
13 O que Margaret identifica na cabeça?
14 O que forma a parte exterior da boca?
15 Onde se acham os dentes e a língua?
16 O que são as faces?
17 O que Rui observa em Margaret?
18 Quando Margaret finge-se assustada ou amedrontada?
19 Quais são as partes do tronco?
20 Onde estão o coração e os pulmões?
21 O que se encontra no abdômen?
22 O que liga a cabeça ao tronco?
23 O que é a coluna vertebral?
24 De que mais Betinho se esqueceu?
25 Por que Rui cumprimenta Margaret?
26 Que cursos têm tido grande popularidade ultimamente?
27 Em que consiste o curso que Rui freqüenta?
28 Quem é o professor de história natural?

Vocabulário introduzido na leitura

abdômen n m 'abdomen'
achar v 'find' (new meaning)
acontecer v 'happen'
amedrontar v 'scare'
aspecto n 'aspect'
assustar v 'frighten'
bexiga n 'bladder'
bigode n m 'mustache'
boca n 'mouth'
bonde n m 'streetcar'
boneco -a n 'doll'

braço n 'arm'
cabelo n 'hair'
casarão -ões n m 'very large house'
castanho -a aj 'brown, chestnut'
centro n 'center'
ciência n 'science'
coluna vertebral -ais 'spinal column'
complicar v 'complicate'
consistir v 'consist'
coração -ões n m 'heart'
coxa n 'thigh'

daí a pouco 'in a little while'
dedo n 'finger, toe'
dente n m 'tooth'
dentro de p 'inside'
desmontar v 'take apart'
desmontável -eis aj m/f 'easily taken apart'
detalhadamente av 'in detail'
estômago n 'stomach'
estudo n 'study'
exibição -ões n f 'exhibition'
exibir v 'exhibit'
explicar v 'explain'
exterior -es aj m/f 'outer, exterior'
face n f 'cheek'
fígado n 'liver'
fingir v 'pretend'
fino -a aj 'thin'
físico-natural -ais aj m/f 'pertaining to physical and natural sciences'
freqüentar v 'attend'
gaúcho -a aj 'from Rio Grande do Sul'
habilidade n f 'ability'
humano -a aj 'human'
identificar v 'identify'
inferior -es aj m/f 'lower, inferior'
intestino n 'intestine'
lábio n 'lip'
lateral -ais aj m/f 'side, lateral'
ligar v 'connect, join'
língua n 'tongue (new meaning)'
matricular v 'register, enroll'
membro n 'member, extremity'

mencionar v 'mention'
montar v 'put together'
moreno -a aj 'brunette'
nariz -es n m 'nose'
nomenclatura n 'nomenclature'
ombro n 'shoulder'
orelha n 'ear, (outer)'
organizar v 'organize'
órgão n m 'organ'
osso n 'bone'
pele n f 'skin'
percorrer v 'run through'
perna n 'leg'
pescoço n 'neck'
popularidade n f 'popularity'
preparação -ões n f 'preparation'
pulmão -ões n m 'lung'
quartanista n m/f 'fourth year student'
queixo n 'chin'
rim -ns n m 'kidney'
rosto n 'face'
sadio -a aj 'healthy'
sangue n m 'blood'
sério -a aj 'serious'
sobrancelha n 'eyebrow'
sotaque n m 'accent'
superior -es aj m/f 'upper, superior'
testa n 'forehead'
testar v 'test'
tórax -es n m 'thorax'
tronco n 'trunk (body)'
vários -as aj 'several'
veia n 'vein'

31

Saindo para o cabeleireiro

Ana Maria e Helena

M: Helena, você anda ou não anda mais depressa? Assim, nós não poderemos ir ao cabeleireiro.
H: Bem que eu gostaria de fazer tudo rapidamente.
M: Nós deveríamos sair mais cedo. Eu não gosto de chegar tarde.
H: Não adiantará nada você falar. Você e os outros não conseguirão me modificar.
M: No meu lugar o que é que você faria? Você ficaria esperando calada?
H: Eu esperaria com calma, não diria nada.
M: Você já imaginou as complicações que isso traria? Bem, eu desisto. Não direi mais nada.

The hairdresser's

A: Helena, can't you move a little faster? This way we won't be able to go to the hairdresser's.
H: I'd like to be able to do everything in a hurry.
A: We should always leave earlier. I don't like to be late.
H: You won't get anywhere by talking. You and the others will never manage to change me.
A: What would you do in my place? Would you just wait without saying anything?
H: I would wait quietly. I wouldn't say a thing.
A: Can you just imagine what complications that would involve? Very well, I quit. I won't say another word.

ORTOGRAFIA

Mudanças de grafia nos verbos.

Os sons /k/, /g/, /s/, /ẑ/ antes de *e*, *i* são representados respectivamente por *qu, gu, c, g*; antes de *a, o, u* por *c, g, ç, j*. Por esse motivo há verbos que apresentam variação na sua grafia. Escreva as seguintes palavras ditadas pelo professor.

/k/ representado por *c* antes de *a, o* e por *qu* antes de *e*

c		*qu*	
colocar	coloco	coloquei	coloque
tocar	toco	toquei	toque
ficar	fico	fiquei	fique
verificar	verifico	verifiquei	verifique
discar	disco	disquei	disque

/g/ representado por *g* antes de *a, o* e por *gu* antes de *e, i*

g		*gu*	
pegar	pego	peguei	consegui
chegar	chego	cheguem	ergui
pagar	pago	pague	conseguia
consiga	consigo	cheguei	distinguíssemos
erga	ergo	peguem	seguimos

/s/ representado por *ç* antes de *a, o* e por *c* antes de *e, i*

ç		*c*	
dançar	danço	conhecer	conheci
começar	começo	emagrecer	esqueci
almoçar	almoço	parecer	parecia
conheça	conheço	dancei	emagreci
esqueça	esqueço	comecei	conhecia

/ẑ/ representado por *j* antes de *a, o* e por *g* antes de *e, i*

j		*g*	
dirija	dirijo	dirige	dirigir
fuja	fujo	foge	fugi
aja	ajo	age	agíssemos
fujamos		fogem	dirigia
ajam		agem	agir

ESTRUTURA E EXERCÍCIOS

(1) Futuro dos verbos

Não adiantará nada você falar.
Assim nós não poderemos ir ao cabeleireiro.
Você e os outros não conseguirão me modificar.

falar, comer, partir				
falar- comer- partir-	-ei	falar- comer- partir-	-emos	
falar- comer- partir-	-á	falar- comer- partir-	-ão	

Forma-se o futuro acrescentando-se as terminações acima ao infinito. Os verbos irregulares no futuro são *dizer, fazer, trazer.*

As formas do futuro aqui apresentadas são usadas na linguagem formal e raramente na conversação familiar.

Para indicar futuro enfático usa-se o presente do verbo *haver* (*hei, há, havemos, hão*) com o infinito de outro verbo precedido da preposição *de.* Por exemplo: *Eu hei de conseguir; ele há de vir logo; nós havemos de ganhar; eles hão de gostar.*

Substitua o sujeito.

	Assim, nós não poderemos ir ao cabeleireiro.
você	Assim, você não poderá ir ao cabeleireiro.
as cariocas	Assim, as cariocas não poderão ir ao cabeleireiro.
vocês	Assim, vocês não poderão ir ao cabeleireiro.
eu	Assim, eu não poderei ir ao cabeleireiro.
a mulher dele	Assim, a mulher dele não poderá ir ao cabeleireiro.
elas todas	Assim, elas todas não poderão ir ao cabeleireiro.
a minha mãe	Assim, a minha mãe não poderá ir ao cabeleireiro.
eu e você	Assim, eu e você não poderemos ir ao cabeleireiro.

	Você e os outros não conseguirão me modificar.
a senhora	A senhora não conseguirá me modificar.
os meus parentes	Os meus parentes não conseguirão me modificar.
esta universidade	Esta universidade não conseguirá me modificar.

a minha namorada — A minha namorada não conseguirá me modificar.
os meus colegas — Os meus colegas não conseguirão me modificar.
vocês — Vocês não conseguirão me modificar.
o médico — O médico não conseguirá me modificar.

Você ficará esperando calada?
eu — Eu ficarei esperando calada?
vocês — Vocês ficarão esperando calados?
os meninos — Os meninos ficarão esperando calados?
nós — Nós ficaremos esperando calados?
o solteirão — O solteirão ficará esperando calado?
o casal — O casal ficará esperando calado?
os senhores — Os senhores ficarão esperando calados?
os solteirões — Os solteirões ficarão esperando calados?

Ela porá a roupa na mala.
você — Você porá a roupa na mala.
eu — Eu porei a roupa na mala.
alguém — Alguém porá a roupa na mala.
todos — Todos porão a roupa na mala.
as senhoras — As senhoras porão a roupa na mala.
os hóspedes — Os hóspedes porão a roupa na mala.
o convidado — O convidado porá a roupa na mala.

Passe para o futuro as seguintes frases.

O Betinho precisava de roupa. — O Betinho precisará de roupa.
Lá havia muito terno para criança. — Lá haverá muito terno para criança.
Nós íamos sempre ao parque. — Nós iremos sempre ao parque.
Eu só comprava nesta loja. — Eu só comprarei nesta loja.

Voce tinha quinze anos. — Você terá quinze anos.
Eles a viam muitas vêzes. — Eles a verão muitas vêzes.
Vocês não podiam sumir assim. — Vocês não poderão sumir assim.
Nós conseguíamos fazer todos os exames. — Nós conseguiremos fazer todos os exames.

Faça a pergunta sugerida e responda-a usando a palavra dada.

Pergunte ao colega onde ele irá amanhã. — Onde você irá amanhã?
ópera — Amanhã eu irei à ópera.

Pergunte ao colega quando o pai dele chegará. — Quando o seu pai chegará?
domingo que vem — O meu pai chegará domingo que vem.

Pergunte ao colega que hora será
o exame de vocês.
três horas

Pergunte ao colega quando ele
voltará para casa.
o mês que vem

Pergunte ao colega com quem a
Helena sairá?
o Carlos

Pergunte ao colega quem jantará
na Colombo.
o Paulo e os amigos

Pergunte ao colega quando ele
poderá vir falar conosco.
amanhã de manhã

Que hora será o nosso exame?

O nosso exame será às três horas.

Quando você voltará para casa?

Eu voltarei para casa o mês que vem.

Com quem a Helena sairá?

A Helena sairá com o Carlos.

Quem jantará na Colombo?

O Paulo e os amigos jantarão na
Colombo.

Quando você poderá vir falar conosco?

Eu poderei vir falar com vocês amanhã
de manhã.

(2) Futuro do pretérito

Bem que eu gostaria de fazer tudo rapidamente.
Você ficaria esperando calada?
Nós deveríamos sair mais cedo.
Eu esperaria com calma.

falar, comer, partir			
falar- comer- partir-	-ia	falar- comer- partir-	-íamos
falar- comer- partir-	-ia	falar- comer- partir-	-iam

Forma-se o futuro do pretérito acrescentando-se as terminações acima ao infinito. Os verbos irregulares no futuro do pretérito são *dizer, fazer, trazer*. O futuro do pretérito corresponde em inglês a *would speak, eat, leave*, etc. Usa-se muito para expressar a consequência de uma condição que se imagina. *Você já imaginou as complicações que isto traria* (eu ficar calada)?

Na linguagem coloquial, esta forma é freqüentemente substituída pelo pretérito imperfeito do indicativo. Exemplos:

Nós devíamos sair mais cedo mas Helena se atrasou.
Eu preferia ficar aqui mas tenho que sair.
Ela ia ao teatro mas ficou doente.

Substitua o sujeito.

	Eu esperaria com calma.
nós	Nós esperaríamos com calma.
o casal	O casal esperaria com calma.
os fregueses	Os fregueses esperariam com calma.
o guia	O guia esperaria com calma.
os senhores	Os senhores esperariam com calma.
a senhora e a sua irmã	A senhora e a sua irmã esperariam com calma.
eu	Eu esperaria com calma.
você	Você esperaria com calma.

	Ela perceberia tudo.
vocês	Vocês perceberiam tudo.
o Betinho	O Betinho perceberia tudo.
os jogadores	Os jogadores perceberiam tudo.
a senhora	A senhora perceberia tudo.
eu e a Ana Maria	Eu e a Ana Maria perceberíamos tudo.
o Senhor Luís	O Senhor Luís perceberia tudo.
eu	Eu perceberia tudo.
você	Você perceberia tudo.

	Vocês assim conseguiriam tudo.
os seus pais	Os seus pais assim conseguiriam tudo.
você	Você assim conseguiria tudo.
a minha sogra	A minha sogra assim conseguiria tudo.
os escritores	Os escritores assim conseguiriam tudo.
eu	Eu assim conseguiria tudo.
nós	Nós assim conseguiríamos tudo.
a Ana Maria e a Helena	A Ana Maria e a Helena assim conseguiriam tudo.
eles	Eles assim conseguiriam tudo.

	Nós deveríamos sair mais cedo.
os funcionários	Os funcionários deveriam sair mais cedo.
o marido dela	O marido dela deveria sair mais cedo.
vocês	Vocês deveriam sair mais cedo.
eu	Eu deveria sair mais cedo.
os ministros	Os ministros deveriam sair mais cedo.
ninguém	Ninguém deveria sair mais cedo.
todos	Todos deveriam sair mais cedo.
você	Você deveria sair mais cedo.

Passe para o futuro do pretérito as seguintes frases.

Eu gosto de cantar.	Eu gostaria de cantar.
Nós podemos fazer tudo.	Nós poderíamos fazer tudo.
A Dona Dulce sai logo.	A Dona Dulce sairia logo.
Eles vão depois.	Eles iriam depois.
Vocês compram nesta loja.	Vocês comprariam nesta loja.
O senhor não bebe vinho.	O senhor não beberia vinho.
Nós nos divertimos na praia.	Nós nos divertiríamos na praia.
Eu ponho tudo na gaveta.	Eu poria tudo na gaveta.

Faça perguntas com as palavras sugeridas e o futuro do pretérito e depois responda-as na forma negativa usando a palavra dada.

a Dona Amélia/gostar de ir	A Dona Amélia gostaria de ir?
ficar	Não, ela gostaria de ficar.
os senhores/ir para casa	Os senhores iriam para casa?
passear	Não, nós iríamos passear.
eles/conseguir viajar para o Brasil	Eles conseguiriam viajar para o Brasil?
Europa	Não, eles conseguiriam viajar para a Europa.
nós/poder ir ao cabeleireiro	Nós poderíamos ir ao cabeleireiro?
cinema	Não, nós poderíamos ir ao cinema.
você/esperar com calma	Você esperaria com calma?
raiva	Não, eu esperaria com raiva.
os funcionários/sair mais cedo	Os funcionários sairiam mais cedo?
mais tarde	Não, eles sairiam mais tarde.
ela/dever falar com um deputado	Ela deveria falar com um deputado?
o presidente	Não, ela deveria falar com o presidente.
você/desistir de comprar no bairro	Você desistiria de comprar no bairro?
cidade	Não, eu desistiria de comprar na cidade.

(3) Futuro e futuro do pretérito dos verbos *dizer, fazer, trazer.*

Não direi mais nada.
O que é que você faria?
Eu não diria nada.
Você já imaginou as complicações que isso traria?

dizer, fazer, trazer				
dir- far- trar-	-ei -ia		dir- far- trar-	-emos -íamos
dir- far- trar-	-á -ia		dir- far- trar-	-ão -iam

Estes são os únicos verbos que apresentam irregularidade no futuro e no futuro do pretérito. Esta irregularidade está no tema que é uma forma reduzida do infinito. As terminações são as mesmas já apresentadas.

Substitua o sujeito.

O que é que você faria?
nós	O que é que nós faríamos?
a Helena	O que é que a Helena faria?
os candidatos	O que é que os candidatos fariam?
eu	O que é que eu faria?
os alemães	O que é que os alemães fariam?
eu e o Paulo	O que é que eu e o Paulo faríamos?
o senador	O que é que o senador faria?
vocês	O que é que vocês fariam?

Eu não diria nada.
vocês	Vocês não diriam nada
os atores	Os atores não diriam nada.
o cabeleireiro	O cabeleireiro não diria nada.
os fregueses	Os fregueses não diriam nada.
eu e você	Eu e você não diríamos nada.
os senhores	Os senhores não diriam nada.
um solteirão	Um solteirão não diria nada.
nós	Nós não diríamos nada.

	Isso traria complicações.
ele	Ele traria complicações.
os senhores	Os senhores trariam complicações.
nós	Nós traríamos complicações.
os cronistas	Os cronistas trariam complicações.
eu	Eu traria complicações.
você	Você traria complicações.
a sua sogra	A sua sogra traria complicações.
os doentes	Os doentes trariam complicações.

	Eu não direi mais nada.
vocês	Vocês não dirão mais nada.
o presidente	O presidente não dirá mais nada.
os japoneses	Os japoneses não dirão mais nada.
nós	Nós não diremos mais nada.
as mulheres	As mulheres não dirão mais nada.
este valentão	Este valentão não dirá mais nada.
os paulistas	Os paulistas não dirão mais nada.

	Todos trarão alguma coisa, não é?
eu	Eu trarei alguma coisa, não é?
os convidados	Os convidados trarão alguma coisa, não é?
você	Você trará alguma coisa, não é?
nós	Nós traremos alguma coisa, não é?
os hóspedes	Os hóspedes trarão alguma coisa, não é?
o marido dela	O marido dela trará alguma coisa, não é?
os nossos amigos	Os nossos amigos trarão alguma coisa, não é?
eu e o Pedro	Eu e o Pedro traremos alguma coisa, não é?

	Nós faremos uma boa refeição.
ele	Ele fará uma boa refeição.
eu	Eu farei uma boa refeição.
o Paulo e os amigos	O Paulo e os amigos farão uma boa refeição.
o casal	O casal fará uma boa refeição.
todos	Todos farão uma boa refeição.
o meu padrinho	O meu padrinho fará uma boa refeição.
eu e a minha noiva	Eu e a minha noiva faremos uma boa refeição.

Para revisão dos pretéritos perfeito e imperfeito do indicativo, transforme as frases seguintes em outras usando o tempo conveniente e iniciando-as com as expressões sugeridas.

Eu vou ao teatro. ontem. — Ontem eu fui ao teatro.
As crianças estão caladas. quando eu cheguei. — Quando eu cheguei as crianças estavam caladas.

Vocês podem cantar. antigamente.

Nós trazemos muitos amigos. às vezes.

A Helena chega atrasada. domingo passado.

Antigamente vocês podiam cantar.

Às vezes nós trazíamos muitos amigos.

Domingo passado a Helena chegou atrasada.

Eu vou à casa da minha avó. antigamente.

Nós vamos ao teatro. ontem de noite.

Você sai com a sua namorada. todos os sábados.

Eles vêem o quadro. a semana passada.

Ela parece rica. naquele tempo.

Antigamente eu ia à casa da minha avó.

Ontem de noite nós fomos ao teatro.

Todos os sábados você saía com a sua namorada.

A semana passada eles viram o quadro.

Naquele tempo ela parecia rica.

Para revisão de *por* antes de expressão de tempo substitua na posição correta.

Ela janta aqui três vezes por semana.

ano	Ela janta aqui três vezes por ano.
nós	Nós jantamos aqui três vezes por ano.
duas noites	Nós jantamos aqui duas noites por ano.
vimos	Nós vimos aqui duas noites por ano.
uma vez	Nós vimos aqui uma vez por ano.
dia	Nós vimos aqui uma vez por dia.
eles	Eles vêm aqui uma vez por dia.
comem	Eles comem aqui uma vez por dia.
semana	Eles comem aqui uma vez por semana.
dois dias	Eles comem aqui dois dias por semana.
em casa	Eles comem em casa dois dias por semana.
ficam	Eles ficam em casa dois dias por semana.
nós	Nós ficamos em casa dois dias por semana.

LEITURA: No cabeleireiro.

Eram quatro horas da tarde. Ana Maria e Helena chegaram apressadas ao salão de beleza. Elas tinham[1] hora marcada para as três e meia e, portanto,[2] estavam bastante atrasadas.

[3]Helena, como sempre, não estava preocupada mas Ana Maria, aflitíssima,[4] foi logo se desculpando com Seu Antônio, o cabeleireiro.

[5]—Sinto estar tão atrasada. Gostaria de ter evitado isto mas não foi possível. O senhor ainda pode nos atender?

—Eu vou dar um jeito, Dona Ana Maria;[6] no seu lugar eu não me preocuparia tanto. Essas coisas acontecem.

—Na próxima vez não me atrasarei, pois virei sozinha, não trarei Helena.

—A senhora preferiria lavar a cabeça primeiro ou quer começar as unhas agora? As auxiliares estão ocupadas, mas uma das manicuras poderia atendê-la logo.

—Enquanto eu espero nós faremos as unhas.

Helena já estava sentada cortando o cabelo. Tinha tentado usar cabelo comprido mas não conseguira acostumar-se e assim resolveu cortá-lo bem curto.

—É mais fácil para arrumar, dizia ela ao cabeleireiro, como a se convencer do acerto da decisão. Hoje, como nós estamos com pressa, eu ficarei satisfeita com um penteado simples, mas na próxima semana pentearemos de maneira mais elaborada, não é?

Depois de lavada a cabeça, Ana Maria sentou-se em frente ao espelho. Seu Antônio enrolou-lhe o cabelo, prendeu-o com uma rede e pediu-lhe que se sentasse ao secador. Enquanto o cabelo secava, a manicura acabou de lhe fazer as unhas, pois só faltava o esmalte.

Helena demorou um pouco mais porque não gostou do penteado. Depois de pronto, Seu Antônio, com o pente e a escova, teve de modificá-lo em vários pontos, conforme Helena ia indicando, e tantas foram as modificações que ele quase perdeu a paciência. Helena era mesmo difícil de se contentar.

Já na porta ainda comentava com Ana Maria:

—Na próxima vez farei um desenho, assim não terei que explicar tanto e ainda sair com um penteado que não me agrada.

Perguntas sobre a leitura

1 Que horas eram quando Ana Maria e Helena chegaram ao salão de beleza?
2 Elas estavam atrasadas? Por quê?
3 Quem estava preocupada, Helena ou Ana Maria?
4 O que é que Ana Maria foi logo fazendo?
5 O que foi que ela disse?
6 O que foi que Seu Antônio respondeu?
7 Por que Ana Maria não se atrasará na próxima vez?
8 Ana Maria preferia lavar a cabeça primeiro ou ela queria começar a fazer as unhas?
9 Quem podia atendê-la logo?
10 O que é que Helena já estava fazendo?
11 Por que é que ela resolveu cortar o cabelo bem curto?
12 Com o que é que ela ficará satisfeita hoje?
13 Onde Ana Maria se sentou depois de lavada a cabeça?
14 O que fez Seu Antônio?
15 O que fez a manicura enquanto Ana Maria secava o cabelo?
16 Por que Helena demorou mais?
17 O que é que Seu Antônio teve de fazer?
18 Por que é que na próxima vez Helena fará um desenho?

Vocabulário introduzido na leitura

acerto n 'wisdom'
aflitíssimo -a aj 'very worried'
apressar v 'hurry'
arrumar v 'fix, put in order'
atrasar v 'delay'
auxiliar -es n m/f 'assistant, helper'
bastante avl 'very'
beleza n 'beauty'
contentar-se v 'please'
convencer v 'convince'
cortar v 'cut'
dar um jeito 'manage somehow'
desenho n 'design, drawing'
elaborar v 'elaborate'
em frente a 'in front of'
enrolar v 'pin up, roll up (hair)'
escova n 'brush'

esmalte n m 'nail polish'
espelho n 'mirror'
estar atrasado -a 'be late'
jeito n 'ability'
lavar v 'wash'
lavar a cabeça 'shampoo one's hair'
manicura n 'manicurist'
pente n m 'comb'
penteado n 'hair-do'
pentear v 'comb'
prender v 'tie'
rede n f 'net'
salão -ões n m 'parlor, large room'
satisfeito -a aj 'happy, satisfied'
secador -es n m 'dryer'
secar v 'dry'
unha n 'nail (finger, toe)'

32

Esperando visitas

Dona Amélia e Rosa

A: Rosa, você quer que eu faça a lista das compras ou você sabe tudo de cor?
R: É bom que a senhora a faça embora eu geralmente não esqueça nada.
A: Talvez hoje nós tenhamos cinco pessoas a mais para o jantar. É preciso que você compre tudo em dobro.
R: Eu espero que eles não cheguem tarde como é hábito nesta terra.
A: Ora deixe de conversa. Isto não é verdade.
R: A sua afilhada que janta aqui três vezes por semana nunca chega na hora.

Getting ready for guests

A: Rosa, do you want me to make a shopping list or do you know everything by heart?
R: It would be good if you would make the list, although I usually don't forget anything.
A: Today we might have five extra people for dinner. You'll have to buy twice as much of everything.
R: I hope they don't come late as is the custom in this country.
A: Now don't talk that way. That's not true.
R: Your godchild who eats here three times a week never comes on time.

ORTOGRAFIA

(1) Representação gráfica do som /ñ/

O som /ñ/ é representado graficamente por *nh*

linha	tinha	sobrinhos
caminho	vinha	Betinho
nenhum	cunhado	junho
dinheiro	minha	senhor

(2) Representação gráfica do som /ḽ/

O som /ḽ/ é representado graficamente por *lh*

galho	trabalho	mulher
palha	olhos	julho
malha	velhos	repolho
melhor	filhos	maravilhoso

(3) Representação gráfica do som /ř/

O som /ř/, intervocálico, é representado graficamente por *rr*

carro	correr	ferro
barraca	derrota	serra
bairro	erro	terra

O som /ř/, em todas as outras posições, é representado graficamente por *r*

rua	guelra	pintor
rosa	melro	senhor
relógio	tenro	andar
roupa	tarde	poder
rapaz	aberto	falar

(4) Representação gráfica do som /r/

O som /r/ é representado graficamente por *r*

caro	branco	entrada
cabeleireiro	ingrato	depressa

| gostaria | Brasil | criança |
| goleiro | cronistas | sogra |

ESTRUTURA E EXERCÍCIOS

(1) Presente do subjuntivo

É bom que a senhora faça a lista embora eu não esqueça nada.
Você quer que eu faça a lista das compras?
É preciso que você compre tudo em dobro.
Talvez hoje nós tenhamos cinco pessoas a mais para o jantar.
Eu espero que eles não cheguem tarde.

Verbos em -ar

infinito	1a. pes. sing. pres. ind.
fal-ar	fal-o
pres. subj.	
fal-e	fal-emos
fal-e	fal-em

Verbos em -er, -ir

infinito	1a. pes. sing. pres. ind.
com- t- ⎦ -er part- ped- ⎦ -ir	com- tenh- part- -o peç-
pres. subj.	
com- tenh- part- -a peç-	com- tenh- part- -amos peç-
com- tenh- part- -a peç-	com- tenh- part- -am peç-

O presente do subjuntivo (pres. subj.) forma-se substituindo-se a terminação -o da primeira pessoa do singular do presente do indicativo (1a. pes. sing. pres. ind.) pelas terminações acima. Nos verbos em -ar a terminação inclui a vogal e. Nos verbos em -er, -ir a terminação inclui a vogal a.

Somente os seguintes verbos fazem o presente do subjuntivo irregularmente: *dar, estar, ser, saber, querer, haver, ir.*

Seguem-se alguns verbos irregulares no presente do indicativo fazendo o subjuntivo regularmente.

infinito		pres. ind.		pres. subj.	
diz-		dig-		dig-	
faz-		faç-		faç-	
l-		lei-		lei-	
perd-	-er	perc-		perc-	
pod-		poss-		poss-	
traz-		trag-		trag-	
v-		vej-		vej-	-a
consegu-		consig-		consig-	-a
dorm-		durm-	-o	durm-	-amos
ouv-		ouç-		ouç-	-am
prefer-		prefir-		prefir-	
sa-	-ir	sai-		sai-	
sent-		sint-		sint-	
serv-		sirv-		sirv-	
sub-		sub-		sub-	
v-		venh-		venh-	
pôr		ponh-		ponh-	

Exemplos:

Eu espero que eles digam a verdade.
O que é que você quer que eu faça?
É bom que vocês leiam a lição toda.
É preciso que nós não percamos nada.
Talvez ele traga a moça de cabelo castanho.
É bom que ele veja o seu penteado.
Talvez nós consigamos as entradas.
O médico quer que você durma muitas horas.
Você quer que eu ouça a história toda?
Talvez ela prefira cortar o cabelo.
É preciso que nós saiamos logo.
Eu espero que ela não sinta dor de dente.
É bom que ela sirva o jantar.
Você quer que eu suba até o seu apartamento?
Eu quero que você venha à minha casa.
É bom que você ponha o vestido novo.

Substitua o sujeito do verbo no subjuntivo.

	É preciso que você compre tudo.
nós	É preciso que nós compremos tudo.
eu	É preciso que eu compre tudo.
o marido	É preciso que o marido compre tudo.
as empregadas	É preciso que as empregadas comprem tudo.
vocês	É preciso que vocês comprem tudo.
o casal	É preciso que o casal compre tudo.
eu e você	É preciso que eu e você compremos tudo.

	Eu espero que eles não cheguem tarde.
vocês	Eu espero que vocês não cheguem tarde.
nós	Eu espero que nós não cheguemos tarde.
os convidados	Eu espero que os convidados não cheguem tarde.
o músico	Eu espero que o músico não chegue tarde.
você	Eu espero que você não chegue tarde.
eu e a Helena	Eu espero que eu e a Helena não cheguemos tarde.

	Você quer que eu faça a lista?
nós	Você quer que nós façamos a lista?
a minha irmã	Você quer que a minha irmã faça a lista?
eles	Você quer que eles façam a lista?
a minha mãe	Você quer que a minha mãe faça a lista?
os fregueses	Você quer que os fregueses façam a lista?
a Helena	Você quer que a Helena faça a lista?

	Talvez hoje nós tenhamos muito trabalho.
você	Talvez hoje você tenha muito trabalho.
a minha mãe	Talvez hoje a minha mãe tenha muito trabalho.
eu	Talvez hoje eu tenha muito trabalho.
vocês	Talvez hoje vocês tenham muito trabalho.
eles	Talvez hoje eles tenham muito trabalho.
a senhora	Talvez hoje a senhora tenha muito trabalho.

	É bom que a senhora ouça tudo.
eu	É bom que eu ouça tudo.
nós	É bom que nós ouçamos tudo.
vocês	É bom que vocês ouçam tudo.
o advogado	É bom que o advogado ouça tudo.
eu e o Pedro	É bom que eu e o Pedro ouçamos tudo.
o médico	É bom que o médico ouça tudo.

Responda as seguintes perguntas na forma afirmativa.

Você quer que eu faça uma lista?

Quero sim, eu quero que o senhor faça uma lista.

É preciso que vocês falem português?

É sim, é preciso que nós falemos português.

É preciso que você compre tudo?

É sim, é preciso que eu compre tudo.

Ela quer que as crianças durmam?

Quer sim, ela quer que as crianças durmam.

É preciso que vocês venham?

É sim, é preciso que nós venhamos.

É bom que ela diga a verdade?

É sim, é bom que ela diga a verdade.

Você espera que nós ouçamos a história?

Espero sim, eu espero que vocês ouçam a história.

É bom que ele ponha o chapéu?

É sim, é bom que ele ponha o chapéu.

Responda as seguintes perguntas escolhendo a primeira alternativa.

Você prefere que eu faça uma lista ou quer que eu faça as compras?

Eu prefiro que o senhor faça uma lista.

Você prefere que o seu irmão estude ou quer que ele trabalhe?

Eu prefiro que ele estude.

Você quer que eles venham ou prefere que eles fiquem?

Eu quero que eles venham.

Você prefere que eu diga a verdade ou quer que eu fique calada?

Eu prefiro que você diga a verdade.

Você quer que ele consiga uma entrada ou prefere que ele desista?

Eu quero que ele consiga uma entrada.

Você quer que nós falemos português ou prefere que falemos inglês?

Eu quero que vocês falem português.

Você quer que eles tragam os papéis ou prefere que eles os guardem?

Eu quero que eles tragam os papéis.

Você prefere que nós jantemos fora ou quer que façamos o jantar?

Eu prefiro que nós jantemos fora.

Passe para o subjuntivo as seguintes frases precedidas das expressões sugeridas.

Hoje nós temos cinco pessoas para o jantar. talvez

Talvez hoje nós tenhamos cinco pessoas para o jantar.

Eu digo que sim. é preciso que

É preciso que eu diga que sim.

Ela se sente bem. talvez

Talvez ela se sinta bem.

Eu prefiro estudar. talvez

Talvez eu prefira estudar.

Nós pedimos dinheiro a ele. é preciso que

É preciso que nós peçamos dinheiro a ele.

O "garçon" traz a refeição. é bom que	É bom que o "garçon" traga a refeição.
Você não perde nada. eu espero que	Eu espero que você não perca nada.
Eles perdem tudo. talvez	Talvez eles percam tudo.
Eu ponho tudo no lugar certo. ela quer que	Ela quer que eu ponha tudo no lugar certo.

(2) **Presente do subjuntivo precedido de *talvez* e em orações substantivas.**

Você quer que eu faça a lista das compras?
É bom que a senhora faça a lista.
Eu espero que eles não cheguem tarde.
Talvez hoje nós tenhamos cinco pessoas a mais para o jantar.

Algumas expressões que precedem o presente do subjuntivo:

(1) talvez	(4) é preferível que
(2) é possível que é provável que eu duvido que eu não creio que	é bom que é preciso que é aconselhável que é importante que é ridículo que é pena que
(3) é impossível que nós negamos que	eles querem que você prefere que eu espero que nós sugerimos que ela sente que eu me oponho a que

Usa-se o presente do subjuntivo: (1) precedido de *talvez*; em orações substantivas depois de certas expressões no presente indicando (2) dúvida, (3) negação, (4) aprovação ou reprovação.

Depois das expressões *achar que, crer que, parecer que, pensar que* usa-se o indicativo, por exemplo: *Eu acho que ela está doente. Ele crê que nós saímos. Parece que ele não vem. Eu penso que ele vem.*

Com os verbos *crer* e *achar*, usa-se o indicativo na forma afirmativa e o subjuntivo na forma negativa.

Mais alguns exemplos com o subjuntivo:

Talvez eu passe pela cidade.
É possível que vocês percam tudo.
É provável que ela peça mais.

Eu duvido que vocês saiam.
Eu não creio que ele peça dinheiro ao pai.
É impossível que eles façam isto.
Eu nego que ele venha aqui hoje.
É bom que a senhora leia a carta.
É preciso que você compre tudo.
É aconselhável que você venha cedo.
É importante que ele diga a verdade.
É ridículo que peçamos isto.
É pena que você não se sinta bem hoje.
Você quer que eu venha hoje?
Eu prefiro que ele chegue na hora.
Você espera que eles não digam nada.
Êles sugerem que vocês tragam os amigos.
Nós sentimos que você não possa vir.
Eu não quero que ele faça isso.
Eu me oponho a que ela saia com ele.

Passe as seguintes frases para o subjuntivo precedido das expressões sugeridas.

	Ela nunca chega na hora.
é ridículo que	É ridículo que ela nunca chegue na hora.
talvez	Talvez ela nunca chegue na hora.
é pena que	É pena que ela nunca chegue na hora.

	Ninguém o vê mais.
sugerimos que	Sugerimos que ninguém o veja mais.
é bom que	É bom que ninguém o veja mais.
é provável que	É provável que ninguém o veja mais.

	O filme faz sucesso.
talvez	Talvez o filme faça sucesso.
nós esperamos que	Nós esperamos que o filme faça sucesso.
é provável que	É provável que o filme faça sucesso.

	Eu me sinto cansada.
é possível que	É possível que eu me sinta cansada.
é pena que	É pena que eu me sinta cansada.
talvez	Talvez eu me sinta cansada.

	Ela vem aqui hoje.
eu não creio que	Eu não creio que ela venha aqui hoje.
é possível que	É possível que ela venha aqui hoje.
é provável que	É provável que ela venha aqui hoje.

	Ela pode saber pelas cores.
talvez	Talvez ela possa saber pelas cores.
é possível que	É possível que ela possa saber pelas cores.
eu duvido que	Eu duvido que ela possa saber pelas cores.

	Todos trazem alguma coisa.
é preciso que	É preciso que todos tragam alguma coisa.
eles sugerem que	Eles sugerem que todos tragam alguma coisa.
você quer que	Você quer que todos tragam alguma coisa.

	Ela só ouve Villa-Lobos.
eu prefiro que	Eu prefiro que ela só ouça Villa-Lobos.
eu não quero que	Eu não quero que ela só ouça Villa-Lobos.
eu duvido que	Eu duvido que ela só ouça Villa-Lobos.

	Ele pede dinheiro ao pai.
eles querem que	Eles querem que ele peça dinheiro ao pai.
é preferível que	É preferível que ele peça dinheiro ao pai.
eu não creio que	Eu não creio que ele peça dinheiro ao pai.

Substitua na posição correta.

	É preciso que você compre tudo agora.
eu duvido	Eu duvido que você compre tudo agora.
hoje	Eu duvido que você compre tudo hoje.
eles	Eu duvido que eles comprem tudo hoje.
façam	Eu duvido que eles façam tudo hoje.
eu não creio que	Eu não creio que eles façam tudo hoje.
digam	Eu não creio que eles digam tudo hoje.
você	Eu não creio que você diga tudo hoje.
talvez	Talvez você diga tudo hoje.
isto	Talvez você diga isto hoje.
peça	Talvez você peça isto hoje.
é possível que	É possível que você peça isto hoje.
amanhã	É possível que você peça isto amanhã.
nós	É possível que nós peçamos isto amanhã.
eles sugerem que	Eles sugerem que nós peçamos isto amanhã.
é importante que	É importante que nós peçamos isto amanhã.

Faça perguntas usando as frases ditas pelo professor precedidas de *você quer que eu também* e depois responda-as com *é precisco que nós*.

Ela faz uma lista.
   Você quer que eu também faça uma lista?
   É preciso que nós façamos uma lista.

Ele escreve depressa.
   Você quer que eu também escreva depressa?
   É preciso que nós escrevamos depressa.

Eles ouvem as notícias.
   Você quer que eu também ouça as notícias?
   É preciso que nós ouçamos as notícias.

Ela chega na hora.
   Você quer que eu também chegue na hora?
   É preciso que nós cheguemos na hora.

Ele pede mais livros.
   Você quer que eu também peça mais livros?
   É preciso que nós peçamos mais livros.

Eles trazem os amigos.
   Você quer que eu também traga os amigos?
   É preciso que nós tragamos os amigos.

Eles vêm cedo.
   Você quer que eu também venha cedo?
   É preciso que nós venhamos cedo.

Ela põe os livros no lugar.
   Você quer que eu também ponha os livros no lugar?
   É preciso que nós ponhamos os livros no lugar.

LEITURA: Preparativos para o jantar

Naquele dia Dona Amélia e Dr. Alceu estavam esperando uns convidados para o jantar. Como era gente de cerimônia, Dona Amélia estava um pouco nervosa e, já de manhã cedo, combinou com Rosa, a sua cozinheira, o que deviam fazer e comprar.

—É bom que você hoje compre tudo em dobro porque vamos ter no mínimo cinco pessoas a mais, disse ela a Rosa.

—O que é que a senhora quer que eu traga?

—Além do que compramos sempre, é necessário que você não se esqueça de que também precisamos três garrafas de vinho, algumas de cerveja, um bom rosbife e muitas frutas.

—A senhora não quer fazer a lista das compras? Enquanto isso eu termino a arrumação. Só falta lavar as pias e as torneiras e, assim, a casa já fica limpa.

Na hora de sair, Dona Amélia deu-lhe a lista e quarenta cruzeiros, recomendando-lhe:

—Cuidado para não perdê-los e para que não os roubem.

—Não se preocupe, Dona Amélia. Eu sempre guardo dinheiro com muito cuidado.

A quitanda era bem perto da casa. Assim que o quitandeiro viu Rosa, veio ao seu encontro todo amável, pois conhecia todas as empregadas da vizinhança.

—Há quanto tempo eu não a vejo! disse ele. O que é que a senhora quer hoje?

—Que frutas o senhor tem? Nós vamos fazer uma salada e precisamos de muitas.

—Tenho abacaxis bons e baratos. Estes são a dois cruzeiros cada um.

—Dois cruzeiros? Que horror! Os preços aqui sobem todos os dias. Bem, já que não há outro jeito, eu levo dois. E as laranjas quanto custam?

—Estas aqui são a um cruzeiro a dúzia.

—Eu vou levar duas dúzias. Preciso também de peras, maçãs, bananas, um quilo de uvas e um melão.

—Talvez a senhora deva levar também pêssegos e morangos.

—Não, obrigada, as frutas que eu pedi chegam.

Dali Rosa foi ao armazém que não era longe. Lá comprou vinho, cerveja, farinha e ovos.

Em seguida foi ao açougue onde conseguiu um bom pedaço de carne para rosbife. Na volta passou pela peixaria para apanhar os camarões e pela padaria, onde ela escolheu uns pãezinhos frescos muito cheirosos. À porta da casa, encontrou o leiteiro que estava chegando e que lhe entregou dois litros de leite. Entrou em casa, mal podendo carregar todos aqueles embrulhos e garrafas, mas conservando o seu habitual bom humor e alegria.

Perguntas sobre a leitura

1 Quem Dona Amélia e Dr. Alceu estavam esperando para o jantar?
2 Por que é que Dona Amélia estava nervosa?
3 O que é que ela combinou com Rosa?
4 Por que é que era bom comprar tudo em dobro?
5 O que é que precisavam além do que compravam sempre?
6 O que é que Dona Amélia fez enquanto Rosa terminava a arrumação?
7 Quanto Dona Amélia deu a Rosa na hora de sair?
8 Por que é que Dona Amélia não precisava se preocupar?
9 A quitanda era perto ou longe da casa?
10 O que é que o quitandeiro fez quando viu Rosa?
11 Por que é que Rosa precisava de frutas?
12 Quanto custavam os abacaxis? E as laranjas?
13 Onde Rosa foi depois da quitanda?
14 O que ela comprou no armazém?
15 Onde ela conseguiu um bom pedaço de carne?
16 O que ela comprou na peixaria e na padaria?

17 Quem ela encontrou à porta da casa?
18 Como foi que ela entrou em casa?

Vocabulário introduzido na leitura

abacaxi n m 'pineapple'
açougue n m 'butcher's'
alegria n 'joy, happiness'
amável -eis aj m/f 'kind, nice'
apanhar v 'pick up'
armazém -ns n m 'grocery store'
arrumação -ões n f 'putting in order'
assim que c 'as soon as'
banana n 'banana'
camarão -ões n m 'shrimp'
carregar v 'load, carry'
cerimônia n 'ceremony, formality'
cerveja n 'beer'
chegar v 'be sufficient, be enough
   (new meaning)'
combinar v 'arrange, plan'
cozinheira n 'cook'
cuidado itj 'be careful, look out'
cuidado n 'care, caution'
cuidar v 'take care of'
custar v 'cost'
dali 'from there'
embrulho n 'package'
entregar v 'hand over'
farinha n 'flour'
garrafa n 'bottle'
habitual -ais aj m/f 'habitual'
horror n m 'horror'

humor n m 'humor'
leite n m 'milk'
leiteiro n 'milkman'
limpo -a aj 'clean'
litro n 'liter'
maçã n 'apple'
melão -ões n m 'melon'
mínimo -a aj 'minimum'
morango n 'strawberry'
padaria n 'bakery'
pãozinho n 'roll'
para que c 'so that, in order to'
peixaria n 'fish market'
pia n 'sink'
preço n 'price'
preparativos n 'preparations'
quilo n 'kilo'
quitanda n 'fruit and vegetable market,
   a type of delicatessen'
quitandeiro n 'man in charge of a
   "quitanda"'
recomendar v 'recommend'
rosbife n m 'roastbeef'
roubar v 'rob, steal'
torneira n 'faucet'
uva n 'grape'
vir ao seu encontro 'meet'
vizinhança n 'neighborhood'

33

Férias na fazenda

Helena e Pedro

H: É possível que eu vá passar as férias na fazenda.
P: Então talvez eu dê um pulo até lá um fim de semana.
H: Boa idéia. Mas para que você seja nosso companheiro é bom que saiba nadar, que queira andar a cavalo . . .
P: Eu não creio que vocês estejam mesmo querendo fazer força. Vocês lá dormem vinte e quatro horas por dia.
H: Mas desta vez é preciso que haja também tempo para que a gente se divirta.
P: Então, você precisa arranjar qualquer coisa que seja animada, inclusive para os dias de chuva.

Vacation on the ranch

H: I'll probably spend the holidays at the ranch.
P: Then perhaps I'll take a run up there some weekend.
H: Good idea. But if you're going to go with us, you should know how to swim, like to ride horseback . . .
P: I don't think you will really want to make the effort. You sleep twenty-four hours a day there.
H: But this time there has to be time also for us to have fun.
P: Then you'll have to arrange something lively including for rainy days.

NOTAS

O período longo de férias escolares no Brasil vai de 15 de dezembro a 15 de março, isto é, durante o verão. Há ainda um outro período de férias que geralmente se estende por todo o mês de julho.

Gente aqui tem o sentido de nós. A palavra é muito usada com este sentido e é, portanto, necessário ter cuidado ao usá-la. Quando dizemos, por exemplo, *a gente foi lá,* estamos dizendo que *nós fomos lá* e não outras pessoas; *tempo para que a gente se divirta* quer dizer *tempo para que nós nos divirtamos.*

ORTOGRAFIA

(1) Representação gráfica das vogais nasais

No fim da palavra a vogal nasal /ã/ é representada pelo símbolo (˜) sobre a letra; as outras vogais nasais são representadas pela letra correspondente seguida de *m* em final absoluto e de *n* antes de *s.*

/ã/	/ĩ/		/õ/		/ũ/	
irmã	fim	fins	bom	bons	algum	alguns
lã	rim	rins	tom	tons	num	nuns
romã	sim		dom	dons	um	uns
órfã	vim		som	sons		

No meio da palavra as vogais nasais são representadas pela letra correspondente seguida de *m* ou *n; m* ocorre antes de *p* e *b, n* ocorre antes de outras consoantes.

/ĩ/	/ẽ/	/ũ/	/õ/	/ã/
simples	sentimento	chumbo	comprar	andar
inglês	pente	nunca	onde	antigo
lindo	vender	cumpro	tonto	tanto
ainda	lenda	mundo	ontem	cansado

(2) Representação gráfica das vogais átonas finais

Os sons /i/, /u/, /a/ em sílaba final e não acentuada são representados respectivamente por *e, o, a.*

/i/	/u/	/a/
tarde	todo	hora
flores	quartos	porta
sabe	fico	praia

vive   seguro   ruas
forte   gelo   chama

ESTRUTURA E EXERCÍCIOS

(1) Formas irregulares do presente do subjuntivo

É possível que eu vá passar as férias na fazenda.
Então eu talvez dê um pulo até lá um fim de semana.
Mas para que você seja um bom companheiro é bom que saiba nadar, que queira andar a cavalo.
Eu não creio que vocês estejam mesmo querendo fazer força.
Mas desta vez é preciso que haja também tempo para que a gente se divirta.

dar, ir, estar, ser, saber, querer, haver			
d-	-ê	d-	-emos
v-	-á	v-	
estej-		estej-	
sej-	-a	sej-	-amos
saib-		saib-	
queir-		queir-	
d-	-ê	dê-	-em
v-	-á	v-	-ão
estej-		estej-	
sej-		sej-	-am
saib-	-a	saib-	
queir-		queir-	
haj-			

Estes são os únicos verbos que formam o presente do subjuntivo irregularmente. Note que a irregularidade está no radical. *Dê, vá, vão* diferem das outras formas como *seja, estejam*, por exemplo, somente na forma escrita por serem tônicas.

A não ser na língua escrita muito formal *haver* somente ocorre na forma acima e é usado tanto para o singular como para o plural. Outros exemplos:

Talvez eles dêem um pulo até lá.
É possível que ele esteja interessado.
É pena que eles não sejam bons companheiros.
É impossível que nós não saibamos a lição.
Talvez vocês queiram andar a cavalo.

É provável que nós vamos passar as férias na fazenda.
Nós esperamos que haja muitas diversões.

Substitua o sujeito.

	É possível que eu vá para a fazenda.
o Paulo	É possível que o Paulo vá para a fazenda.
nós	É possível que nós vamos para a fazenda.
elas	É possível que elas vão para a fazenda.
a gente	É possível que a gente vá para a fazenda.
os nossos amigos	É possível que os nossos amigos vão para a fazenda.
vocês	É possível que vocês vão para a fazenda.
	Talvez eu dê um pulo até lá.
nós	Talvez nós demos um pulo até lá.
o médico	Talvez o médico dê um pulo até lá.
vocês	Talvez vocês dêem um pulo até lá.
a gente	Talvez a gente dê um pulo até lá.
as senhoras	Talvez as senhoras dêem um pulo até lá.
os meus pais	Talvez os meus pais dêem um pulo até lá.
	É provável que você seja bom companheiro.
eu	É provável que eu seja bom companheiro.
nós	É provável que nós sejamos bons companheiros.
o meu convidado	É provável que o meu convidado seja bom companheiro.
vocês	É provável que vocês sejam bons companheiros.
a senhora	É provável que a senhora seja boa companheira.
eu e você	É provável que eu e você sejamos bons companheiros.
	É bom que ele saiba nadar.
vocês	É bom que vocês saibam nadar.
eu	É bom que eu saiba nadar.
nós	É bom que nós saibamos nadar.
o Paulo	É bom que o Paulo saiba nadar.
todos	É bom que todos saibam nadar.
a gente	É bom que a gente saiba nadar.
	Eu não creio que vocês estejam interessados.
ele	Eu não creio que ele esteja interessado.
elas	Eu não creio que elas estejam interessadas.

nós	Eu não creio que nós estejamos interessados.
eu	Eu não creio que eu esteja interessado.
todos	Eu não creio que todos estejam interessados.
o seu grupo	Eu não creio que o seu grupo esteja interessado.

	É possível que vocês não queiram andar a cavalo.
você	É possível que você não queira andar a cavalo.
nós	É possível que nós não queiramos andar a cavalo.
as moças	É possível que as moças não queiram andar a cavalo.
eu	É possível que eu não queira andar a cavalo.
eu e você	É possível que eu e você não queiramos andar a cavalo.
a gente	É possível que a gente não queira andar a cavalo.

Substitua as palavras depois de *haja*.

	É preciso que haja tempo para passear.
muitos alunos	É preciso que haja muitos alunos.
uma boa piscina	É preciso que haja uma boa piscina.
matérias interessantes	É preciso que haja matérias interessantes.
dinheiro para compras	É preciso que haja dinheiro para compras.
boa música	É preciso que haja boa música.
tempo para estudar	É preciso que haja tempo para estudar.
muitas festas	É preciso que haja muitas festas.
alguém aqui	É preciso que haja alguém aqui.

Responda as seguintes frases com frases começando por *é bom que* e terminando por *mesmo*.

É possível que eu vá para a fazenda.	É bom que o senhor vá mesmo.
Talvez eu dê um pulo até lá.	É bom que o senhor dê mesmo.
Eu espero que ele esteja interessado em esporte.	É bom que ele esteja mesmo.
Eu prefiro que vocês queiram nadar.	É bom que nós queiramos mesmo.
É preciso que haja tempo para que a gente se divirta.	É bom que haja mesmo.
É provável que vocês estejam interessados no subjuntivo.	É bom que nós estejamos mesmo.
É aconselhável que eles sejam bons alunos.	É bom que eles sejam mesmo.
É importante que ela saiba português.	É bom que ela saiba mesmo.

Responda as seguintes perguntas de acordo com o modelo sugerido pela primeira resposta.

Você vai passar as férias na fazenda?	Eu não sei; talvez vá.
O Paulo sabe nadar?	Eu não sei; talvez saiba.
Os seus pais estão em casa?	Eu não sei; talvez estejam.
Você dá um pulo até lá?	Eu não sei; talvez dê.
Eles são bons companheiros?	Eu não sei; talvez sejam.
Na fazenda há uma boa piscina?	Eu não sei; talvez haja.
Eles querem praticar esporte?	Eu não sei; talvez queiram.
Vocês estão em casa hoje de noite?	Eu não sei; talvez estejamos.

(2) Presente do subjuntivo depois de conjunções

Mas para que você seja nosso companheiro é bom que saiba nadar.
É bom que a senhora faça a lista embora eu não esqueça nada.

Conjunções mais freqüentes depois das quais se usa o presente do subjuntivo.

(1)		(2)	
para que a fim de que	] 'in order that'	desde que de modo que	'since'
antes que	'before'	de maneira que	] 'so that,
contanto que	'provided'	de sorte que	in order to'
sem que	'without'	de forma que	
a menos que a não ser que	] 'unless'		
ainda que embora mesmo que nem que	] 'although, even though'		
caso	'in case, if'		
até que	'until'		

Depois destas conjunções (1) usa-se o subjuntivo; depois destas (2) usa-se o subjuntivo quando a frase sugere dúvida, usa-se o indicativo quando há indicação de certeza.

Exemplos

(1)
Ele vai à fazenda a fim de que possa descansar.
Eu vou dar um pulo até lá antes que ele chegue.
Eu saio contanto que você saia comigo.
Nós não podemos entrar sem que ele saiba.
Ele não nada, a menos que você nade também.
A gente não se diverte, a não ser que vocês se divirtam também.
Ela não deve andar a cavalo, ainda que o tempo esteja bom.
Nós arranjamos isto, mesmo que seja difícil.
Você vai andar a cavalo, embora não queira fazer força.
A empregada não recebe o dinheiro, nem que você queira.
Ele vem nos ver, caso estejamos em casa.
Nós vamos dormir até que alguém nos chame.

(2)
Desde que eles façam tudo, eu concordo (Eu não sei se farão tudo).
Desde que êles fazem tudo, eu concordo (Eu sei que fazem tudo).
Ele vai falar de modo que você possa compreendê-lo (Esta é a intenção dele, mas não é certo se você o compreenderá ou não).
Ele fala de modo que você pode compreendê-lo (É certo que você o compreende).
Nós vamos cantar de maneira que você nos ouça (Não é certo se você nos ouvirá ou não).
Nós cantamos de maneira que você nos ouve (É certo que você nos ouve).

Substitua o sujeito do subjuntivo.

	Para que você seja bom companheiro precisa nadar.
nós	Para que nós sejamos bons companheiros precisamos nadar.
eles	Para que eles sejam bons companheiros precisam nadar.
ela	Para que ela seja boa companheira precisa nadar.
eu	Para que eu seja bom companheiro preciso nadar.
vocês	Para que vocês sejam bons companheiros precisam nadar.
eu e você	Para que eu e você sejamos bons companheiros precisamos nadar.
	Eu vou contanto que você vá comigo.
o Paulo	Eu vou contanto que o Paulo vá comigo.

a senhora	Eu vou contanto que a senhora vá comigo.
as minhas irmãs	Eu vou contanto que as minhas irmãs vão comigo.
todos	Eu vou contanto que todos vão comigo.
alguém	Eu vou contanto que alguém vá comigo.

	Nós não podemos entrar sem que ele saiba.
você	Nós não podemos entrar sem que você saiba.
o diretor	Nós não podemos entrar sem que o diretor saiba.
vocês	Nós não podemos entrar sem que vocês saibam.
ninguém	Nós não podemos entrar sem que ninguém saiba.
o porteiro	Nós não podemos entrar sem que o porteiro saiba.
os amigos	Nós não podemos entrar sem que os amigos saibam.

	Eu não nado, a menos que vocês nadem também.
alguém	Eu não nado, a menos que alguém nade também.
você	Eu não nado, a menos que você nade também.
as moças	Eu não nado, a menos que as moças nadem também.
o professor	Eu não nado, a menos que o professor nade também.
todos	Eu não nado, a menos que todos nadem também.
a minha namorada	Eu não nado, a menos que a minha namorada nade também.

	Ele fala de modo que você possa compreendê-lo.
os alunos	Ele fala de modo que os alunos possam compreendê-lo.
nós	Ele fala de modo que nós possamos compreendê-lo.
vocês	Ele fala de modo que vocês possam compreendê-lo.
a empregada	Ele fala de modo que a empregada possa compreendê-lo.
todos	Ele fala de modo que todos possam compreendê-lo.
eu	Ele fala de modo que eu possa compreendê-lo.

Substitua a conjunção.

	Eu vou dar um pulo até lá antes que ele chegue.
ainda que	Eu vou dar um pulo até lá ainda que ele chegue.
nem que	Eu vou dar um pulo até lá nem que ele chegue.
caso	Eu vou dar um pulo até lá caso ele chegue.
embora	Eu vou dar um pulo até lá embora ele chegue.
mesmo que	Eu vou dar um pulo até lá mesmo que ele chegue.

	Ele não deve andar a cavalo sem que o tempo esteja bom.
a menos que	Ele não deve andar a cavalo a menos que o tempo esteja bom.
a não ser que	Ele não deve andar a cavalo a não ser que o tempo esteja bom.
ainda que	Ele não deve andar a cavalo ainda que o tempo esteja bom.
embora	Ele não deve andar a cavalo embora o tempo esteja bom.
mesmo que	Ele não deve andar a cavalo mesmo que o tempo esteja bom.
até que	Ele não deve andar a cavalo até que o tempo esteja bom.

	É bom que a senhora faça a lista embora eu não esqueça.
ainda que	É bom que a senhora faça a lista ainda que eu não esqueça.
a fim de que	É bom que a senhora faça a lista a fim de que eu não esqueça.
para que	É bom que a senhora faça a lista para que eu não esqueça.
mesmo que	É bom que a senhora faça a lista mesmo que eu não esqueça.

	Eu concordarei desde que eles façam tudo.
para que	Eu concordarei para que eles façam tudo.
a fim de que	Eu concordarei a fim de que eles façam tudo.
contanto que	Eu concordarei contanto que eles façam tudo.
caso	Eu concordarei caso eles façam tudo.

Substitua o infinito pelo subjuntivo usando as palavras sugeridas.

Eu vou fazer o possível para ir. para que você	Eu vou fazer o possível para que você vá.
Nós não podemos ganhar sem jogar. sem que o Pelé	Nós não podemos ganhar sem que o Pelé jogue.
Eu vou telefonar antes de sair. antes que você	Eu vou telefonar antes que você saia.

Nós trabalhamos para estudar.
para que vocês

Nós trabalhamos para que vocês
estudem.

Não é possível cantar sem querer.
mesmo que ele

Não é possível cantar mesmo que ele
queira.

Eu vou esperar para dançar.
até que elas

Eu vou esperar até que elas dancem.

Eu não descanso sem trabalhar.
a menos que vocês

Eu não descanso a menos que vocês
trabalhem.

Nós nos divertimos sem haver
dinheiro. embora não

Nós nos divertimos embora não haja
dinheiro.

Eu vou nadar sem querer.
ainda que ela não

Eu vou nadar ainda que ela não
queira.

É bom andar a cavalo sem cair.
contanto que a gente não

É bom andar a cavalo contanto que a
gente não caia.

Transforme as duas frases em uma usando as conjunções sugeridas e o verbo no presente do subjuntivo ou no presente do indicativo, conforme o caso.

Eles praticam muito. Eles ganham
sempre. de maneira que

Eles praticam muito de maneira que
ganham sempre.

Eles vão praticar muito. Eles
ganham sempre. de maneira que

Eles vão praticar muito de maneira que
ganhem sempre.

Nós cantamos. Você pode nos ouvir.
desde que

Nós cantamos desde que você pode
nos ouvir.

Nós vamos cantar. Você pode nos
ouvir. desde que

Nós vamos cantar desde que você
possa nos ouvir.

Ele fala claramente. Todos
entendem. de maneira que

Ele fala claramente de maneira que
todos entendem.

Ele vai falar claramente. Todos
entendem. de maneira que

Ele vai falar claramente de maneira que
todos entendam.

Os quadros estão bem colocados.
Ele os vê. de modo que.

Os quadros estão bem colocados de
modo que ele os vê.

Os quadros vão ser colocados. Ele os
vê. de modo que

Os quadros vão ser colocados de modo
que ele os veja.

Ela se veste bem. Ela fica bonita.
de forma que

Ela se veste bem de forma que fica
bonita.

Ela vai se vestir bem. Ela fica bonita.
de forma que

Ela vai se vestir bem de forma que
fique bonita.

Faça perguntas com as frases e os sujeitos sugeridos e depois responda-as de acordo com o modelo da primeira resposta.

	ir passar as férias na fazenda
você	Você vai passar as férias na fazenda?
	Vou sim, embora eu não me sinta bem.
o seu pai	O seu pai vai passar as férias na fazenda?
	Vai sim, embora ele não se sinta bem.
os seus pais	Os seus pais vão passar as férias na fazenda?
	Vão sim, embora eles não se sintam bem.
vocês	Vocês vão passar as férias na fazenda?
	Vamos sim, embora nós não nos sintamos bem.
nós	Nós vamos passar as férias na fazenda?
	Vão sim, embora vocês não se sintam bem.
	querer nadar hoje
você	Você quer nadar hoje?
	Quero sim, ainda que eu esteja cansado.
os seus amigos	Os seus amigos querem nadar hoje?
	Querem sim, ainda que eles estejam cansados.
a sua irmã	A sua irmã quer nadar hoje?
	Quer sim, ainda que ela esteja cansada.
o Paulo	O Paulo quer nadar hoje?
	Quer sim, ainda que ele esteja cansado.
a senhora	A senhora quer nadar hoje?
	Quero sim, ainda que eu esteja cansada.
	estar estudando
você	Você está estudando?
	Estou sim, até que eu saiba a lição.
vocês	Vocês estão estudando?
	Estamos sim, até que nós saibamos a lição.
os alunos	Os alunos estão estudando?
	Estão sim, até que eles saibam a lição.
a senhora	A senhora está estudando?
	Estou sim, até que eu saiba a lição.
os senhores	Os senhores estão estudando?
	Estamos sim, até que nós saibamos a lição.

	ter que trabalhar
todos	Todos têm que trabalhar?
	Têm sim, a menos que eles sejam ricos.
nós	Nós temos que trabalhar?
	Têm sim, a menos que vocês sejam ricos.
eu	Eu tenho que trabalhar?
	Tem sim, a menos que você seja rico.
os alunos	Os alunos têm que trabalhar?
	Têm sim, a menos que eles sejam ricos.
a moça loura	A moça loura tem que trabalhar?
	Tem sim, a menos que ela seja rica.

(3) **Presente do subjuntivo e do indicativo em orações adjetivas**

Então você precisa arranjar qualquer coisa que seja animada.

Subjuntivo	Indicativo
Ele quer batatas que pareçam boas.	Ele quer estas batatas que parecem boas.
Eu procuro um táxi que me leve ao teatro	Eu procuro o táxi que me leva ao teatro.
Eu vou a um armazém que não seja longe.	Rosa vai ao armazém que não é longe.
Eu quero um chapéu que me agrade.	Eu quero o chapéu que me agrada.
Nós não conhecemos uma pessoa que vá ao Brasil.	Nós não conhecemos a pessoa que vai ao Brasil.
É preciso alguma coisa que nos anime.	Há alguma coisa que nos anima.

Quando o objeto da oração principal é indeterminado, o verbo da oração dependente está no subjuntivo; quando o objeto é determinado, o verbo da oração dependente está no indicativo.

Passe as seguintes frases para o subjuntivo fazendo as substituições sugeridas.

Eu quero o vestido que me agrada.
 um vestido

Eu quero um vestido que me agrade.

Há alguma coisa que nos anima.
 é preciso

É preciso alguma coisa que nos anime.

Eu vou à loja que tem roupas para crianças. a uma loja

Eu vou a uma loja que tenha roupas para crianças.

Ela está procurando o professor que
sabe história. um professor

Ela está procurando um professor que
saiba história.

Eu quero conhecer o rapaz que está
dançando. um rapaz

Eu quero conhecer um rapaz que esteja
dançando.

Nós vamos convidar os alunos que
estão aqui. uns alunos

Nós vamos convidar uns alunos que
estejam aqui.

Eu vou ao restaurante onde há
feijoada. a um restaurante

Eu vou a um restaurante onde haja
feijoada.

Você me apresenta ao rapaz que fala
português? a um rapaz

Você me apresenta a um rapaz que fale
português?

Você conhece o aluno que mora
neste bairro? um aluno

Você conhece um aluno que more
neste bairro?

Ele vai trazer aquele amigo que nada
bem. um amigo

Ele vai trazer um amigo que nade bem.

LEITURA: Uma fazenda em Minas Gerais

As grandes férias chegaram e Helena foi com Carlos, Paulo e alguns amigos passar algum tempo na fazenda de seus avós perto de Matias Barbosa, uma cidadezinha em Minas Gerais.

Os fazendeiros são dois velhinhos muito alegres que sempre recebem com grande satisfação os parentes e amigos. A dona da casa, embora tenha quase setenta anos, parece uma adolescente quando cercada de gente moça, principalmente de seus netos. Quanto ao Coronel Lima, ou o vovô, é preciso que perto dele, todos estejam preparados para um bom bate-papo, pois não há quem goste mais de conversar do que ele.

A fazenda tem uma casa enorme com muitas salas e quartos. Sendo de gado e plantação, há muito que ver.

—É bom que amanhã vocês queiram acordar cedo para que possamos ir ver tirar o leite, disse Helena. Depois vamos passear. É uma delícia andar pelos campos a pé ou a cavalo.

—O programa é excelente, Helena, contanto que você nos consiga cavalos que saibam correr, disse Carlos que tinha fama de bom cavaleiro.

Assim, logo no primeiro dia, todos se levantaram bem cedo e foram ao curral. O leite era tirado ainda à moda antiga, sem as máquinas modernas. Depois de um bom copo de leite ainda quentinho, o grupo jovem e barulhento montou a cavalo e foi andar pelas estradas e visitar os pastos. Pelo caminho encontraram carros de bois, vacas que pastavam tranqüilamente e alguns bezerrinhos. E iam vendo também cabras e cabritos e até um ou outro carneirinho. Quando passaram pela roça, puderam observar os trabalhadores plantando cana, milho, arroz e feijão. É preciso que uma grande fazenda como a do Coronel Lima produza tudo o que nela se come.

Já de volta para casa, passaram pelo chiqueiro e divertiram-se vendo os empregados tratarem dos porcos. Bem perto da casa estava o galinheiro.

É pena que não tenhamos milho para dar às galinhas, disse Ana Maria.

Paulo, no entanto, encontrou logo uma cesta cheia de milho e, quando começaram a atirá-lo, o bando todo correu alvoroçado: eram galos, galinhas, frangos e pintinhos. Os perus e os patos encontravam-se em outras divisões.

Os mais animados e atentos do grupo eram Fred e Margaret, pois parecia-lhes que uma fazenda em Minas Gerais era bem diferente das que conheciam nos Estados Unidos.

—Eu quero que os seus avós saibam que estou encantada com tudo, disse Margaret a Helena. Eu me sinto tão bem. Parece-me haver calma, amor e arte neste recanto onde o contacto com a natureza é tão direto.

Perguntas sobre a leitura

1 Onde Helena foi com Carlos, Paulo e alguns amigos?
2 Onde fica a fazenda dos avós de Helena?
3 Como são os fazendeiros?
4 O que é que a dona da casa parece, quando cercada de gente moça?
5 Por que é preciso que, perto do vovô, todos estejam preparados para um bom bate-papo?
6 A fazenda tem uma casa pequena ou grande?
7 A fazenda é de gado ou plantação?
8 Por que é bom que todos queiram levantar cedo amanhã?
9 É bom andar pelos campos a pé ou a cavalo?
10 O que é que Carlos acha do programa?
11 Ele tinha fama de bom cavaleiro ou de bom jogador?
12 O que é que todos fizeram logo no primeiro dia?
13 Como o leite era tirado?
14 Depois de um bom copo de leite, o que fez o grupo jovem e barulhento?
15 O que é que encontraram pelo caminho?
16 O que é que puderam observar quando passaram pela roça?
17 O que é preciso que uma fazenda produza?
18 O que os nossos amigos viram quando passaram pelo chiqueiro?
19 O que é que estava bem perto da casa?
20 O que é que Ana Maria disse?
21 Por que o bando todo correu alvoroçado?
22 Por que Fred e Margaret eram os mais animados e atentos do grupo?
23 O que é que Margaret quer que os avós de Helena saibam?

Vocabulário introduzido na leitura

acordar v 'wake up'
adolescente n m/f 'adolescent'
alvoroçar v 'excite, agitate'
amor -es n m 'love'
arte n f 'art'
atento -a aj 'attentive, alert'
atirar v 'throw'
bando n 'flock, band'
barulhento -a aj 'noisy, loud'
bate-papo n 'chat, chit-chat'
bezerrinho n 'calf'
boi n m 'ox'
cabra n 'goat'
cabrito n 'kid, goat'
cana n 'sugar cane'
carneirinho n 'little lamb'
carro n 'wagon, cart (new meaning)'
cavaleiro -a n 'rider (horse)'
cesto -a n 'basket'
chiqueiro n 'pig pen'
contacto n 'contact'
curral -ais n m 'corral'
delícia n 'delight, pleasure, joy'
encantar v 'enchant, delight, fascinate'
estrada n 'road'
fama n 'reputation, fame'
fazendeiro -a n 'farmer'
gado n 'cattle'
galinha n 'hen, chicken'

galinheiro n 'chicken coop'
galo n 'rooster'
jovem -ns aj m/f 'young'
máquina n 'machine'
milho n 'corn'
moço -a aj 'young (new meaning)'
moda n 'way, manner'
moderno -a aj 'modern'
montar v 'mount'
neto -a n 'grandchild'
pastar v 'graze'
pasto n 'pasture'
pato n 'duck'
peru n m 'turkey'
pintinho n 'baby chick'
plantação -ões n f 'plantation, planting'
plantar v 'plant'
porco n 'pig'
produzir v 'produce'
programa n m 'schedule (new meaning)'
recanto n 'nook'
roça n 'cleared land, small garden, field'
tirar o leite v 'milk'
trabalhador -a -es n 'worker'
tranqüilamente av 'quietly'
vaca n 'cow'
vovô n 'grandpa'

34

Um bom emprego

Ana Maria e Carlos

M: Se eu pudesse ir à Europa este ano eu ficaria bem satisfeita.
C: Seria preciso que os seus pais fossem milionários para você ir à Europa todo ano.
M: Que nada! Bastaria que eu tivesse um bom emprego e ganhasse bem.
C: Contanto que você não caísse no caso dos que vivem como eu. Sem tempo para nada.
M: Vocês, engenheiros, vivem sobrecarregados e cheios de compromissos. Eu gostaria de um emprego que fosse bem fácil e oferecesse um bom ordenado.
C: Se conseguíssemos dois seria o ideal, eu também pegaria um.

A good job

M: If I could go to Europe this year I'd really be pleased.
C: Your parents would have to be millionaires for you to go to Europe every year.
M: Go on! All I need is a good job and a good salary.
C: Provided that you don't get involved like those who live as I do, with no time for anything.
M: You engineers are overworked and tied down by commitments. I'd like a job that is fairly easy and paid a good wage.
C: If we could find two of them, it would be ideal. I'd take one, too.

ORTOGRAFIA

Representação gráfica dos ditongos nasais.

Os ditongos nasais são representados graficamente pelas vogais que os constituem seguidas de *m* ou *n* ou tendo o símbolo (˜) sobre a primeira vogal.

/ẽĩ/ ocorre no fim da palavra e é representado graficamente por *em* quando em final absoluto e por *en* antes de *s* final.

devem	comem	imagem	imagens
convém	vem	bem	bens
detém	porém	armazém	armazéns
sem	também	viagem	viagens
		folhagem	folhagens

/ãĩ/ é representado por *ãe* no fim de palavra e por *ai* seguido de *m* ou *n* no meio de palavra.

mãe	alemães	pães
cães	capitães	caimbra

/ãũ/ ocorre no fim de palavra. Quando acentuado é representado por *ão;* quando não acentuado representa-se por *am* no fim dos verbos e por *ão* em outros casos.

ão	*am*	*ão* (não acentuado)
falarão	falaram	órgão
estão	abriram	órfão
dirão	venderam	sótão
irmão	disseram	
são	cantam	
pão		

/õĩ/ ocorre no fim de palavra e é representado por *õe.*

põe	malões	verões
corações	leões	nações
lições	botões	razões

ESTRUTURA E EXERCÍCIOS

(1) Pretérito do subjuntivo

Se eu pudesse ir à Europa este ano eu ficaria bem satisfeita.
Bastaria que eu tivesse um bom emprego e ganhasse bem.
Contanto que você não caísse no caso dos que vivem como eu.
Se conseguíssemos dois seria o ideal.
Seria preciso que os seus pais fossem milionários.

infinito			3a. pes. pl. pret. perf. ind.	
fal-	-ar		fal-	-aram
com-	⎤		com-	⎤
t-	⎦ -er		tiv-	⎦ -eram
pôr			pus-	
part-	-ir		part-	-iram
ser, ir			f-	-oram
pret. subj.				
fal-	-asse		fal-	-ássemos
com-	⎤		com-	-êssemos
tiv-	⎦ -esse		tiv-	-éssemos
pus-			pus-	-éssemos
part-	-isse		part-	-íssemos
f-	-osse		f-	-ôssemos
fal-	-asse		fal-	-assem
com-	⎤		com-	⎤
tiv-	⎦ -esse		tiv-	⎦ -essem
pus-			pus-	
part-	-isse		part-	-issem
f-	-osse		f-	-ossem

O pretérito de subjuntivo (pret. subj.) forma-se eliminando-se as terminações da terceira pessoa do plural do pretérito perfeito do indicativo (3a.pes.pl.pret. perf.ind.) e adicionando-se as terminações do subjuntivo acima apresentadas. Não há exceções. A terminação com /ɛ/, observada no pret.perf.ind. dos verbos irregulares, continua no pret.subj.

Seguem-se alguns verbos chamados irregulares mas que fazem o pretérito do subjuntivo regularmente.

infinito		pret.perf.ind.		pret. subj.	
d- est-	⎤ -ar	d- estiv-	⎤	d- estiv-	⎤
diz- faz- hav- pod- quer- sab- traz-	⎤ -er	diss- fiz- houv- pud- quis- soub- troux-	-eram	diss- fiz- houv- pud- quis- soub- troux-	-esse -esse -éssemos -essem
v-	-ir	vi-	⎦	vi-	⎦
v-	-er	v-	-iram	v-	-isse -isse -íssemos -issem

Haver em conversação só se usa na forma da terceira pessoa do singular.

Exemplos

Seria preciso que nós déssemos um pulo até lá.
Era provável que ele dissesse a verdade.
Talvez ele estivesse interessado.
Eu queria que ela pusesse o vestido novo.
O que é que você queria que nós fizéssemos?
Nós esperávamos que houvesse muitas diversões.
Eu preferia que eles quisessem andar a cavalo.
Era impossível que eles não soubessem a lição.
Talvez ele trouxesse a moça de cabelo castanho.
Seria bom que ele visse o seu penteado.
Eu queria que você viesse à minha casa.

Substitua o sujeito.

	Bastaria que eu ganhasse bem.
nós	Bastaria que nós ganhássemos bem.
vocês	Bastaria que vocês ganhassem bem.
a senhora	Bastaria que a senhora ganhasse bem.

os engenheiros	Bastaria que os engenheiros ganhassem bem.
o advogado	Bastaria que o advogado ganhasse bem.
eu e você	Bastaria que eu e você ganhássemos bem.
	Contanto que você não caísse neste caso.
vocês	Contanto que vocês não caíssem neste caso.
eu	Contanto que eu não caísse neste caso.
nós	Contanto que nós não caíssemos neste caso.
os senhores	Contanto que os senhores não caíssem neste caso.
o seu médico	Contanto que o seu médico não caísse neste caso.
eu e você	Contanto que eu e você não caíssemos neste caso.
	Se nós conseguíssemos dois seria o ideal.
você	Se você conseguisse dois seria o ideal.
vocês	Se vocês conseguissem dois seria o ideal.
eu	Se eu conseguisse dois seria o ideal.
eu e você	Se eu e você conseguíssemos dois seria o ideal.
os meus parentes	Se os meus parentes conseguissem dois seria o ideal.
o diretor	Se o diretor conseguisse dois seria o ideal.
	Se eu pudesse ir à Europa, eu ficaria satisfeito.
nós	Se nós pudéssemos ir à Europa, eu ficaria satisfeito.
vocês	Se vocês pudessem ir à Europa, eu ficaria satisfeito.
a senhora	Se a senhora pudesse ir à Europa, eu ficaria satisfeito.
eles	Se eles pudessem ir à Europa, eu ficaria satisfeito.
eu e você	Se eu e você pudéssemos ir à Europa, eu ficaria satisfeito.
os músicos	Se os músicos pudessem ir à Europa, eu ficaria satisfeito.
	Bastaria que eu tivesse um bom emprego.
você	Bastaria que você tivesse um bom emprego.
nós	Bastaria que nós tivéssemos um bom emprego.
vocês	Bastaria que vocês tivessem um bom emprego.
a gente	Bastaria que a gente tivesse um bom emprego.
o meu tio	Bastaria que o meu tio tivesse um bom emprego.
todos	Bastaria que todos tivessem um bom emprego.
	Seria preciso que vocês fossem milionários.
eu	Seria preciso que eu fosse milionário.
a minha família	Seria preciso que a minha família fosse milionária.

nós	Seria preciso que nós fôssemos milionários.
a senhora	Seria preciso que a senhora fosse milionária.
eu e você	Seria preciso que eu e você fôssemos milionários.
alguém	Seria preciso que alguém fosse milionário.

	Eles esperavam que ele pusesse tudo no lugar.
você	Eles esperavam que você pusesse tudo no lugar.
eu	Eles esperavam que eu pusesse tudo no lugar.
nós	Eles esperavam que nós puséssemos tudo no lugar.
a dona da casa	Eles esperavam que a dona da casa pusesse tudo no lugar.
as crianças	Eles esperavam que as crianças pusessem tudo no lugar.
o fazendeiro	Eles esperavam que o fazendeiro pusesse tudo no lugar.

	Talvez eu desse um pulo até lá.
nós	Talvez nós déssemos um pulo até lá.
os meus amigos	Talvez os meus amigos dessem um pulo até lá.
o médico	Talvez o médico desse um pulo até lá.
você	Talvez você desse um pulo até lá.
a senhora	Talvez a senhora desse um pulo até lá.
eu e ele	Talvez eu e ele déssemos um pulo até lá.

	Embora eles compreendessem a situação.
nós	Embora nós compreendêssemos a situação.
os advogados	Embora os advogados compreendessem a situação.
os empregados	Embora os empregados compreendessem a situação.
você	Embora você compreendesse a situação.
eu	Embora eu compreendesse a situação.
o diretor	Embora o diretor compreendesse a situação

Passe as seguintes frases para o pretérito do subjuntivo usando as palavras sugeridas.

É preciso que você compre tudo.	Era preciso que você comprasse tudo.
era	
Você quer que eu faça a lista.	Você queria que eu fizesse a lista.
queria.	

Talvez hoje nós tenhamos cinco
  pessoas. ontem
É bom que ele traga os amigos.
  seria.
Ela quer que as crianças durmam cedo.
  queria.
É necessário que nós digamos sempre
  a verdade. era
Você espera que nós ouçamos a
  história toda. esperava.
Eu prefiro que ele estude direito.
  preferia

Talvez ontem nós tivéssemos cinco
  pessoas.
Seria bom que ele trouxesse os amigos.
Ela queria que as crianças dormissem
  cedo.
Era necessário que nós disséssemos
  sempre a verdade.
Você esperava que nós ouvíssemos a
  história toda.
Eu preferia que ele estudasse direito.

Passe as seguintes frases para o pretérito do subjuntivo precedidas das expressões sugeridas.

Eles quiseram praticar português.
  talvez
Vocês puseram o homem tonto.
  eu não quis que
Nós tínhamos uma vida folgada.
  eles preferiam que
Você vinha sempre ao Rio.
  eles esperavam que
Você soube escolher o restaurante.
  eu não acreditei que
Lá havia muitos ternos. foi bom que
Eles fizeram uma porção de brinca-
  deiras. eu não quis que
Todos se reuniram lá. era provável que

Talvez eles quisessem praticar portu-
  guês.
Eu não quis que vocês pusessem o
  homem tonto.
Eles preferiam que nós tivéssemos uma
  vida folgada.
Eles esperavam que você viesse sempre
  ao Rio.
Eu não acreditei que você soubesse
  escolher o restaurante.
Foi bom que lá houvesse muitos ternos.
Eu não quis que eles fizessem uma
  porção de brincadeiras.
Era provável que todos se reunissem lá.

(2) **Pretérito do subjuntivo usado precedido de** *talvez* **e usado em orações substantivas.**

Seria preciso que os seus pais fossem milionários para você ir à Europa todo o ano.

Expressões que precedem o pretérito do subjuntivo:

(1)	(4)
talvez	bastaria que
(2)	bastava que
era possível que	bastou que
seria possível que	seria bom que
eu duvidava que	seria ridículo que
nós duvidávamos que	era importante que
	eles quiseram que
(3)	
era impossível que	
eu neguei que	
vocês negaram que	

O pretérito do subjuntivo é usado nas mesmas situações que o presente do subjuntivo mas referindo-se ao passado. É usado precedido de (1) *talvez*; em orações substantivas depois de certas expressões no passado indicando (2) dúvida, (3) negação, (4) aprovação ou reprovação. Depois de *pensar que* no passado usa-se o subjuntivo.

O verbo da oração principal pode estar no pretérito, no imperfeito ou no futuro do passado. O pretérito do subjuntivo expressa uma situação simultânea ou posterior à indicada pelo verbo da oração principal.

Exemplos

Talvez nós tivéssemos cinco pessoas para jantar.
Era possível que vocês perdessem tudo.
Eu duvidava que vocês saíssem.
Nós duvidávamos que vocês saíssem.
Era impossível que ele fizesse isso.
Eu neguei que ele viesse aqui hoje.
Vocês negaram que ele estivesse aqui.
Bastaria que eu tivesse um bom emprego.
Bastava que eu tivesse um bom emprego.
Bastou que eu tivesse um bom emprego.
Seria bom que a senhora fizesse a lista.

Seria ridículo que eles pedissem isto.
Era importante que ela estudasse hoje.
Eu esperava que eles não chegassem tarde.
Eles quiseram que você cantasse.

Tranforme as seguintes frases em outras usando o pretérito do subjuntivo e as expressões sugeridas.

	Eu e o Pedro vamos de avião.
não importava que	Não importava que eu e o Pedro fôssemos de avião.
era provável que	Era provável que eu e o Pedro fôssemos de avião.
eles não queriam que	Eles não queriam que eu e o Pedro fôssemos de avião.
foi preciso que	Foi preciso que eu e o Pedro fôssemos de avião.
você não quis que	Você não quis que eu e o Pedro fôssemos de avião.
eles preferiram que	Eles preferiram que eu e o Pedro fôssemos de avião.

	Eu trouxe uns amigos americanos.
ele queria que	Ele queria que eu trouxesse uns amigos americanos.
era provável que	Era provável que eu trouxesse uns amigos americanos.
ela sugeriu que	Ela sugeriu que eu trouxesse uns amigos americanos.
seria preferível que	Seria preferível que eu trouxesse uns amigos americanos.
eles esperavam que	Eles esperavam que eu trouxesse uns amigos americanos.
bastaria que	Bastaria que eu trouxesse uns amigos americanos.

	Eles chegaram cedo.
ela não acreditava que	Ela não acreditava que eles chegassem cedo.
era necessário que	Era necessário que eles chegassem cedo.
era importante que	Era importante que eles chegassem cedo.
era provável que	Era provável que eles chegassem cedo.
eu duvidei que	Eu duvidei que eles chegassem cedo.
bastaria que	Bastaria que eles chegassem cedo.

	Eu não fiquei sabendo nada.
talvez	Talvez eu não ficasse sabendo nada.
ela esperava que	Ela esperava que eu não ficasse sabendo nada.
era impossível que	Era impossível que eu não ficasse sabendo nada.
era ridículo que	Era ridículo que eu não ficasse sabendo nada.
ela duvidou que	Ela duvidou que eu não ficasse sabendo nada.
foi pena que	Foi pena que eu não ficasse sabendo nada.

	Nós vimos um bom apartamento.
talvez	Talvez nós víssemos um bom apartamento.
seria bom que	Seria bom que nós víssemos um bom apartamento.
ela sugeriu que	Ela sugeriu que nós víssemos um bom apartamento.
era possível que	Era possível que nós víssemos um bom apartamento.
era importante que	Era importante que nós víssemos um bom apartamento.
você quis que	Você quis que nós víssemos um bom apartamento.

(3) Pretérito do subjuntivo depois de conjunções

Contanto que você não caísse no caso dos que vivem como eu.

Conjunções mais freqüentemente usadas antes do pretérito do subjuntivo:

(1)		
para que	a não ser que	
a fim de que	ainda que	
antes que	mesmo que	
contanto que	embora	
sem que	nem que	
a menos que	caso	

(2)	(3)	
desde que	conforme	'according to'
de modo que	logo que	'as soon as'
de maneira que	assim que	
de sorte que	depois que	
de forma que	enquanto	'while'
	quando	

Depois destas conjunções (1) usa-se o pretérito do subjuntivo; depois destas (2) usa-se o subjuntivo quando a frase sugere dúvida, usa-se o indicativo quando há indicação de certeza; depois destas (3) usa-se o pretérito do subjuntivo se o verbo da oração principal está no futuro do passado, usa-se o indicativo se o verbo da oração principal está no pretérito. Note que as conjunções (1) e (2) também são usadas com o presente do subjuntivo.

Exemplos

(1)
Ele foi à fazenda para que pudesse descansar.
Nós íamos à fazenda a fim de que pudéssemos descansar.
Eu ia dar um pulo até lá antes que ele chegasse.
Eu sairia contanto que você saísse comigo.
Nós não podíamos entrar sem que ele soubesse.
Ele não nadava a menos que você nadasse também.
A gente não se divertia, a não ser que vocês se divertissem também.
Ela não devia andar a cavalo, ainda que o tempo estivesse bom.
Nós arranjaríamos isto, mesmo que fosse difícil.
Você foi andar a cavalo, embora não quisesse fazer força.
A empregada não receberia o dinheiro, nem que você quisesse.
Ele viria nos ver, caso estivéssemos em casa.

(2)
Desde que eles fizessem tudo, eu concordaria (Eu não sabia se fariam tudo).
Desde que eles fizeram tudo, eu concordei (Eu sabia que tinham feito tudo).

Ele falava de modo que você pudesse compreendê-lo (Esta era a intenção dele,
    mas não é certo se você o compreendia ou não).
Ele falava de modo que você podia compreendê-lo (É certo que você o
    compreendeu).

Nós cantamos de maneira que você nos ouvisse (Não é certo se você nos ouviu).
Nós cantamos de maneira que você nos ouviu (É certo que você nos ouviu).

(3)
Eu faria tudo conforme o que ele me dissesse.
Eu fiz tudo conforme o que ele me disse.

Ela iria à Europa logo que tivesse um bom ordenado.
Ela foi à Europa logo que teve um bom ordenado.

Eu só ficaria satisfeita depois que ele dissesse a verdade.
Eu só fiquei satisfeita depois que ele disse a verdade.

O Paulo estudaria enquanto pudesse.
O Paulo estudou enquanto pôde.

Eu pegaria o emprego quando o conseguisse.
Eu peguei o emprego quando o consegui.

Substitua a conjunção

	Contanto que você não caísse no meu caso.
para que	Para que você não caísse no meu caso.
embora	Embora você não caísse no meu caso.
ainda que	Ainda que você não caísse no meu caso.
enquanto	Enquanto você não caísse no meu caso.
de modo que	De modo que você não caísse no meu caso.
desde que	Desde que você não caísse no meu caso.

	Eu fiz uma lista para que ela não esquecesse nada.
embora	Eu fiz uma lista embora ela não esquecesse nada.
de modo que	Eu fiz uma lista de modo que ela não esquecesse nada.
a fim de que	Eu fiz uma lista a fim de que ela não esquecesse nada.

	Não era possível ir sem que ele quisesse.
antes que	Não era possível ir antes que ele quisesse.
a menos que	Não era possível ir a menos que ele quisesse.
embora	Não era possível ir embora ele quisesse.
ainda que	Não era possível ir ainda que ele quisesse.
logo que	Não era possível ir logo que ele quisesse.
nem que	Não era possível ir nem que ele quisesse.

	Eu devia ficar mesmo que eles dormissem.
a menos que	Eu devia ficar a menos que eles dormissem.
para que	Eu devia ficar para que eles dormissem.
ainda que	Eu devia ficar ainda que eles dormissem.
caso	Eu devia ficar caso eles dormissem.
enquanto	Eu devia ficar enquanto eles dormissem.
a não ser que	Eu devia ficar a não ser que eles dormissem.

	Eu pedi que ela falasse assim que pudesse.
caso	Eu pedi que ela falasse caso pudesse.
desde que	Eu pedi que ela falasse desde que pudesse.
logo que	Eu pedi que ela falasse logo que pudesse.
enquanto	Eu pedi que ela falasse enquanto pudesse.
quando	Eu pedi que ela falasse quando pudesse.
conforme	Eu pedi que ela falasse conforme pudesse.

Transforme as duas frases em uma usando o pretérito do subjuntivo e as conjunções sugeridas.

Eu falei. Ele me ouviu. de modo que	Eu falei de modo que ele me ouvisse.
O professor explicou. Nós aprendemos. de maneira que	O professor explicou de maneira que nós aprendêssemos.
Nós dançaríamos. Você quis. enquanto	Nós dançaríamos enquanto você quisesse.
Eu sairia. Ele chegou. assim que	Eu sairia assim que ele chegasse.
Ela faria tudo. O noivo chegou. depois que	Ela faria tudo depois que o noivo chegasse.
Eles fariam o trabalho. Você mandou. conforme	Eles fariam o trabalho conforme você mandasse.
As crianças ficariam na escola. O ônibus chegou. a não ser que	As crianças ficariam na escola a não ser que o ônibus chegasse.
Nós entramos. Ele soube. sem que	Nós entramos sem que ele soubesse.
Ele passaria no exame. Ele estudou. contanto que	Ele passaria no exame contanto que estudasse.
Os alunos ficariam. Você pediu. desde que	Os alunos ficariam desde que você pedisse.

Transforme as duas frases em uma usando as conjunções sugeridas e o verbo no pretérito do subjuntivo ou no pretérito do indicativo conforme o caso.

Eu concordei. Eles fizeram tudo. desde que	Eu concordei desde que eles fizeram tudo.
Eu concordaria. Eles fizeram tudo. desde que	Eu concordaria desde que eles fizessem tudo.
Ele falou claramente. Todos puderam ouvir. de modo que	Ele falou claramente de modo que todos puderam ouvir.
Ele falaria claramente. Todos puderam ouvir. de modo que	Ele falaria claramente de modo que todos pudessem ouvir.
Ela se vestiu bem. Ela ficou bonita. de forma que	Ela se vestiu bem de forma que ficou bonita.
Ela se vestiria bem. Ela ficou bonita. de forma que	Ela se vestiria bem de forma que ficasse bonita.
Os quadros foram bem colocados. Ele os viu. de modo que	Os quadros foram bem colocados de modo que ele os viu.
Os quadros seriam bem colocados. Ele os viu. de modo que	Os quadros seriam bem colocados de modo que ele os visse.

Eu contei tudo. Ele pediu. depois que	Eu contei tudo depois que ele pediu.
Eu contaria tudo. Ele pediu. depois que	Eu contaria tudo depois que ele pedisse.
Ele comprou a casa. Ele pôde. quando	Ele comprou a casa quando pôde.
Ele compraria a casa. Ele pôde. quando	Ele compraria a casa quando pudesse.
Ela fez tudo. Eles quiseram. conforme	Ela fez tudo conforme eles quiseram.
Ela faria tudo. Eles quiseram. conforme	Ela faria tudo conforme eles quisessem.
Eles começaram a trabalhar. Eles chegaram. assim que	Eles começaram a trabalhar assim que chegaram.
Eles começariam a trabalhar. Eles chegaram. assim que	Eles começariam a trabalhar assim que chegassem.

(4) Pretérito do subjuntivo e do indicativo em orações adjetivas

Eu gostaria de um emprego que fosse bem fácil.

Subjuntivo	Indicativo
Ele queria batatas que parecessem boas.	Ele queria as batatas que pareciam boas.
Eles procuraram um táxi que os levasse ao teatro.	Eles procuraram o táxi que os levava ao teatro.
Eu queria um chapéu que me agradasse.	Eu queria aquele chapéu que me agradava.
Nós não conhecíamos uma pessoa que fosse ao Brasil.	Nós não conhecíamos a pessoa que ia ao Brasil.
Era preciso alguma coisa que nos animasse.	Havia alguma coisa que nos animava.

O pretérito do subjuntivo ocorre nas mesmas situações que o presente do subjuntivo. Quando o objeto da oração principal é indeterminado o verbo da oração dependente está no subjuntivo; quando o objeto é determinado o verbo da oração dependente está no indicativo.

Passe as seguintes frases para o pretérito usando o primeiro verbo na forma sugerida.

É preciso alguma coisa que nos divirta. era	Era preciso alguma coisa que nos divertisse.
Ele quer uma noiva que seja loura. queria	Ele queria uma noiva que fosse loura.

Nós necessitamos um rapaz que dance
  o samba. necessitávamos

Nós necessitávamos um rapaz que
  dançasse o samba.

Lá não há uma pessoa que ganhe
  bem. Havia

Lá não havia uma pessoa que
  ganhasse bem.

Eu não encontro um apartamento
  que sirva. encontrei

Eu não encontrei um apartamento
  que servisse.

Nós pegamos um emprego que seja
  fácil. pegaríamos

Nós pegaríamos um emprego que
  fosse fácil.

Ela procura um bairro onde não haja
  barulho. procurava

Ela procurava um bairro onde não
  houvesse barulho.

Não há ônibus que vá à cidade.
  havia

Não havia ônibus que fosse à
  cidade.

Eu quero alguém que saiba
  português. queria

Eu queria alguém que soubesse
  português.

Substitua os pronomes demonstrativos e artigos definidos por artigos
indefinidos e passe o verbo para o subjuntivo.

Eu queria aquelas laranjas que
  pareciam boas.

Eu queria umas laranjas que
  parecessem boas.

Ela estava procurando o professor que
  sabia história.

Ela estava procurando um professor
  que soubesse história.

Você queria o vestido que lhe
  agradava.

Você queria um vestido que lhe
  agradasse.

Eu ia à loja que tinha roupas boas.

Eu ia a uma loja que tivesse roupas
  boas.

Você não conhecia o aluno que
  morava neste bairro.

Você não conhecia um aluno que
  morasse neste bairro.

Nós íamos ao restaurante onde
  havia comida brasileira.

Nós íamos a um restaurante onde
  houvesse comida brasileira.

Eu quis conhecer o rapaz que estava
  dançando.

Eu quis conhecer um rapaz que
  estivesse dançando.

Eles não conheciam aquela moça
  que ia à Europa.

Eles não conheciam uma moça que
  fosse à Europa.

(5) Pretérito do subjuntivo depois de *se*

Se eu pudesse ir à Europa este ano, eu ficaria bem satisfeita.
Se conseguíssemos dois, seria o ideal.

Se eu pudesse falar com ela agora, ficaria contente.
Se ele pudesse vir aqui amanhã, eu viria também.
Se vocês viessem nos visitar seria tão bom.
Se ela chegasse hoje como eu gostaria.
Se nós conseguíssemos ficar ricos em um ano!

Depois de *se* o pretérito do subjuntivo geralmente expressa no presente ou no futuro um fato provàvelmente irrealizável. Note que o verbo da oração principal está no futuro do passado.

Substitua o sujeito

	Se ela chegasse hoje como eu gostaria.
a minha mãe	Se a minha mãe chegasse hoje como eu gostaria.
nós	Se nós chegássemos hoje como eu gostaria.
os meus pais	Se os meus pais chegassem hoje como eu gostaria.
o advogado	Se o advogado chegasse hoje como eu gostaria.
vocês	Se vocês chegassem hoje como eu gostaria.
eu	Se eu chegasse hoje como eu gostaria.

	Se nós conseguíssemos dois seria o ideal.
eu	Se eu conseguisse dois seria o ideal.
vocês	Se vocês conseguissem dois seria o ideal.
eu e o Carlos	Se eu e o Carlos conseguíssemos dois seria o ideal.
você	Se você conseguisse dois seria o ideal.
o meu amigo	Se o meu amigo conseguisse dois seria o ideal.
eles	Se eles conseguissem dois seria o ideal.

Transforme as duas frases em uma começando com *se* e usando os verbos no pretérito do subjuntivo e no futuro do passado.

Eu posso ir à Europa nestas férias.
    Eu vou de navio.
Ele pode vir aqui amanhã.
    Eu falo com ele.

Se eu pudesse ir à Europa nestas férias eu iria de navio.
Se ele pudesse vir aqui amanhã eu falaria com ele.

Ela parte a semana que vem. Eu
vou com ela.

Eu posso falar português o ano que
vem. Eu vou ao Brasil.

Eu tenho um bom emprego. Eu
compro este carro.

Você cai na minha situação. Você
não faz nada.

Vocês são muito ricos. Vocês não
trabalham.

Eu aprendo tudo. Eu faço o exame.

Se ela partisse a semana que vem eu
iria com ela.

Se eu pudesse falar português o ano
que vem eu iria ao Brasil.

Se eu tivesse um bom emprego eu
compraria este carro.

Se você caísse na minha situação
você não faria nada.

Se vocês fossem muito ricos vocês
não trabalhariam.

Se eu aprendesse tudo eu faria o
exame.

LEITURA: Visita a uma escola do SENAI

Paulo resolveu levar Fred e Margaret para visitarem uma das escolas profissionais do SENAI. Ele queria que os amigos tivessem uma idéia dessa organização.

—SENAI quer dizer Serviço Nacional de Aprendizagem Industrial, explicou Paulo. Estas escolas são mantidas pela Federação Nacional de Indústria mas são orientadas e supervisionadas pelo Governo.

Como Margaret quisesse saber qual a sua principal finalidade, Paulo respondeu que era a preparação de operários especializados. Os amigos talvez soubessem que havia no Brasil grande necessidade de trabalhadores que pudessem desempenhar funções industriais.

—Os cursos são organizados de acordo com as necessidades da indústria, continuou Paulo. Assim, aqui se formam mecânicos, eletricistas, carpinteiros, alfaiates, costureiras, tintureiros, sapateiros, pedreiros, etc.

Fred perguntou se os alunos só aprendiam trabalhos manuais ou se as escolas incluíam também estudos acadêmicos.

—As escolas são muito práticas. Geralmente nelas se ensinam também outras matérias, principalmente português e matemática, mas estas são estudadas de maneira prática, respondeu Paulo. E como Fred perguntasse a idade dos alunos das escolas do SENAI, ele explicou que os cursos eram para rapazes e moças de quatorze a dezoito anos. Quem quisesse se matricular nessas escolas só poderia fazê-lo depois que terminasse a escola primária.

—Há cursos para todos os tipos de trabalho manual? indagou, por sua vez, Margaret.

—Acho que não chegamos a tanto, respondeu Paulo. Os engraxates não precisam fazer cursos para engraxar sapatos; não sei se há cursos para jardineiros, e se os houver, farão parte das escolas agrícolas. Naturalmente os açougueiros, peixeiros e jornaleiros também não precisam cursos especializados.

—E se precisassem, esses cursos estariam nas escolas do SENAC, não é? comentou Fred, querendo mostrar sabedoria.

—SENAC, disse Paulo, rindo e dirigindo-se a Margaret, quer dizer Serviço Nacional de Aprendizagem Comercial e inclui escolas de aprendizagem comercial do mesmo tipo das escolas industriais.

Perguntas sobre a leitura

1 Onde Paulo resolveu levar os amigos?
2 Por quê?
3 Por quem as escolas são mantidas?
4 Por quem são orientadas e supervisionadas?
5 Qual é a principal finalidade dessas escolas?
6 Qual era a grande necessidade que havia no Brasil?
7 De acordo com o que são organizados os cursos?
8 Quem se forma nessas escolas?
9 O que é que Fred perguntou?
10 O que é que geralmente também se ensina nessas escolas?
11 Que idade têm os alunos das escolas do SENAI?
12 Quando os alunos se podem matricular nessas escolas?
13 Os engraxates precisam fazer cursos para engraxar sapatos?
14 Quem não precisa de cursos especializados?
15 O que quer dizer SENAC?
16 Por que é que Paulo está rindo?

Vocabulário introduzido na leitura

acadêmico -a aj 'academic'
açougueiro n 'butcher'
agrícola aj m/f 'agricultural'
alfaiate n m 'tailor'
aprendizagem -ns n f 'learning'
carpinteiro n 'carpenter'
costureira n 'dress-maker'
desempenhar v 'carry out, execute, discharge'
eletricista n m/f 'electrician'
engraxar v 'shine'
engraxate n m 'shoe shine boy'
ensinar v 'teach'
escola primária n 'elementary school'
federação -ões n f 'federation'
função -ões n f 'function'
indagar v 'ask, inquire, question'
indústria n 'industry'
industrial -ais aj m/f 'industrial'

jardineiro n 'gardener'
jornaleiro n 'newsboy'
manual -ais aj m/f 'manual'
matemática n 'mathematics'
mecânico -a n 'mechanic'
nacional -ais aj m/f 'national'
necessidade n f 'necessity, need'
operário -a n 'worker, laborer'
organização -ões n f 'organization'
orientar v 'orient, guide'
pedreiro n 'bricklayer, mason'
peixeiro n 'fishmonger, fisherman'
prático -a aj 'practical'
primário -a aj 'primary'
sabedoria n 'wisdom, knowledge'
sapateiro n 'shoemaker'
serviço n 'service'
supervisionar v 'supervise'
tintureiro n 'dyer, dry cleaner'

35

De partida para Recife

Helena e Pedro

H: Agora eu vou mesmo a Recife, haja o que houver. Eu e a minha avó já temos passagens de ida e volta.
P: Conforme a hora que vocês forem, se eu conseguir uma folga, eu vou levá-las ao aeroporto.
H: Como você quiser. Mas se você resolver mesmo nos levar tem que ir ao cais, porque nós vamos é de navio.
P: Ah, é muito melhor. Vocês não têm que se preocupar com o peso da bagagem. Podem levar o que quiserem.
H: E quando voltarmos poderemos trazer lembranças de todos os estados do Norte.

Leaving for Recife

H: At last I'm going to Recife, come what may. My grandmother and I already have round-trip tickets.
P: Depending on when you leave, if I can get off, I'll take you to the airport.
H: As you wish. But if you do finally decide to take us, you'll have to go to the dock because we are going by boat.
P: That's much better. You don't have to worry about the weight of your baggage. You can take whatever you want.
H: And when we come back we can bring souvenirs of all the Northern States.

NOTA

O uso de *é* em certas construcções tem sentido enfático apenas. A construção *nós vamos de navio* é uma simples afirmação, enquanto *nós vamos é de navio*

175

indica ênfase no fato de que vamos de navio e não de avião ou de trem. Esta ênfase em inglês seria dada pela entoação.

ORTOGRAFIA

(1) Sinais de pontuação

Os sinais de pontuação do sistema ortográfico português são os seguintes:

ponto	(.)
vírgula	(,)
ponto e vírgula	(;)
dois pontos	(:)
travessão	(—)
ponto de interrogação	(?)
ponto de exclamação	(!)
parênteses	( )
apóstrofo	(')
traço de união ou hífen	(-)
aspas	("")
asterisco	(*)

(2) Símbolos c, g, gu, qu, j, ch

c representa o som /s/ antes de *e, i*; o som /k/ em outras posições.

c = /s/		*c* = /k/	
cem	cinta	casa	clima
você	fácil	couro	escritório
acento	edifício	coisa	intelectual
aceito	notícias	curso	crédito

g representa o som /ž/ antes de *e, i*; o som /g/ em outras posições.

g = /ž/		*g* = /g/	
viagem	relógio	colega	globo
gente	giz	gosta	grupo
geladeira	gilete	chegou	água
inteligente	rugido	algum	agüento

gu freqüentemente representa o som /g/ antes de *e, i*.

guia	cheguei	freguês
seguir	alguém	guerra

q representa o som /k/. Vem sempre seguido de *u*, pronunciado antes de *a, o* e pronunciado ou não antes de *e, i*.

sem /u/		com /u/	
quero	quinze	quadro	seqüência
aquele	aqui	qual	freqüente
quente	quis	quando	eqüidade

j representa o som /ẑ/.

jeito	gorjeta	jovem	laranja
jesuíta	jogo	canjica	juiz

ch representa o som /ŝ/.

achar	chefe	chutar	chuva
chão	fechei	chinelo	chorar

ESTRUTURA E EXERCÍCIOS

(1) Futuro do subjuntivo

Se eu conseguir uma folga eu vou levá-las ao aeroporto.
Conforme a hora que vocês forem, eu vou levá-las ao aeroporto.
Mas se você resolver mesmo nos levar, tem que ir ao cais.
Agora eu vou mesmo a Recife, haja o que houver.
E quando voltarmos poderemos trazer lembranças.
Podem levar o que quiserem.

infinito		3a. pes. pl. pret. perf. ind.	
fal-	-ar	fal-	-aram
com-		com-	
t-	-er	tiv-	-eram
pôr		pus-	
part-	-ir	part-	-iram
ser, ir		f-	-oram

futuro subjuntivo			
fal-	-ar	fal-	-armos
com-		com-	
tiv-	-er	tiv-	-ermos
pus-		pus-	
part-	-ir	part-	-irmos
f-	-or	f-	-ormos
fal-	-ar	fal-	-arem
com-		com-	
tiv-	-er	tiv-	-erem
pus-		pus-	
part-	-ir	part-	-irem
f-	-or	f-	-orem

O futuro do subjuntivo forma-se eliminando-se as terminações da terceira pessoa do plural do pretérito perfeito do indicativo e adicionando-se as terminações do subjuntivo acima apresentadas. Não há exceções.

A terminação com /ɛ/, observada no pret. perf. ind. dos verbos irregulares, continua no fut. subj.

Seguem-se alguns verbos chamados irregulares mas que fazem o futuro do subjuntivo regularmente.

infinito		pret. perf. ind.		futuro subj.	
d-	-ar	d-		d-	
est-		estiv-		estiv-	
diz-		diss-		diss-	
faz-		fiz-		fiz-	-er
hav-		houv-		houv-	-er
pod-	-er	pud-	-eram	pud-	-ermos
quer-		quis-		quis-	-erem
sab-		soub-		soub-	
traz-		troux-		troux-	
v-	-ir	vi-		vi-	
v-	-er	v-	-iram	v-	-ir
					-irmos
					-irem

Exemplos

Se você der o dinheiro, ela comprará o presente.
Se ele estiver contente, fará tudo.
Sempre que você disser a verdade, será recompensado.
Assim que eles fizerem o exame, eu sairei.
Se ele puder, irá ao cais.
Eles vão ficar satisfeitos quando souberem disto.
Aqueles que vierem serão bem recebidos.
Depois que eu vir o ministro, eu falarei com você.

Substitua o sujeito do futuro do subjuntivo.

	Quando nós voltarmos poderemos trazer lembranças.
eu	Quando eu voltar poderei trazer lembranças.
você	Quando você voltar poderá trazer lembranças.
a Helena	Quando a Helena voltar poderá trazer lembranças.
vocês	Quando vocês voltarem poderão trazer lembranças.
eu e você	Quando eu e você voltarmos poderemos trazer lembranças.
eles	Quando eles voltarem poderão trazer lembranças.

	Se você resolver nos levar tem que ir ao cais.
vocês	Se vocês resolverem nos levar têm que ir ao cais.
eles	Se eles resolverem nos levar têm que ir ao cais.
ela	Se ela resolver nos levar tem que ir ao cais.
a senhora	Se a senhora resolver nos levar tem que ir ao cais.
os nossos amigos	Se os nossos amigos resolverem nos levar têm que ir ao cais.
o seu pai	Se o seu pai resolver nos levar tem que ir ao cais.

	Vocês podem levar o que quiserem.
você	Você pode levar o que quiser.
eu	Eu posso levar o que quiser.

os trabalhadores	Os trabalhadores podem levar o que quiserem.
nós	Nós podemos levar o que quisermos.
o sapateiro	O sapateiro pode levar o que quiser.
eu e você	Eu e você podemos levar o que quisermos.
	Conforme a hora que vocês forem ela vai também.
nós	Conforme a hora que nós formos ela vai também.
o advogado	Conforme a hora que o advogado for ela vai também.
eu	Conforme a hora que eu for ela vai também.
você	Conforme a hora que você for ela vai também.
os engenheiros	Conforme a hora que os engenheiros forem ela vai também.
a senhora	Conforme a hora que a senhora for ela vai também.

Responda na forma afirmativa as seguintes perguntas.

Vocês podem trazer lembranças quando voltarem? — Podemos sim, nós podemos trazer lembranças quando voltarmos.

Você irá ao cais se puder? — Irei sim, eu irei ao cais se puder.

A Helena pode levar o que quiser? — Pode sim, ela pode levar o que quiser.

Elas farão tudo se estiverem contentes? — Farão sim, elas farão tudo se estiverem contentes.

Você leva a sua tia se você for? — Levo sim, eu levo a minha tia se eu for.

Você vai à Europa se tiver dinheiro? — Vou sim, eu vou à Europa se tiver dinheiro.

Os engenheiros serão bem recebidos quando vierem? — Serão sim, eles serão bem recebidos quando vierem.

Você vai ao cais quando eles partirem? — Vou sim, eu vou ao cais quando eles partirem.

Vocês vão ao aeroporto quando nós chegarmos? — Vamos sim, nós vamos ao aeroporto quando vocês chegarem.

Transforme as duas frases em uma usando o primeiro verbo no futuro do subjuntivo precedido de *se* e o segundo no futuro do indicativo.

Eles foram a Recife. Gostaram muito. — Se eles forem a Recife, gostarão muito.

Eu consegui uma folga. Fiquei satisfeito — Se eu conseguir uma folga, ficarei satisfeito.

Eles resolveram ir ao cais. Viram os navios.	Se eles resolverem ir ao cais, verão os navios.
A Helena foi ao Rio. Trouxe lembranças.	Se a Helena for ao Rio, trará lembranças.
Nós voltamos de São Paulo. Ficamos aqui.	Se nós voltarmos de São Paulo, ficaremos aqui.
Eles trouxeram lembranças. Deram algumas aos amigos.	Se eles trouxerem lembranças, darão algumas aos amigos.
Nós conseguimos dois empregos. Podemos ir à Europa.	Se nós conseguirmos dois empregos, poderemos ir à Europa.
Eu fui ao aeroporto. Falei com você.	Se eu for ao aeroporto, falarei com você.
O Paulo não quis voltar. Você ficou no lugar dele.	Se o Paulo não quiser voltar, você ficará no lugar dele.

(2) Futuro do subjuntivo depois de conjunções

Se eu conseguir uma folga, eu vou levá-las.
Como você quiser.
Mas se você resolver nos levar, tem que ir ao cais.
E quando voltarmos poderemos trazer lembranças.

Conjunções mais freqüentemente usadas antes do futuro do subjuntivo.

(1)	(2)
assim que	quando
logo que	se
depois que	como
enquanto	onde
sempre que 'whenever'	
todas as vezes que 'whenever'	
apesar do que 'in spite of'	
do mesmo modo que 'the same way'	
conforme	

(1) Depois destas conjunções, usa-se o futuro do subjuntivo para expressar uma situação no futuro; (2) depois destas, usa-se o futuro do subjuntivo ou o futuro do indicativo. Usa-se o futuro do subjuntivo quando a oração de que faz parte é complemento adverbial da oração principal; usa-se o futuro do indicativo quando a oração de que faz parte é objeto da oração principal.

Exemplos

(1)
Ele vai à fazenda assim que puder.
Logo que ele chegar, eu dou um pulo até lá.
Nós não poderemos entrar, depois que ele souber.
Ele não nada enquanto você não nadar.
Nós iremos sempre que você quiser nos levar.
Eu vou vê-la todas as vezes que você precisar de mim.
Apesar do que eles disserem, ela vai mesmo a Recife.
O aluno falará do mesmo modo que o professor falar.
Ela vai nos levar conforme a hora que nós formos.

(2)
Vocês levarão lembranças quando forem.
Eu quero saber quando vocês irão.

Eu vou levá-la se conseguir uma folga.
Ele não disse se eu conseguirei uma folga.

Ele estudará as lições como puder.
Ele disse como estudará as lições.

Eu irei onde você estiver.
Eu sei onde você estará.

Substitua a conjunção.

	Quando vocês forem levarão lembranças.
sempre que	Sempre que vocês forem levarão lembranças.
todas as vezes que	Todas as vezes que vocês forem levarão lembranças.
se	Se vocês forem levarão lembranças.
onde	Onde vocês forem levarão lembranças.
conforme	Conforme vocês forem levarão lembranças.
	Se eu conseguir uma folga, eu vou levá-la.
assim que	Assim que eu conseguir uma folga, eu vou levá-la.
logo que	Logo que eu conseguir uma folga, eu vou levá-la.
depois que	Depois que eu conseguir uma folga, eu vou levá-la.
sempre que	Sempre que eu conseguir uma folga, eu vou levá-la.

quando	Quando eu conseguir uma folga, eu vou levá-la.
	Ele estudará as lições como puder.
sempre que	Ele estudará as lições sempre que puder.
quando	Ele estudará as lições quando puder.
se	Ele estudará as lições se puder.
onde	Ele estudará as lições onde puder.
enquanto	Ele estudará as lições enquanto puder.
logo que	Ele estudará as lições logo que puder.
assim que	Ele estudará as lições assim que puder.

Responda as seguintes perguntas escolhendo a segunda alternativa.

Você vem de qualquer maneira ou se conseguir uma folga?	Eu venho se conseguir uma folga.
Você vai trabalhar sozinho ou enquanto o chefe estiver lá?	Eu vou trabalhar enquanto o chefe estiver lá.
Ele vai sair mais tarde ou assim que fizer o exame?	Ele vai sair assim que fizer o exame.
Você vai nadar nos fins de semana ou sempre que puder?	Eu vou nadar sempre que puder.

Vocês passam lá agora ou quando forem para a escola?	Nós passamos lá quando formos para a escola.
O trabalho vai ser como você quiser ou como a professor quiser?	O trabalho vai ser como o professor quiser.
Vocês vão agora ou depois que as visitas saírem?	Nós vamos depois que as visitas saírem.
O Pedro vai ao cais agora ou quando a Helena for?	Ele vai ao cais quando a Helena for.

Transforme as frases seguintes em outras usando as palavras sugeridas e o futuro do indicativo ou do subjuntivo conforme o caso.

Ele me disse. quando você / partir	Ele me disse quando você partirá.
Nós vamos estudar. quando nós / poder	Nós vamos estudar quando nós pudermos.

Os meus amigos disseram. onde eles / estar

Os meus amigos disseram onde eles estarão.

Vocês virão. se / ser / possível

Vocês virão se for possível.

Nós lhe daremos o dinheiro. logo que nós / poder

Nós lhe daremos o dinheiro logo que nós pudermos.

O meu tio sabe. onde você / ir

O meu tio sabe onde você irá.

Eu quero saber. quando nós / partir

Eu quero saber quando nós partiremos.

Nós sabemos. onde o professor / estar

Nós sabemos onde o professor estará.

(3) Futuro do subjuntivo depois de pronomes relativos

Agora eu vou mesmo a Recife, haja o que houver.
Podem levar o que quiserem.

Aqueles que vierem serão bem recebidos.
Eu vou ouvir tudo quanto o senhor disser.
Você pode usar aquilo que quiser.
Eu quero ver as que ele trouxer.
Todos os que estiverem aqui vão se divertir.
Seja o que for, eu não quero ouvir.
Quem vier fica conosco.

O futuro do subjuntivo é usado depois dos pronomes relativos para expressar uma situação que pode ou não acontecer no futuro.

Substitua o pronome relativo.

	Aqueles que vierem serão bem recebidos.
quem	Quem vier será bem recebido.
os que	Os que vierem serão bem recebidos.
as que	As que vierem serão bem recebidas.
tudo quanto	Tudo quanto vier será bem recebido.
todos os que	Todos os que vierem serão bem recebidos.

	Vocês podem levar o que quiserem.
tudo quanto	Vocês podem levar tudo quanto quiserem.
as que	Vocês podem levar as que quiserem.
os que	Vocês podem levar os que quiserem.
todos os que	Vocês podem levar todos os que quiserem.

(4) Pretérito do subjuntivo e do indicativo depois de pronomes relativos

Quem quisesse se matricular nessas escolas só poderia fazê-lo depois.

Subjuntivo	Indicativo
Aqueles que viessem seriam bem recebidos.	Aqueles que vieram foram bem recebidos.
Eu ouviria tudo quanto o senhor dissesse.	Eu ouvi tudo quanto o senhor disse.
Você poderia usar aquilo que quisesse.	Você pôde usar aquilo que quis.
Eu gostaria de ver as que ele trouxesse.	Eu gostei de ver as que ele trouxe.
Todos os que estivessem aqui se divertiriam.	Todos os que estiveram aqui se divertiram.
Quem viesse ficaria conosco.	Quem veio ficou conosco.

Usa-se o subjuntivo quando há indicação de irrealidade; neste caso o verbo da oração principal está, geralmente, no futuro do passado. Usa-se o indicativo quando há indicação de um fato real no passado. Neste caso o verbo da oração principal está no pretérito.

Substitua o pronome relativo.

	Aqucles que viessem seriam bem recebidos.
quem	Quem viesse seria bem recebido.
os que	Os que viessem seriam bem recebidos.
a que	A que viesse seria bem recebida.
todos os que	Todos os que viessem seriam bem recebidos.
o que	O que viesse seria bem recebido.

	Vocês podiam levar quem vocês quisessem.
o que	Vocês podiam levar o que vocês quisessem.
aqueles que	Vocês podiam levar aqueles que vocês quisessem.
todos os que	Vocês podiam levar todos os que vocês quisessem.
as que	Vocês podiam levar as que vocês quisessem.

	Eu queria ver as que ele trouxesse.
todos os que	Eu queria ver todos os que ele trouxesse.
aquilo que	Eu queria ver aquilo que ele trouxesse.
tudo quanto	Eu queria ver tudo quanto ele trouxesse.
o que	Eu queria ver o que ele trouxesse.
a que	Eu queria ver a que ele trouxesse.

Transforme as frases seguintes em outras usando as palavras sugeridas e o pretérito do subjuntivo ou do indicativo conforme o caso.

Nós poderíamos estudar. tudo quanto / nós querer
Nós poderíamos estudar tudo quanto nós quiséssemos.

Eles aplaudiram. os que/cantar
Eles aplaudiram os que cantaram.

Eu escrevi. aquilo que / eu querer
Eu escrevi aquilo que eu quis.

Nós receberíamos. todos os que / chegar
Nós receberíamos todos os que chegassem.

Você agradeceria. aquilo que/ ele dar
Você agradeceria aquilo que ele desse.

Helena trouxe. tudo o que / ela levar
Helena trouxe tudo o que ela levou.

Elas levariam. o que / querer
Elas levariam o que quisessem.

A torcida aplaudiria. quem / ganhar
A torcida aplaudiria quem ganhasse.

Nós fizemos. o que / ele pedir
Nós fizemos o que ele pediu.

Vocês convidaram. quem / vocês poder
Vocês convidaram quem vocês puderam.

Para revisão do subjuntivo passe as seguintes frases, primeiro para o presente, depois para o pretérito, precedidas das expressões sugeridas.

Eu faço a lista das compras. é preciso que
É preciso que eu faça a lista das compras.
Era preciso que eu fizesse a lista das compras.

Ele põe tudo no lugar certo. eu quero que
Eu quero que ele ponha tudo no lugar certo.
Eu queria que ele pusesse tudo no lugar certo.

O meu irmão traz os amigos. talvez
Talvez o meu irmão traga os amigos.
Talvez o meu irmão trouxesse os amigos.

Eles nunca chegam tarde. é bom que
É bom que eles nunca cheguem tarde.
Era bom que eles nunca chegassem tarde.

A empregada passa pelo açougue. eu peço que
Eu peço que a empregada passe pelo açougue.
Eu pedia que a empregada passasse pelo açougue.

Nós sempre compramos tudo. é importante que
É importante que nós sempre compremos tudo.
Era importante que nós sempre comprássemos tudo.

Ele é um bom advogado. é provável que	É provável que ele seja um bom advogado.
	Era provável que ele fosse um bom advogado.
Vocês estão em casa cedo. contanto que	Contanto que vocês estejam em casa cedo.
	Contanto que vocês estivessem em casa cedo.

Para revisão do futuro do subjuntivo responda as seguintes perguntas com as expressões sugeridas.

Onde você vai se conseguir uma folga? teatro	Se eu conseguir uma folga, eu vou ao teatro.
O que é que vocês vão trazer quando voltarem? lembranças	Quando nós voltarmos, vamos trazer lembranças.
Por que é que eles podem trazer o que quiserem? vêm de navio	Eles podem trazer o que quiserem porque vêm de navio.
Onde vocês vão assim que puderem? fazenda	Assim que pudermos, nós vamos à fazenda.

O que é que ele comprará logo que tiver dinheiro? carro	Logo que tiver dinheiro, ele comprará um carro.
O que é que você vai ver se for ao Brasil? Brasília	Se eu for ao Brasil, eu vou ver Brasília.
Onde você estará quando nós partirmos? aeroporto	Quando os senhores partirem, eu estarei no aeroporto.
Com quem é que ela vai ficar quando vier? conosco	Quando ela vier, vai ficar conosco.

LEITURA: Uma visita a Recife

O avião se aproxima de Recife e [1]vai aterrissar dentro de pouco tempo. A aeromoça, num vai e vem,[2]faz os últimos preparativos enquanto o piloto, em contacto com a torre do aeroporto, recebe as informações necessárias.

Helena, o cinto atado de acordo com as instruções recebidas,[3]olha pela janela e não consegue reprimir uma exclamação. Voltando-se para a avó, diz:

[4]—Ainda bem que decidimos vir de avião e não de navio, como tínhamos planejado. Não gostaria de perder[5]este magnífico espetáculo da chegada a Recife.

Enquanto falava,[6]procurava reconhecer alguns dos pontos sobre os quais Carlos lhe falara tantas vezes:[7]os recifes de coral ao longo da costa, dos quais vem o nome da cidade; o mar com seu azul brilhante;[8]os rios Beberibe e Capiberibe dividindo a cidade em inúmeras partes; as pontes de variados estilos e tamanhos;

⁹ o intrincado desenho da cidade, tornando-a semelhante a Veneza e justificando, assim, a sua denominação de "Veneza Brasileira".

Absorta na observação da paisagem, Helena surpreendeu-se quando o alto-falante anunciou que estavam sobrevoando o aeroporto de Guararapes, ¹⁰ impressionante pela linha moderna de seus edifícios.

No saguão, decorado por lindo mural de azulejo, estavam os pais de Carlos que tinham vindo esperar Helena e a avó.

A caminho da cidade, passaram pela praia da Boa Viagem, uma das mais famosas do Brasil não só pela beleza natural mas também pelo bom gosto de suas construções. Helena começou logo a mostrar aos futuros sogros o que sabia sobre Pernambuco:

—Se for possível, eu quero ir até à praia do Pina, uma das mais antigas daqui. Lá vamos observar a volta dos pescadores de lagosta, já que a pesca é uma das principais indústrias desta região. Também gostaria muito de visitar Olinda, a antiga capital da província. A parte velha da cidade, com suas ruas estreitas e sua arquitetura colonial, deve oferecer um lindo espetáculo ao visitante.

—Se quiserem ver monumentos antigos, disse Dona Antônia, a mãe de Carlos, terão que visitar a igreja da Sé de Olinda, o mosteiro de São Bento e a ponte Maurício de Nassau. Esta ponte, toda de ferro, foi construída durante a ocupação holandesa no século XVII.

—Ainda há muitos vestígios dessa época? perguntou Helena.

—Há muitas construções deixadas pelos holandeses, que aqui estiveram trinta anos, sob a administração inteligente de Maurício de Nassau. Quando pudermos, veremos alguns lugares históricos perto daqui, concluíu o pai de Carlos.

Assim começou a agradável estadia em Recife. Depois os dias se passaram rapidamente cheios de visitas, passeios e encontros com pessoas amáveis, que sempre recebiam as visitantes com carinho e simpatia.

¹⁹ Helena e a avó viram diversas igrejas da época colonial. Na Igreja de São Pedro, toda revestida de ouro, Helena compreendeu bem a recomendação de Carlos:

²⁰ —As igrejas são rica e lindamente decoradas. Não deixem de visitá-las na primeira oportunidade que tiverem.

Um dos passeios mais interessantes foi o que se fez ao Teatro Santa Isabel, onde grandes artistas nacionais e estrangeiros tinham representado. Lá, Castro Alves, o poeta abolicionista, recitou suas poesias, pintando, de modo brilhante e inflamado, o horror e a crueldade da escravidão.

A visita à Faculdade de Direito foi também feita por recomendação de Carlos, orgulhoso da fama que tem a escola e do fato de ser a mesma a mais antiga do país.

Um dos tópicos comentados em todas as conversas era o folclore, rico, vivo e colorido, com suas festas e danças regionais, como o Reisado, as Cavalhadas, o Bumba Meu Boi, a Chegança, o Maracatu e o Frevo. A cidade é cheia de ²³ tradições, de lendas e de crenças populares que conservam o espírito e os costumes dos primeiros colonizadores portugueses, dos escravos africanos e, em pequena proporção, dos índios. A avó e a neta estavam encantadas com tudo. Nem o problema da seca, que periodicamente atinge todo o Nordeste e que era também assunto repetido, diminuia-lhes o entusiasmo.

—Eu vou dizer a Carlos que, quando nos casarmos, devemos vir morar em Recife, declarou Helena, na véspera da partida.

Perguntas sobre a leitura

1 Quando o avião vai aterrissar?
2 O que é que a aeromoça faz?
3 E Helena, o que é que faz?
4 O que é que ela diz à avó?
5 O que é que ela não gostaria de perder?
6 O que é que ela procurava reconhecer enquanto falava?
7 De que vem o nome da cidade de Recife?
8 Quais são os rios que dividem a cidade em inúmeras partes?
9 Por que Recife é denominada a "Veneza Brasileira"?
10 Por que Helena se supreendeu quando o alto-falante anunciou que estavam sobrevoando o aeroporto de Guararapes?
11 Como é o saguão?
12 Por onde passaram a caminho da cidade?
13 Onde Helena diz que quer ir?
14 Qual é uma das principais indústrias da região?
15 Por que Helena quer visitar Olinda?
16 Quais são os monumentos antigos que as visitantes devem ver?
17 Quem ocupou Pernambuco durante o século XVII?
18 Como as pessoas recebiam Helena e a avó?
19 Como são as igrejas? Como é a Igreja de São Pedro?
20 Qual foi a recomendação de Carlos quanto às igrejas?
21 Quem recitou suas poesias no Teatro Santa Isabel?
22 Qual era um dos tópicos comentados em todas as conversas?
23 De que é cheia a cidade de Recife?
24 Qual era outro assunto muito repetido?
25 O que é que Helena vai dizer a Carlos?

Vocabulário introduzido na leitura

abolicionista n aj m/f 'abolitionist'
absorto -a aj 'absorbed'
administração -ões n f 'administration'

aeromoço -a n 'steward, stewardess'
africano -a aj 'African'
agradável -eis aj m/f 'pleasant'

ao longo avl 'along'
aproximar-se v 'approach,
    draw near to'
arquitetura n 'architecture'
atar v 'tie, fasten'
aterrissar v 'land'
atingir v 'reach, come to'
azulejo n 'glazed tile'
carinho n 'affection, warmth'
cinto n 'belt, seat belt'
colonial -ais aj m/f 'colonial'
colonizador -es n m 'colonizer'
colorir v 'color'
concluir v 'conclude, settle, finish'
coral n m 'coral'
costume n m 'custom, habit'
crença n 'belief'
crueldade n f 'cruelty'
declarar v 'declare'
denominação -ões n f 'name,
    designation'
diminuir v 'lessen'
dividir v 'divide'
entusiasmo n 'enthusiasm'
escravidão -ões n f 'slavery'
escravo -a n 'slave'
espetáculo n 'show, sight'
estilo n 'style'
exclamação -ões n f 'exclamation'
ferro n 'iron'
folclore n m 'folklore'
holandês -esa -eses n aj 'Dutch'
impressionante aj 'impressive'
índio -a n 'Indian'
inflamar v 'inflame, blaze'
instrução -ões n f 'instruction'
intrincado -a aj 'intricate,
    complex'
inúmeros -as aj 'innumerable'
justificar v 'justify'

lagosta n 'lobster'
lenda n 'legend'
lindamente av 'beautifully'
magnífico -a aj 'magnificent'
mar -es n m 'sea'
monumento n 'monument'
mosteiro n 'monastery'
mural -ais n m 'mural'
observação -ões n f 'observation'
ocupação -ões n f 'occupation'
orgulhoso -a aj 'proud'
paisagem n f 'view, scenery'
periodicamente av 'periodically'
pesca n 'fishing'
pescador -es n m 'fisherman'
piloto n 'pilot'
ponte n f 'bridge'
problema n m 'problem'
proporção -ões n f 'proportion'
recife n m 'reef'
recitar v 'recite'
recomendação -ões n f
    'recommendation'
reconhecer v 'recognize'
região -ões n f 'region'
regional -ais aj m/f 'regional'
reprimir v 'suppress'
revestir v 'coat, cover'
rio n 'river'
saguão -ões n m 'lobby'
século n 'century'
semelhante aj m/f 'similar, like'
simpatia n 'warmth'
sobrevoar v 'fly over'
surpreender-se v 'be surprised'
tópico n 'topic'
tradição -ões n f 'tradition'
véspera n 'eve, day before'
vestígio n 'trace'
visitante n m/f 'visitor'

36

Na barbearia

Barbeiro e Rui

B: Tenham paciência. Não se aborreçam. Eu atendo a todos. É a sua vez, Senhor Rui.
R: Cuidado, não corte o cabelo curto demais.
B: Não se preocupe. Eu vou prestar atenção.
R: Por favor, ponha bastante sabão antes de fazer a barba, para não me irritar a pele.
B: Pois não. Compreenda, Senhor Rui, eu tenho prazer em servir bem os fregueses.
R: Saiba que eu aprecio isso. E é por esta razão que eu venho sempre aqui para cortar o cabelo e fazer a barba.
B: Por favor, escolha a loção.
R: Use qualquer uma. Não nos preocupemos com isto.

In the barber shop

B: Be patient. Don't get annoyed. I take care of everybody. It's your turn, Senhor Rui.
R: Careful, don't cut my hair too short.
B: Don't worry, I'll pay attention.
R: Please put on plenty of soap before you shave me, so you don't irritate my skin.
B: Yes, sir. You know, Senhor Rui, that I enjoy taking good care of my customers.
R: You can be sure I appreciate that. That's why I always come here for a shave and haircut.
B: Please, choose a lotion.
R: Use any one of them. Let's not worry about that.

ORTOGRAFIA

Símbolos *s, z, ss, ç, x*

s representa o som /s/ no início de palavra e no meio de palavra depois de consoante; o som /z/ intervocálico; os sons /s/ ou /ŝ/, /z/ ou /ẑ/ no fim de sílaba.

s = /s/	*s* = /z/	*s* = /s/,/ŝ/,/z/,/ẑ/
sentar	casa	vestibular
santo	rosa	estes clubes
sumir	uso	desde
cansar	visitas	país
arsenal	Brasil	os dias

z representa o som /z/ no início de sílaba; os sons /s/ ou /ŝ/, /z/ ou /ẑ/ no fim de sílaba.

z = /z/		*z* = /s/,/ŝ/,/z/,/ẑ/
zero	quinze	vez
zinco	onze	fiz tudo
zona	azar	faz compras
zombar	fazem	traz logo
zangar	cozinha	diz bem
zelar	doze	faz qualquer coisa

ss representa o som /s/ intervocálico.

isso	passeio	desse
assunto	disse	pressa

ç representa o som /s/ intervocálico, antes de *a, o, u*.

praça	maçã	preço
refeição	começou	açúcar

x representa o som /ŝ/ no início de sílaba; o som /ks/ no fim de palavra e intervocálico; os sons /s/ ou /ŝ/, no fim de sílaba, no meio de palavra; os sons /s/ e /z/, intervocálicos.

$x = /\hat{s}/$	$x = /ks/$	$x = /s/, /\hat{s}/$	$x = /s/$	$x = /z/$
xícara	córtex	externo	trouxe	êxito
xeque	duplex	sexta	próximo	exame
enxoval	clímax	contexto	auxílio	exemplo
enxada	táxi	êxtase	máximo	exato
baixo	anexo	extensão	aproximar	exibir
caixa	fixo	expirar	proximidade	exilar
bruxa	flexão	explicar	trouxera	existente

ESTRUTURA E EXERCÍCIOS

(1) Imperativo

Por favor, escolha a loção.
Use qualquer uma.
Por favor, ponha bastante sabão antes de fazer a barba.
Saiba que eu aprecio isso.
Tenham paciência.

---

falar, comer, partir, saber, ter, pôr

fal-e		fal-emos		fal-em	
com-		com-		com-	
part-		part-		part-	
saib-	-a	saib-	-amos	saib-	-am
tenh-		tenh-		tenh-	
ponh-		ponh-		ponh-	

O imperativo tem as mesmas formas que o presente do subjuntivo mas os pronomes são omitidos. É freqüentemente acompanhado da expressão *por favor*.

Em situações muito informais outra forma ocorre no singular e é a mesma usada para o presente do indicativo. Exemplos: *Fala alto para que eu ouça. Escolhe o que você quiser. Abre a porta, menino.*

Note que a construção *Você quer fechar a porta, por favor?* estudada anteriormente substitui com freqüência o imperativo.

Passe as seguintes frases para o imperativo, precedidas de *por favor.*

Você escolhe a loção.
Você corta o cabelo bem curto.
Vocês prestam atenção.
Nós temos paciência.

Por favor, escolha a loção.
Por favor, corte o cabelo bem curto.
Por favor, prestem atenção.
Por favor, tenhamos paciência.

Você abre a casa de manhã cedo.	Por favor, abra a casa de manhã cedo.
Vocês comem devagar.	Por favor, comam devagar.
Nós tomamos qualquer ônibus.	Por favor, tomemos qualquer ônibus.
Você atende a todos.	Por favor, atenda a todos.
Nós ouvimos o professor.	Por favor, ouçamos o professor.
Você vem sempre aqui para cortar o cabelo.	Por favor, venha sempre aqui para cortar o cabelo.
Nós esperamos a nossa vez com paciência.	Por favor, esperemos a nossa vez com paciência.
Nós somos bons amigos.	Por favor, sejamos bons amigos.

Responda as seguintes perguntas escolhendo a primeira alternativa e usando o imperativo.

Eu sirvo os fregueses ou converso com você?	Sirva os fregueses.
Nós vamos à fazenda ou ficamos aqui?	Vão à fazenda.
Eu ponho o chapéu novo ou vou ao cabeleireiro?	Ponha o chapéu novo.
Eu e você partimos hoje ou esperamos até amanhã?	Partamos hoje.
Eu presto atenção à conversa ou escrevo a carta?	Preste atenção à conversa.
Nós abrimos a sala ou esperamos o porteiro?	Abram a sala.
Eu falo com você ou espero a resposta?	Fale comigo.
Nós atendemos os fregueses ou varremos a casa?	Atendam os fregueses.
Eu e você voltamos para casa ou vamos ao cinema?	Voltemos para casa.
Nós resolvemos agora ou discutimos isto depois?	Resolvam agora.

(2) Imperativo na forma negativa

Não se aborreçam.
Cuidado, não corte o cabelo curto demais.
Não se preocupe.
Não nos preocupemos com isto.

| não + verbo no imperativo |

Passe as seguintes frases para a forma negativa.

Por favor, corte o cabelo muito curto.	Por favor, não corte o cabelo muito curto.
Por favor, deixem os livros na mesa.	Por favor, não deixem os livros na mesa.
Por favor, escrevamos nesse caderno.	Por favor, não escrevamos nesse caderno.
Por favor, abra a janela.	Por favor, não abra a janela.
Por favor, olhem as vitrines.	Por favor, não olhem as vitrines.
Por favor, ponha tudo aqui.	Por favor, não ponha tudo aqui.
Por favor, escreva logo a carta.	Por favor, não escreva logo a carta.
Por favor, procuremos o diretor.	Por favor, não procuremos o diretor.
Por favor, venham amanhã.	Por favor, não venham amanhã.
Por favor, vá de avião.	Por favor, não vá de avião.

(3) Palavras cognatas

Tenham paciência.
Eu vou prestar atenção.
Por favor, escolha a loção.
Se conseguíssemos dois, seria o ideal.

Português	Inglês	Português	Inglês
decorador	decorator	singular	singular
regulador	regulator	irregular	irregular
senador	senator	regular	regular
operador	operator	familiar	familiar
narrador	narrator	retangular	rectangular
ilustrador	illustrator	linear	linear
radiador	radiator	popular	popular
ideal	ideal	dicionário	dictionary
acidental	accidental	vocabulário	vocabulary
social	social	secundário	secondary
ilegal	illegal	necessário	necessary
animal	animal	preparatório	preparatory
especial	especial	dormitório	dormitory
original	original	cemitério	cemetery
real	real		
superficial	superficial	provável	probable
		favorável	favorable
independência	independence	possível	possible
consciência	conscience	solúvel	soluble
ciência	science	agradável	agreeable
inteligência	intelligence	terrível	terrible
paciência	patience	variável	variable
importância	importance		
influência	influence	direção	direction
referência	reference	população	population
preferência	preference	função	function
		atenção	attention
constante	constant	nação	nation
importante	important	ação	action
ignorante	ignorant	situação	situation
dependente	dependent	região	region
inteligente	intelligent	religião	religion
significante	significant	visão	vision
		reflexão	reflection
		condição	condition

Português	Inglês	Português	Inglês
biologia	biology	universidade	university
harmonia	harmony	liberdade	liberty
democracia	democracy	cidade	city
diplomacia	diplomacy	sociedade	society
aristocracia	aristocracy	realidade	reality
metodologia	methodology	caridade	charity
teologia	theology	capacidade	capacity
		facilidade	facility
firmamento	firmament	dificuldade	difficulty
parlamento	parliament		
regimento	regiment	problema	problem
condimento	condiment	reforma	reform
temperamento	temperament	vítima	victim
sentimento	sentiment	programa	program
complemento	complement	forma	form
		alarme	alarm
racismo	racism		
turismo	tourism	famoso	famous
socialismo	socialism	precioso	precious
nacionalismo	nationalism	religioso	religious
comunismo	communism	delicioso	delicious
catolicismo	catholicism	espaçoso	spacious
imperialismo	imperialism	maravilhoso	marvellous
		nervoso	nervous
nativo	native	corajoso	courageous
executivo	executive	virtuoso	virtuous
ativo	active		
cativo	captive		
definitivo	definitive		

Estas palavras, embora com pronúncia diferente, têm a sua representação escrita semelhante nas duas línguas, assim como os seus significados.

Use as seguintes expressões em português.

This is a favorable situation. Esta é uma situação favorável.
This is a famous dictionary. Este é um dicionário famoso.
This is a political reform. Esta é uma reforma política.
This is an important condition. Esta é uma condição importante.

This is a special dormitory.	Este é um dormitório especial.
This is a secondary problem.	Este é um problema secundário.
The senator needs references.	O senador precisa referências.
The public needs attention.	O público precisa atenção.
A society needs an ideal.	Uma sociedade precisa um ideal.
A family needs harmony.	Uma família precisa harmonia.
A university needs vision.	Uma universidade precisa visão.
A nation needs liberty.	Uma nação precisa liberdade.
There are no problems in this city.	Não há problemas nesta cidade.
There are no problems in this regiment.	Não há problemas neste regimento.
There are no animals in this region.	Nao há animais nesta região.
There is no diplomacy in his actions.	Não há diplomacia em suas ações.

(4) Cognatos com significados diferentes.

Eu atendo a todos.
Hoje eu não visito fábrica nenhuma.

Português		Inglês	
atual	'present'	actual	'real'
atualmente	'currently, nowadays'	actually	'realmente'
apontar	'point'	appoint	'nomear'
atender	'take care, answer'	attend	'freqüentar, assistir'
colégio	'high school'	college	'escola superior'
desgosto	'distress, grief'	disgust	'aversao, nojo'
êxito	'success'	exit	'saída'
esquisito	'odd'	exquisite	'muito fino, excelente'
fábrica	'factory'	fabric	'tecido'
pretender	'intend, plan'	pretend	'fingir'
leitura	'reading'	lecture	'conferência'
parentes	'relatives'	parents	'pais'
prejuízo	'damage, loss'	prejudice	'preconceito'
realizar	'accomplish'	realize	'perceber'
escolar	'related to school'	scholar	'intelectual, erudito'
simpático	'nice'	sympathetic	'compreensivo'
decepção	'disappointment'	deception	'engano, fraude'

Observe as formas das palavras em português e em inglês e note os significados.

Use as seguintes construções em português.

I went to the factory.   Eu fui à fábrica.
I bought an expensive fabric.   Eu comprei uma fazenda cara.
I went to the factory to buy an expensive fabric.   Eu fui à fábrica comprar uma fazenda cara.

She accomplished a great deal.   Ela realizou muito.
She didn't realize it.   Ela não o percebeu.
She accomplished a great deal but she didn't realize it.   Ela realizou muito mas não o percebeu.

Some scholars are here.
They are interested in school
  problems.
Some scholars here are interested in
  school problems.

Alguns intelectuais estão aqui.
Eles estão interessados em problemas
  escolares.
Alguns intelectuais aqui estão
  interessados em problemas
  escolares.

Her parents came here.
They are visiting their relatives.
Her parents are here to visit their
  relatives.

Os pais dela vieram aqui.
Eles estão visitando os parentes.
Os pais dela estão aqui para visitar os
  parentes.

This reading is important.
He will understand the lecture.
This reading is important for him to
  understand the lecture.

Esta leitura é importante.
Ele compreenderá a conferência.
Esta leitura é importante para ele
  compreender a conferência.

She doesn't realize it.
He accomplishes nothing.
She doesn't realize that he
  accomplishes nothing.

Ela não o percebe.
Ele nada realiza.
Ela não percebe que ele nada
  realiza.

The director did not answer the
  phone.
He had to attend a lecture.

The director did not answer the
  phone because he had to attend
  a lecture.

O diretor não atendeu o telefone.

Ele tinha que assistir uma
  conferência.
O diretor não atendeu o telefone
  porque ele tinha que assistir uma
  conferência.

He pretends to be interested.
He intends to leave.
He pretends to be interested but he
  intends to leave.

Ele finge estar interessado.
Ele pretende ir embora.
Ele finge estar interessado mas ele
  pretende ir embora.

(5) A construção tipo *fazer a barba, cortar o cabelo, fazer as unhas*, etc.

Eu venho sempre aqui para cortar o cabelo e fazer a barba.

---

(1)
Ele foi ao barbeiro cortar o cabelo.
Amanhã eu vou ao salão de beleza fazer as unhas.
O Rui só faz a barba naquele salão.
A Helena vai ao cabeleireiro pentear o cabelo.
Ela sempre lava a cabeça no cabeleireiro.
O menino foi ao dentista arrancar um dente.
Ele tratou dos dentes com este dentista.

---

(2)
Ele vai ao alfaiate para fazer um terno.
Ele vai ao alfaiate para mandar fazer um terno.
O Pedro fez um terno novo para a festa.
O Pedro mandou fazer um terno novo para a festa.
A Helena fez um vestido para a viagem.
A Helena mandou fazer um vestido para a viagem.

Estas construções se aproximam das construções em inglês *to have his hair cut, to have my nails done*, etc, (1); quando há a idéia de encomendar 'to order', dois tipos de construção podem ocorrer com a mesma significação (2).

Responda as seguintes perguntas de acordo com o modelo sugerido pela primeira resposta.

O Paulo foi ao barbeiro? fazer a barba — Foi sim, ele foi fazer a barba.

A Helena foi ao salão de beleza? fazer as unhas. — Foi sim, ela foi fazer as unhas.

O Betinho vai ao dentista? arrancar um dente. — Vai sim, ele vai arrancar um dente.

Você foi ao médico? fazer um exame — Fui sim, eu fui fazer um exame.

O vovô vai ao alfaiate? fazer um terno. — Vai sim, ele vai fazer um terno.

Ele foi ao barbeiro? cortar o cabelo. — Foi sim, ele foi cortar o cabelo.

Vocês vão ao cabeleireiro? pentear o cabelo — Vamos sim, nós vamos pentear o cabelo.

Você vai ao dentista? tratar dos dentes — Vou sim, eu vou tratar dos dentes.

Faça perguntas para as seguintes respostas usando *onde*.

Eu faço os meus ternos naquela alfaiataria.	Onde você faz os seus ternos?
Ela penteia o cabelo naquele cabeleireiro.	Onde ela penteia o cabelo?
Eu lavo a cabeça no cabeleireiro.	Onde você lava a cabeça?
Ela faz as unhas no salão de beleza.	Onde ela faz as unhas?
Ele faz a barba no barbeiro.	Onde ele faz a barba?
Ela fez os vestidos numa boa costureira.	Onde ela fez os vestidos?
O Rui corta o cabelo nesta barbearia.	Onde o Rui corta o cabelo?
Nós vamos ao dentista tratar dos dentes.	Onde vocês vão tratar dos dentes?

Para revisão do presente do subjuntivo, transforme as duas frases em uma, usando as conjunções sugeridas.

Eu falo alto. Ele me ouve. para que	Eu falo alto para que ele me ouça.
O barbeiro atende os fregueses. É tarde. ainda que	O barbeiro atende os fregueses ainda que seja tarde.
Eles esperam. O professor termina tudo. até que	Eles esperam até que o professor termine tudo.
Eu não me aborreço. Você nos atende. desde que	Eu não me aborreço desde que você nos atenda.
Ele não dança. Você dança também. a menos que	Ele não dança a menos que você dance também.
Ela não pode sair. As crianças sabem. sem que	Ela não pode sair sem que as crianças saibam.
Nós voltamos. Ela não quer. embora	Nós voltamos embora ela não queira.
Eu sempre saio. Ele chega. antes que	Eu sempre saio antes que ele chegue.
Nós vamos conseguir isto. É difícil. mesmo que	Nós vamos conseguir isto mesmo que seja difícil.
Vamos fazer tudo. Ela fica satisfeita. de modo que	Vamos fazer tudo de modo que ela fique satisfeita.

Ele não diz nada. Você pede.
   nem que
O Carlos vai à fazenda. A Helena
   também vai. contanto que

Ele não diz nada nem que você
   peça.
O Carlos vai à fazenda contanto que
   a Helena também vá.

Para revisão do pretérito do subjuntivo, responda as seguintes perguntas na forma afirmativa usando as expressões sugeridas.

Você iria mesmo à Europa?
   contanto que / eu ter
   dinheiro

Iria sim, contanto que eu tivesse
   dinheiro.

Os médicos viviam sobre-
   carregados? ainda que / eles
   não querer

Viviam sim, ainda que eles não
   quisessem.

Você teria dinheiro para viajar?
   desde que / eu ter um bom
   emprego

Teria sim, desde que eu tivesse um
   bom emprego.

Eles ficariam contentes? caso / você
   os escolher

Ficariam sim, caso você os
   escolhesse.

Ele faria o trabalho? a não ser que /
   ele ficar doente

Faria sim, a não ser que ele ficasse
   doente.

Você iria à ópera? ainda que / eu
   não gostar

Iria sim, ainda que eu não gostasse.

Eles sairiam? contanto que / você
   sair também

Sairiam sim, contanto que você
   saísse também.

Ela iria à fazenda? para que / ela
   poder descansar

Iria sim, para que ela pudesse
   descansar.

Você diria tudo? embora / ele
   não querer

Diria sim, embora ele não quisesse.

Ela pegaria o emprego? quando /
   ela conseguir

Pegaria sim, quando ela conseguisse.

Nós ficaríamos contentes? mesmo
   que / ele chegar tarde

Ficaríamos sim, mesmo que ele
   chegasse tarde.

Eles dariam um bom ordenado? a
   não ser que / eles não poder

Dariam sim, a não ser que eles não
   pudessem.

LEITURA: No salão do barbeiro

Hoje, assim que terminaram as aulas, Rui saiu apressado porque precisava cortar o cabelo.

Chegou à barbearia mas não conseguiu ser atendido logo. Teve que esperar algum tempo até que um dos barbeiros, o Gino, acabasse de atender um freguês.

Quando chegou a sua vez, Rui sentou-se na cadeira e Gino foi logo perguntando:

—O senhor quer cortar o cabelo e fazer a barba?

—Justamente. Por favor, faça a barba muito bem, porque tenho que ir a uma festa. Mas não se demore muito porque estou com pressa.

—Pois não, disse Gino, colocando em Rui o avental para que não lhe caísse cabelo na roupa. Pegou então a tesoura e perguntou:

—Como quer o corte?

—Corte como sempre, não muito curto.

E a conversa continuou animada da parte do barbeiro e com monossílabos de Rui. O assunto era o mais variado possível, indo desde o último incidente com um dos fregueses até grandes divagações sobre política interna e internacional. Sobre tudo Gino opinava e comentava.

Terminado o corte do cabelo, Gino tirou o avental de Rui, sacudiu o cabelo caído e começou a preparar tudo para fazer-lhe a barba. Pôs-lhe uma toalha em volta do pescoço e, com um pincel, passou-lhe sabão no rosto. Pegou, então, a navalha, amolou-a e começou a trabalhar.

—O senhor faz a barba com barbeador elétrico em casa? perguntou-lhe Gino.

—Não, ainda não consegui acostumar-me a ele. Uso sempre o aparelho de gilete.

Depois de feita a barba, Gino embebeu uma toalha em água quente, passou-a no rosto de Rui e, em seguida, usou a sua loção preferida.

—Pronto, Senhor Rui. Não demorou nada.

Saindo da barbearia, Rui entrou no edifício ao lado onde Zeca, o engraxate, recebia os fregueses sempre com um sorriso amável. Mal Rui se sentou e mesmo antes de iniciar o trabalho, Zeca, como de costume, entregou-se ao seu assunto preferido, o futebol. Passando graxa e lustrando os sapatos, ele ia fazendo comentários sobre o seu clube e seus ídolos esportivos.

Rui, preocupado com os exames que estavam próximos, mal ouvia a tagarelice do outro. Absorvido em seus pensamentos, só voltou à realidade quando Zeca disse pela segunda vez:

—O senhor está satisfeito?

—Estou sim, Zeca. Muito obrigado. Fique com o troco, concluiu, entregando-lhe uma nota.

Perguntas sobre a leitura

1 Por que é que Rui hoje saiu apressado?
2 O que aconteceu quando chegou à barbearia?
3 O que é que Gino foi logo perguntando quando Rui se sentou na cadeira?
4 Por que Rui quer que Gino lhe faça a barba muito bem?
5 Por que Gino colocou um avental em Rui?
6 Como Rui queria o corte?
7 Como continuou a conversa?
8 Qual era o assunto da conversa?
9 O que fez Gino quando acabou da cortar o cabelo?
10 O que é que ele pôs em volta do pescoço de Rui?
11 O que é que ele fez com a navalha?
12 Com o que é que Rui faz a barba em casa?
13 O que aconteceu depois de feita a barba?
14 Onde Rui entrou depois de sair da barbearia?
15 Quem é Zeca?
16 Qual é o assunto preferido de Zeca?
17 O que é que Zeca fazia enquanto passava graxa e lustrava os sapatos?
18 Por que Rui mal ouvia a tagarelice de Zeca?
19 Quando Rui voltou à realidade?
20 O que Rui disse, entregando uma nota ao engraxate?

Vocabulário introduzido na leitura

absorver v 'absorb'
amolar v 'sharpen, hone'
aparelho de gilete 'safety razor'
avental -ais n m 'protective covering used in a barber shop, apron'
barbeador -es n m 'shaver'
barbeiro n 'barber'
como de costume 'as usual'
corte n m 'hair cut'
demorar v 'delay'
divagação -ões n f 'rambling'
elétrico -a aj 'electric'
em volta p 'around'
graxa n 'shoe polish, grease'
ídolo n 'idol'
incidente n m 'incident, happening'

internacional -ais aj m/f 'international'
interno -a aj 'internal'
justamente av 'exactly'
lustrar v 'shine'
mal av 'hardly'
monossílabo n 'monosyllable'
navalha n 'switch-blade knife, razor'
opinar v 'voice an opinion'
pensamento n 'thought'
pincel n m 'brush'
sacudir v 'shake'
tagarelice n f 'babbling'
tesoura n 'scissors'
tirar v 'remove'
toalha n 'towel'
troco n 'change' (money)

37

Uma viagem ao Sul

Margaret e Paulo

M: Eu gostei imensamente de nossa viagem ao Sul. Principalmente por termos conhecido cidades tão interessantes como Curitiba, Blumenau e Porto Alegre.
P: Vocês viram os gaúchos fazerem churrasco?
M: Não só vimos fazer como fizemos também. E gostamos de ver os camponeses de Santa Catarina celebrarem a festa da uva,
P: E o Paraná? Que tal você achou?
M: A paisagem é linda. O clima é agradável. E Curitiba parece estar sempre sorrindo para os visitantes. É chamada, com razão, a cidade-sorriso.
P: Vocês pretendem voltar ao Sul?
M: Quem me dera! Eles pediram muito para nós voltarmos mas eu não sei quando isto vai ser possível.

A trip south

M: I really enjoyed our trip to the South. Especially because we saw such interesting places as Curitiba, Blumenau and Porto Alegre.
P: Did you watch the "gaúchos" making barbecue?
M: We saw them and then we made it ourselves. And we enjoyed seeing the people from Santa Catarina celebrating the grape festival.
P: And Paraná? What do you think of it?
M: The countryside is beautiful and the climate is wonderful. Curitiba always seems to be smiling for its visitors. No wonder they call it the "smiling city."
P: Are you planning to go back?
M: If only I could! They kept asking us to come back but I don't know when it will be possible.

ORTOGRAFIA

Símbolos *lh, nh, h, (⁻), rr, r, l, m, n, t, d*

lh representa o som /ʎ/.

velho	melhor	olhar
telha	julho	folhas
milho	galho	mulher
malha	olhos	trabalho

nh representa o som /ñ/.

linha	dinheiro	ninho
cozinha	tenho	junho
minha	cunhado	senhor

h não representa nenhum som. É apenas um vestígio do latim.

hora	higiene	humildade
humano	hábito	história
homem	habilidade	hóspede

(⁻) representa nasalização de vogal ou ditongo.

não	irmã	mãe
são	romã	põe
pão	Tupã	leões

rr representa o som /r̂/ intervocálico.

carro	barraca	arrumar
erro	terra	correto
ferro	corra	irritar

r intervocálico e em grupos consonantais representa o som /r/; em outras posições representa o som /r̂/.

r = /r/		*r* = /r̂/	
caro	branco	terno	lugar
quero	ingrato	tarde	pintor
agora	contra	aberto	rosa
era	sempre	senhor	rico

l no fim de sílaba representa uma modalidade posterior de /l/ ou o som /u/; em outras posições representa o som /l/.

l = /l/ posterior ou /u/		*l* = /l/	
talvez	capital	tela	globo
selva	fácil	lado	templo
sultão	cônsul	livro	flor

m, n no fim de sílaba representam nasalização; em outras posições representam os sons /m/ e /n/.

m, n = nasalização		*m,n* = /m/, /n/	
comum	sons	mãe	nosso
compra	canto	moderno	caneta
lembra	sinta	amarelo	bonito

t antes de /i/ representa os sons [ĉ] ou /t/; em outras posições representa o som /t/.

t = /t/, [ĉ]		*t* = /t/	
tia	noite	outubro	estou
sente	tinteiro	estado	até
partida	tiram	entrar	Atlântico

d antes de /i/ representa os sons [j] ou /d/; em outras posições representa o som /d/.

d = /d/, [j̃]		*d* = /d/	
dia	difícil	dar	quadro
tarde	dinheiro	doutor	drama
diário	direito	dever	cansada

ESTRUTURA E EXERCÍCIOS

(1) Infinito pessoal

Principalmente por termos conhecido cidades tão interessantes.
Vocês viram os gaúchos fazerem churrasco?
E gostamos de ver os camponeses de Santa Catarina celebrarem a festa da uva.
Eles pediram muito para nós voltarmos.
Paulo levou os amigos para verem uma escola.
Seria preciso que vocês fossem milionários para irem à Europa todo o ano.

Infinito impessoal		
Falar, comer, partir, pôr, ser		
Infinito pessoal		
falar	falar-	
comer	comer-	
partir	partir-	-mos
pôr	por-	
ser	ser-	
falar	falar-	
comer	comer-	
partir	partir-	-em
pôr	por-	
ser	ser-	

O infinito pessoal forma-se acrescentando-se ao infinito impessoal as terminações *-mos, -em,* respetivamente na primeira e terceira pessoas do plural. No singular o infinito pessoal conserva a mesma forma do infinito impessoal. Nos verbos regulares o infinito pessoal tem as mesmas formas do futuro do subjuntivo.

Substitua o sujeito do infinito pessoal.

	Eles pediram para nós voltarmos.
vocês	Eles pediram para vocês voltarem.
você	Eles pediram para você voltar.
eu	Eles pediram para eu voltar.
os camponeses	Eles pediram para os camponeses voltarem.
eu e você	Eles pediram para eu e você voltarmos.
o Paulo	Eles pediram para o Paulo voltar.
os visitantes	Eles pediram para os visitantes voltarem.
a senhora	Eles pediram para a senhora voltar.

	Vocês viram os gaúchos fazerem churrasco.
os americanos	Vocês viram os americanos fazerem churrasco.
a cozinheira	Vocês viram a cozinheira fazer churrasco.
os camponeses	Vocês viram os camponeses fazerem churrasco.
estas moças	Vocês viram estas moças fazerem churrasco.

a gente do Rio Grande	Vocês viram a gente do Rio Grande fazer churrasco.
alguém	Vocês viram alguém fazer churrasco.

	Nós vimos os camponeses celebrarem a festa da uva.
vocês	Nós vimos vocês celebrarem a festa da uva.
a gente de Santa Catarina	Nós vimos a gente de Santa Catarina celebrar a festa da uva.
os gaúchos	Nós vimos os gaúchos celebrarem a festa da uva.
você	Nós vimos você celebrar a festa da uva.
as moças do Rio Grande	Nós vimos as moças do Rio Grande celebrarem a festa da uva.
os visitantes	Nós vimos os visitantes celebrarem a festa da uva.

	Paulo levou os amigos para verem uma escola.
a Ana Maria	Paulo levou a Ana Maria para ver uma escola.
os professores estrangeiros	Paulo levou os professores estrangeiros para verem uma escola.
a visitante gaúcha	Paulo levou a visitante gaúcha para ver uma escola.
as senhoras	Paulo levou as senhoras para verem uma escola.
vocês	Paulo levou vocês para verem uma escola.
você	Paulo levou você para ver uma escola.

	Ela pediu para nós pormos tudo no lugar.
vocês	Ela pediu para vocês porem tudo no lugar.
o Betinho	Ela pediu para o Betinho pôr tudo no lugar.
você	Ela pediu para você pôr tudo no lugar.
eu e o Carlos	Ela pediu para eu e o Carlos pormos tudo no lugar.
eu	Ela pediu para eu pôr tudo no lugar.
os empregados	Ela pediu para os empregados porem tudo no lugar.
eu e você	Ela pediu para eu e você pormos tudo no lugar.
os hóspedes	Ela pediu para os hóspedes porem tudo no lugar.

Substitua *se* por *para* e passe as seguintes frases para o infinito pessoal.

Nós vamos entrar se eles puderem sair.	Nós vamos entrar para eles poderem sair.
Isto será bom se eu conseguir uma folga.	Isto será bom para eu conseguir uma folga.
Nós trabalhamos se vocês nos levarem.	Nós trabalhamos para vocês nos levarem.

Eu saio se ela disser tudo.

Vocês vão à piscina se aprenderem a nadar.

Ele vai se os pais tiverem dinheiro.

Você vai ao cais se eles forem.

Eu fico se eles partirem para Recife.

Ela vem aqui se nós fizermos churrasco.

Ela só concorda se nós formos amigos.

Eu saio para ela dizer tudo.

Vocês vão à piscina para aprenderem a nadar.

Ele vai para os pais terem dinheiro.

Você vai ao cais para eles irem.

Eu fico para eles partirem para Recife.

Ela vem aqui para nós fazermos churrasco.

Ela só concorda para nós sermos amigos.

(2) Usos do infinito pessoal e impessoal

Eles pediram para nós voltarmos.
Vocês pretendem voltar ao Sul?

Infinito pessoal	Infinito impessoal
(1) Nós vimos os camponeses celebrarem a festa da uva. Vocês viram os gaúchos fazerem churrasco. Nós pedimos para eles ficarem. Eu ouvi os meninos cantarem. Ela fez tudo para nós estudarmos. A mãe mandou os filhos comprarem alguma coisa.	(2) Os camponeses foram celebrar a festa da uva. Vocês vieram fazer churrasco. Eles tinham que ficar.
	(3) Eu os ouvi cantar. Ela nos fez estudar. A mãe os mandou comprar alguma coisa.
(4) Depois de nós descansarmos, continuaremos a viagem.	
(5) Depois de descansarmos, nós continuaremos a viagem. Os professores foram despedidos por exigirem muito. Nós trouxemos uns amigos para jantarem na Colombo. Os professores estavam autorizados 'authorized' a exigirem muito.	(6) Depois de descansar, nós continuaremos a viagem. Os professores foram despedidos por exigir muito. Nós trouxemos uns amigos para jantar na Colombo. Os professores estavam autorizados a exigir muito.

O infinito pessoal indica a ação e a pessoa mas não o tempo da ação.
O infinito pessoal ocorre quando o sujeito do infinito não é o mesmo que o da oração principal (1).
O infinito impessoal ocorre quando o infinito e outro verbo constituem uma locução verbal (2) e quando o sujeito do infinito é um pronome oblíquo (3).
O infinito pessoal ocorre quando o sujeito do infinito é o mesmo da oração principal, mas vem expresso claramente antes do infinito (4).
O infinito pessoal ou impessoal ocorrem quando o sujeito não está expresso antes do infinito e este vem precedido de preposição (5, 6). Neste caso, é mais freqüente o uso do infinito pessoal.

Responda as seguintes perguntas, escolhendo a primeira alternativa.

Eles pediram para vocês voltarem
ou para ficarem aqui?

Eles pediram para nós voltarmos.

Elas saíram antes dos atores come-
çarem ou antes de terminarem?

Elas saíram antes dos atores come-
çarem.

Nós vamos depois dos alunos
fazerem o exame ou depois de
se matricularem?

Nós vamos depois dos alunos fazerem
o exame.

Você foi lá para eles comprarem ou
para verem alguma coisa?

Eu fui lá para eles comprarem alguma
coisa.

Ela pediu para vocês irem para casa
ou para fazerem compras?

Ela pediu para nós irmos para casa.

Você entrou sem os professores verem
ou depois deles convidarem?

Eu entrei sem os professores verem.

Elas partiram sem você saber ou sem
você querer?

Elas partiram sem eu saber.

A professora pediu para os alunos
falarem ou para ficarem calados?

A professora pediu para os alunos
falarem.

Transforme as seguintes frases em outras usando o segundo verbo no infinito pessoal precedido do pronome sugerido.

Eu pedi para voltar. eles

Eu pedi para eles voltarem.

Ele vem depois de fazer churrasco.
nós

Ele vem depois de nós fazermos
churrasco.

Eles pediram para ficar. vocês

Eles pediram para vocês ficarem.

Ela foi à festa depois de jantar. vocês

Ela foi à festa depois de vocês
jantarem.

Nós contamos histórias sem rir. eles	Nós contamos histórias sem eles rirem.
Eles entraram sem dizer nada. eu	Eles entraram sem eu dizer nada.
Eu trouxe tudo depois de pagar. eles	Eu trouxe tudo depois deles pagarem.
Eu vou passear só depois de estudar. nós	Eu vou passear só depois de nós estudarmos.

Transforme as duas frases em uma usando o segundo verbo no infinito pessoal precedido das preposições sugeridas.

Os professores foram despedidos. Exigiam muito. por	Os professores foram despedidos por exigirem muito.
As empregadas não são boas. Trabalham muito. apesar de	As empregadas não são boas apesar de trabalharem muito.
Os trabalhadores não produzem. Estão cansados. depois de	Os trabalhadores não produzem depois de estarem cansados.
Nós não vamos sair. Estamos cansados. por	Nós não vamos sair por estarmos cansados.
Elas não decidem. Vêem tudo. antes de	Elas não decidem antes de verem tudo.
Elas não aprendem. Lêem muito. apesar de	Elas não aprendem, apesar de lerem muito.
Nós gostamos deste país. Conhecemos muita gente. depois de	Nós gostamos deste país depois de conhecermos muita gente.
Eles não vêm. Não são convidados. sem	Eles não vêm sem serem convidados.
Nós vamos estudar. Saberemos a lição. até	Nós vamos estudar até sabermos a lição.

Transforme as seguintes frases em outras substituindo os pronomes oblíquos pelas expressões sugeridas e usando o segundo verbo no infinito pessoal.

Eu os ouvi cantar. os meninos	Eu ouvi os meninos cantarem.
Ela nos pediu para sair. nós	Ela pediu para nós sairmos.
Eu os mandei comprar livros. os alunos	Eu mandei os alunos comprarem livros.
Não as deixe sair. as empregadas	Não deixe as empregadas saírem.
Nós os vimos nadar. os rapazes	Nós vimos os rapazes nadarem.
O professor os vê estudar. vocês	O professor vê vocês estudarem.
A Dona Amélia nos pediu para sair. nós	A Dona Amélia pediu para nós sairmos.

Responda as seguintes perguntas usando as expressões sugeridas e o verbo no infinito pessoal ou impessoal, conforme o caso.

Quem eles pediram para ficar? vocês	Eles pediram para vocês ficarem.
Quem pediu para voltar? nós	Nós pedimos para voltar.
Quem você ouviu cantar? os meninos	Eu ouvi os meninos cantarem.
Quem você viu dançar? as	Eu as vi dançar.

Quem foi celebrar a festa da uva? os camponeses	Os camponeses foram celebrar a festa da uva.
Quem vocês viram partir? os rapazes	Nós vimos os rapazes partirem.
Quem o chefe mandou sair? os empregados	O chefe mandou os empregados saírem.
Quem não pode esquecer esta cidade? os estrangeiros	Os estrangeiros não podem esquecer esta cidade.
Quem o professor deixa falar? os	O professor os deixa falar.

(3) Construções adverbiais

Eu gostei imensamente de nossa viagem.
Principalmente por termos tido oportunidade.
E dança o samba maravilhosamente.
E, naturalmente, um pouco de picadinho e de farofa.
Bem que eu gostaria de poder fazer tudo rapidamente.

As igrejas são rica e lindamente decoradas.
É chamada, com razão, a cidade-sorriso.
Esperaria com calma.
Eles recebem com grande satisfação.
Ele riu sem graça.

Observe os vários tipos de construções adverbiais.

(1) Adjetivo no feminino + -*mente*
(2) Adjetivo no fem. + adjetivo no fem. + -*mente*
(3) Preposição + substantivo

(1) A grande maioria dos advérbios em português forma-se acrescentando-se -*mente* ao feminino dos adjetivos. -*mente* corresponde em inglês a '-*ly*'. Quando os adjetivos só têm uma forma para ambos os gêneros, acrescenta-se -*mente* a essa forma.

218 / Português Contemporâneo 2

(2) Quando dois ou mais advérbios ocorrem em série, usa-se a forma feminina do adjetivo para todos, acrescentando-se -*mente* apenas ao último.
(3) Usa-se a construção preposição + substantivo com função adverbial.

Substitua os advérbios das frases seguintes por advérbios correspondentes aos adjetivos sugeridos.

	Eu gostei imensamente da nossa viagem.
natural	Eu gostei naturalmente da nossa viagem.
real	Eu gostei realmente da nossa viagem.
só	Eu gostei somente da nossa viagem.
especial	Eu gostei especialmente da nossa viagem.
relativo	Eu gostei relativamente da nossa viagem.

	Principalmente por termos conhecido cidades tão interessantes.
provável	Provàvelmente por termos conhecido cidades tão interessantes.
simples	Simplesmente por termos conhecido cidades tão interessantes.
claro	Claramente por termos conhecido cidades tão interessantes.
possível	Possivelmente por termos conhecido cidades tão interessantes.
certo	Certamente por termos conhecido cidades tão interessantes.

	E, naturalmente, um pouco de picadinho e de farofa.
principal	E, principalmente, um pouco de picadinho e de farofa.
apressado	E, apressadamente, um pouco de picadinho e de farofa.
tranqüilo	E, tranqüilamente, um pouco de picadinho e de farofa.
possível	E, possivelmente, um pouco de picadinho e de farofa.
constante	E, constantemente, um pouco de picadinho e de farofa.

	Bem que eu gostaria de fazer tudo rapidamente.
calmo	Bem que eu gostaria de fazer tudo calmamente.

cuidadoso	Bem que eu gostaria de fazer tudo cuidadosamente.
novo	Bem que eu gostaria de fazer tudo novamente.
aberto	Bem que eu gostaria de fazer tudo abertamente.
automático	Bem que eu gostaria de fazer tudo automaticamente.
	Ela dança o samba maravilhosamente.
rápido	Ela dança o samba rapidamente.
constante	Ela dança o samba constantemente.
raro	Ela dança o samba raramente.
correto	Ela dança o samba corretamente.
freqüente	Ela dança o samba freqüentemente.

Substitua as construções adverbiais.

	É chamada, com razão, a cidade-sorriso.
freqüência	É chamada, com freqüência, a cidade-sorriso.
carinho	É chamada, com carinho, a cidade-sorriso.
simpatia	É chamada, com simpatia, a cidade-sorriso.
acerto	É chamada, com acerto, a cidade-sorriso.
	Eu esperaria com calma.
prazer	Eu esperaria com prazer.
paciência	Eu esperaria com paciência.
raiva	Eu esperaria com raiva.
fome	Eu esperaria com fome.
	Ela guarda dinheiro com muito cuidado.
pressa	Ela guarda dinheiro com muita pressa.
freqüência	Ela guarda dinheiro com muita freqüência.
facilidade	Ela guarda dinheiro com muita facilidade.
dificuldade	Ela guarda dinheiro com muita dificuldade.
	Eu fiz o trabalho sem interesse.
pressa	Eu fiz o trabalho sem pressa.
paciência	Eu fiz o trabalho sem paciência.
cuidado	Eu fiz o trabalho sem cuidado.
jeito	Eu fiz o trabalho sem jeito.
	Ele riu sem graça.
sem jeito	Ele riu sem jeito.
com vontade	Ele riu com vontade.

sem motivo   Ele riu sem motivo
de má vontade   Ele riu de má vontade.

Para revisão do futuro do subjuntivo e infinito pessoal, transforme as duas frases em uma usando as expressões sugeridas. Use o segundo verbo no futuro do subjuntivo ou no infinito pessoal, conforme o caso.

A Helena chegará. Os outros estão   A Helena chegará quando os outros
   aqui. quando   estiverem aqui.
A Helena chegará. Os outros estão   A Helena chegará sem os outros
   aqui. sem   estarem aqui.

Nós iremos. Nós sabemos tudo.   Nós iremos depois de sabermos tudo.
   depois de
Você irá. Nós sabemos tudo. quando   Você irá quando nós soubermos tudo.

Os empregados serão despedidos. Não   Os empregados serão despedidos por
   são bons. por   não serem bons.
Os empregados serão despedidos. Não   Os empregados serão despedidos se
   são bons. se   não forem bons.

Eles podem levar. Vocês querem.   Eles podem levar o que vocês quiserem.
   o que
Eles podem levar. Vocês querem.   Eles podem levar sem vocês quererem.
   sem

Ela fará tudo. Nós vamos. para   Ela fará tudo para nós irmos.
Ela fará tudo. Nós vamos. se   Ela fará tudo se nós formos.

Ela vai à fazenda. Pode. assim que   Ela vai à fazenda assim que puder.
Ela vai à fazenda. Pode. sem   Ela vai à fazenda sem poder.

Ele dirá. Vocês sabem. apesar de   Ele dirá apesar de vocês saberem.
Ele dirá. Vocês sabem. apesar do que   Ele dirá apesar do que vocês souberem.

A professora convidará os alunos.   A professora convidará os alunos para
   Eles vêm. para   eles virem.
A professora convidará os alunos.   A professora convidará os alunos
   Eles vêm. quando   quando eles vierem.

Para revisão do futuro do subjuntivo, transforme as duas frases em uma usando as conjunções sugeridas. Use o segundo verbo no futuro do subjuntivo ou do indicativo, conforme o caso.

Eu vou à fazenda. Eu posso. assim que	Eu vou à fazenda assim que puder.
Ele disse. Ele estuda as lições. como	Ele disse como estudará as lições.
Ele virá. Ele pode. como	Ele virá como puder.
Eles trarão lembranças. Eles voltam. quando	Eles trarão lembranças quando voltarem.
Nós vamos nadar. Nós podemos. sempre que	Nós vamos nadar sempre que pudermos.
Ela não me disse. Você vem. se	Ela não me disse se você virá.
Eu volto. O advogado diz. conforme o que	Eu volto conforme o que o advogado disser.
Eu não sei. Eles chegam. quando	Eu não sei quando eles chegarão.
Nós iremos. Você vai. se	Nós iremos se você for.
Eu vou levá-la. Ela quer. onde	Eu vou levá-la onde ela quiser.
A Ana Maria não falará. Você está aqui. enquanto	A Ana Maria não falará enquanto você estiver aqui.
Ele me contou. Você está. onde	Ele me contou onde você estará.

LEITURA: O Sul do Brasil

O grupo de amigos estava reunido em casa de Dona Amélia e todos pediram a Fred e Margaret para descreverem a sua viagem ao Sul do Brasil.

—Eu estou ansiosa para vocês contarem toda a viagem, disse Ana Maria. Eu gostaria de saber alguma coisa do Paraná, Santa Catarina e Rio Grande do Sul, pois nunca estive nesses estados.

—Pois bem, respondeu Margaret, já que vocês insistem. Quando eu esquecer alguma coisa interessante, ajude-me, por favor, Fred. Nós deixamos o aeroporto de Congonhas em São Paulo com destino a Curitiba, capital do estado do Paraná. Curitiba é considerada a Coimbra brasileira por sua universidade, uma das mais importantes do país, e por seu centro cultural. Suas largas avenidas, seus bonitos bairros e seus parques parecem estar sempre sorrindo para acolher os visitantes e, talvez por isso, seja chamada a cidade-sorriso.

—E não podemos esquecer Vila-Velha, interrompeu Fred. Parece uma cidade em ruínas mas é obra da natureza. Alguns acham que é uma miniatura do Grand Canyon.

—E quais são os principais produtos do Paraná? perguntou Betinho, querendo aproveitar a narrativa para o seu trabalho do curso de geografia.

—Como vocês sabem, o Paraná é um dos grandes centros cafeeiros do país, produzindo ainda, em grande quantidade, mate, madeira de pinho, couro e vinho. O pinho é usado na fabricação de móveis e é ainda aproveitado, como é o couro, na manufatura de artigos decorativos, tais como caixas, bandejas, pastas, etc.

—Vocês estiveram em Paranaguá? perguntou Paulo.

—Estivemos sim, respondeu desta vez Fred, e nós nunca poderemos esquecer o trenzinho que nos conduziu de Curitiba a Paranaguá. É muito antigo. Leva mais de quatro horas para chegar ao destino, enquanto de carro vai-se em quarenta e cinco minutos. No entanto, é do trem que se pode contemplar o panorama gigantesco que nos oferece a Serra do Mar com as suas cascatas e montanhas.

—É isto mesmo, comentou Paulo. E é bom vocês lembrarem que está lá o Pico do Marumbi tão admirado por sua altura.

—E de Santa Catarina vocês gostaram muito? perguntou Helena.

—Imensamente, respondeu Margaret. A primeira cidade que visitamos foi Joinville, fundada pelo Príncipe e Princesa de Joinville, vindos da Alemanha. É uma cidade interessante por suas linhas e estilo europeus. É muito industrial, assim como todo o estado, fabricando tecidos de lã, bicicletas, peças de automóvel e produtos de metal. Depois de visitar Joinville, fomos a Blumenau. Ao chegar lá, pensamos que estivéssemos na Alemanha, tão semelhantes são os seus costumes aos daquele país.

—Eu acho que devemos frisar bem a importância da imigração nesses estados, disse Fred.

—No Paraná há um grande número de poloneses e alemães. Em Santa Catarina a grande maioria descende de alemães, sendo o alemão geralmente falado por todos.

—E depois, vocês foram ver os gaúchos fazerem churrasco e chimarrão? perguntou Betinho.

—Exatamente. Continuando para o sul fomos afinal parar em Porto Alegre, a capital do Rio Grande do Sul que é a terra do famoso gaúcho. Porto Alegre é a terceira cidade do Brasil em importância industrial. O seu clima é muito parecido com o de alguns estados do sul dos Estados Unidos. É muito frio no inverno, descendo a temperatura, muitas vezes, abaixo de zero no termômetro centí- grado. Porto Alegre encontra-se em uma região rica em gado e em agricultura e é muito progressista, constituindo um dos grandes centros políticos e comerciais do país. A principal produção do estado consta de vinhos, frutas, cereais, madeiras, banha e carnes congeladas. Eu não quero fazer vocês ficarem com inveja mas os vinhos do Rio Grande são uma delícia e o churrasco é algo indescritível.

Nesse momento Dona Amélia ia entrando na sala e disse:
—Agora vamos jantar, minha gente. E para vocês se animarem eu vou contar qual será o "menu". Em honra à Margaret e ao Fred vamos servir churrasco e vinho do Rio Grande do Sul.

Perguntas sobre a leitura

1 O que é que todos pediram a Fred e Margaret?
2 Por que é que Ana Maria está ansiosa para eles contarem toda a viagem?
3 Para onde foram Fred e Margaret quando deixaram o aeroporto de Congonhas?
4 Por que Curitiba é considerada a Coimbra brasileira?
5 Por que é chamada a cidade-sorriso?
6 Com o que se parece Vila-Velha?
7 Para que Betinho quer aproveitar a narrativa?
8 Quais são os principais produtos do Paraná?
9 Como é o trenzinho que vai de Curitiba a Paranaguá?
10 Que panorama se pode contemplar do trem?
11 Qual foi a primeira cidade que eles visitaram em Santa Catarina?
12 Por quem foi fundada essa cidade?
13 Por que é que em Blumenau, Fred e Margaret pensaram que estivessem na Alemanha?
14 Qual é a língua estrangeira muito falada em Santa Catarina? Por quê?
15 Qual é a capital do Rio Grande de Sul?
16 Como é o clima desse estado?
17 Como é Porto Alegre?
18 Quais são os principais produtos do Rio Grande?
19 Quando Dona Amélia entrou na sala?
20 Qual vai ser o "menu" do jantar?

Vocabulário introduzido na leitura

acolher v 'welcome, greet, receive'
agricultura n 'agriculture'
ajudar v 'help'
altura n 'altitude, height'
avenida n 'avenue'
bandeja n 'tray'
banha n 'lard, fat, grease'
cafeeiro -a aj 'pertaining to coffee'
caixa n 'box'
cascata n 'waterfall, cascade'
centígrado -a aj 'centigrade'

cereal -ais n m 'cereal'
chimarrão -ões n m 'unsweetened maté'
conduzir v 'convey, conduct, drive'
congelar v 'freeze'
considerar v 'consider'
contemplar v 'contemplate'
cultural -ais aj m/f 'cultural'
decorativo -a aj 'decorative'
descender de 'descend from, descend'
descer v 'descend, lower, go down'
descrever v 'describe'

europeu -éia aj 'European'
exatamente av 'exactly'
fabricação -ões n f 'manufacture, fabrication'
fabricar v 'manufacture'
frisar v 'stress'
fundar v 'found, establish'
geografia n 'geography'
gigantesco -a aj 'gigantic'
honra n 'honor'
imigração -ões n f 'immigration'
indescritível -eis aj 'indescribable'
insistir v 'insist'
inveja n 'envy, jealousy'
lã n 'wool'
largo -a aj 'wide'
levar v 'take (time) (new meaning)'
manufatura n 'manufacture'
mate n f 'a type of tea'
metal -ais n m 'metal'
miniatura n 'miniature'

montanha n 'mountain'
móvel -eis n m 'piece of furniture'
narrativa n 'narrative'
panorama n m 'panorama'
peça n 'piece'
pico n 'peak, summit'
pinho n 'pine'
pois bem 'very well, all right'
político -a aj 'political'
polonês -esa -eses n aj 'Pole, Polish'
princesa n 'princess'
príncipe n m 'prince'
produção -ões n f 'production'
produto n 'product'
progressista aj m/f 'progressive, prosperous'
ruína n 'ruins'
serra n 'mountain'
tecido n 'fabric'
temperatura n 'temperature'
termômetro n 'thermometer'

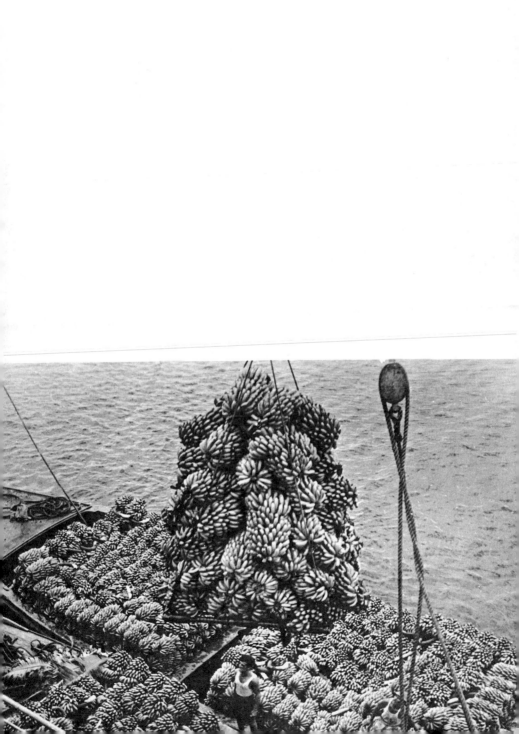

38

As histórias do tio Juca

Rui e Ana Maria

R: Eu não creio que o Fred tenha encontrado condução. A esta hora os ônibus estão cheios e os táxis somem.

A: Eu espero que ele e a Margaret tenham conseguido alguma carona. O tio Juca hoje está aqui e eles não podem perder as histórias que ele conta.

R: É uma pena que nós não tenhamos trazido o gravador. Em último caso eles poderiam ouvir as fitas.

A: Escuta, por que você não vai buscar os dois depois do jantar?

R: Está bem, mas é preciso que eles tenham mesmo ido para casa. Que não tenham feito algum programa pela cidade.

Tio Juca's stories

R: I believe that Fred has not found a way to get here. At this time the buses are full and there just aren't any taxis.

A: I hope he and Margaret have found some kind of ride. Tio Juca is here today and they shouldn't miss the stories he tells.

R: It's a shame we didn't bring the recorder. At least they could hear the tapes.

A: Listen, why don't you go and get the two of them after dinner?

R: Okay. But they'll have to be home and not have decided to stay in town.

NOTA

No Rio e, em geral, nas grandes cidades, entre cinco e oito horas da noite é quase impossível conseguir-se condução. Os ônibus que vêm de longe passam cheios pela cidade, os que partem da cidade têm, em seus pontos de partida, filas tão longas que se necessita grande coragem e paciência para enfrentá-las.

"Carona" é uma expressão que se aplica à utilização de transporte sem pagamento. Devido à dificuldade de condução, nos dias de hoje é muito comum "oferecer" ou "pedir carona" aos amigos.

ORTOGRAFIA

Acentuação gráfica: sílaba tônica, sinais gráficos

(1) A sílaba tônica, ou o acento da palavra, pode ocorrer em três posições: na última, na penúltima e na ante-penúltima sílaba.
Quando ocorre na última sílaba a palavra é oxítona.

a*qui*	a*vó*	sabi*á*
can*tar*	a*vô*	grava*dor*
portu*guês*	arma*zém*	jui*z*

Quando ocorre na penúltima sílaba a palavra é paroxítona.

*fa*lam	*jú*ri	ja*ne*la
*ca*sa	a*má*vel	*ór*gão
*cir*co	pro*vá*vel	*se*ca

Quando ocorre na ante-penúltima sílaba a palavra é proparoxítona.

*á*rido	his*tó*ria	*é*xito
*lâm*pada	far*má*cia	*crâ*nio
*xí*cara	*á*gua	*ô*nibus

(2) Os sinais gráficos que indicam acento tônico são dois: (´), acento agudo, usado quando a vogal tem timbre aberto e (ˆ), acento circunflexo, usado quando a vogal tem timbre fechado. Exemplos:

café	autêntico
árvore	ânsia
xícara	pôs

Há ainda o sinal (`), acento grave, usado para indicar contração da preposição *a* com os antigos *a, as* ou com os demonstrativos, como *aquele, aqueles, aquela, aquelas.* Exemplos:

$$a + \begin{bmatrix} a & = & à \\ as & = & às \\ aquele & = & àquele \end{bmatrix} \qquad a + \begin{bmatrix} aqueles & = & àqueles \\ aquela & = & àquela \\ aquelas & = & àquelas \end{bmatrix}$$

Os sinais gráficos (˜), til, e (¨), trema, são mantidos nas palavras compostas. Exemplos:

cristã	+ mente	=	cristãmente
feijão	+ zinho	=	feijãozinho
freqüente	+ mente	=	freqüentemente
eloqüente	+ mente	=	eloqüentemente

A sílaba tônica não tem necessariamente indicação gráfica. O emprego dos sinais gráficos será estudado nas lições que se seguem.

ESTRUTURA E EXERCÍCIOS

(1) Presente composto do subjuntivo

Eu não creio que o Fred tenha encontrado condução.
Eu espero que ele e a Margaret tenham conseguido alguma carona.
É uma pena que nós não tenhamos trazido o gravador.
É preciso que eles tenham mesmo ido para casa.
Que não tenham feito algum programa na cidade.

falar		falado
comer		comido
partir	tenha	partido
fazer	tenha	feito
escrever	tenhamos	escrito
ver	tenham	visto
vir		vindo
pôr		posto

O presente composto do subjuntivo é uma construção constituída pelo presente do subjuntivo do verbo *ter* e o particípio de outro verbo.

Substitua o sujeito do subjuntivo.

	Eu não creio que o Fred tenha encontrado condução.
eles	Eu não creio que eles tenham encontrado condução.
vocês	Eu não creio que vocês tenham encontrado condução.
o médico	Eu não creio que o médico tenha encontrado condução.
a vovó	Eu não creio que a vovó tenha encontrado condução.
os meninos	Eu não creio que os meninos tenham encontrado condução.
as senhoras	Eu não creio que as senhoras tenham encontrado condução.

	Eu espero que ele e a Margaret tenham conseguido alguma carona.
você	Eu espero que você tenha conseguido alguma carona.
as senhoras	Eu espero que as senhoras tenham conseguido alguma carona.
o Paulo	Eu espero que o Paulo tenha conseguido alguma carona.
o meu irmão	Eu espero que o meu irmão tenha conseguido alguma carona.
vocês	Eu espero que vocês tenham conseguido alguma carona.
as senhoras	Eu espero que as senhoras tenham conseguido alguma carona.
eles	Eu espero que eles tenham conseguido alguma carona.

	É preciso que eles tenham mesmo ido para casa.
você	É preciso que você tenha mesmo ido para casa.
nós	É preciso que nós tenhamos mesmo ido para casa.
o tio Juca	É preciso que o tio Juca tenha mesmo ido para casa.
os senhores	É preciso que os senhores tenham mesmo ido para casa.
eu	É preciso que eu tenha mesmo ido para casa.
a gente	É preciso que a gente tenha mesmo ido para casa.

	Que eles não tenham feito algum programa na cidade.
o marido dela	Que o marido dela não tenha feito algum programa na cidade.
os meus tios	Que os meus tios não tenham feito algum programa na cidade.
eu	Que eu não tenha feito algum programa na cidade.
você	Que você não tenha feito algum programa na cidade.
nós	Que nós não tenhamos feito algum programa na cidade.
vocês	Que vocês não tenham feito algum programa na cidade.

	É possível que ela não tenha dito isto.
nós	É possível que nós não tenhamos dito isto.
os deputados	É possível que os deputados não tenham dito isto.
o senhor	É possível que o senhor não tenha dito isto.
o presidente	É possível que o presidente não tenha dito isto.
eu e você	É possível que eu e você não tenhamos dito isto.
vocês	É possível que vocês não tenham dito isto.

Substituição em posições variáveis.

	Eu não creio que o Fred tenha encontrado condução.
os engenheiros	Eu não cerio que os engenheiros tenham encontrado condução.
um táxi	Eu não creio que os engenheiros tenham encontrado um táxi.
é possível	É possível que os engenheiros tenham encontrado um táxi.
a costureira	É possível que a costureira tenha encontrado um táxi.
o vestido	É possível que a costureira tenha encontrado o vestido.
trazido	É possível que a constureira tenha trazido o vestido.
talvez	Talvez a costureira tenha trazido o vestido.
elas	Talvez elas tenham trazido o vestido.
livro	Talvez elas tenham trazido o livro.

(2) Usos do presente composto do subjuntivo

Presente	Presente composto
Eu não creio que o Fred encontre condução (amanhã).	Eu não creio que o Fred tenha encontrado condução (há meia hora).
Eu espero que ele e a Margaret consigam alguma carona (logo).	Eu espero que ele e a Margaret tenham conseguido alguma carona (há meia hora).
É preciso que você compre tudo em dobro (a semana que vem).	É preciso que você tenha comprado tudo em dobro (ontem).
Eu prefiro que ela não diga isto (amanhã).	Eu prefiro que ela não tenha dito isto (ontem).
Eu duvido que ela fale português (presentemente).	Eu duvido que ela tenha falado português (há anos).
É possível que ele seja um bom rapaz (presentemente).	É possível que ele tenha sido um bom rapaz (há algum tempo).

O presente e o presente composto do subjuntivo ocorrem em padrões semelhantes.

Usa-se o presente do subjuntivo para o que se passa simultânea ou posteriormente ao tempo do verbo da oração principal. Indica, portanto, presente ou futuro.

Usa-se o presente composto para o que se passa anteriormente ao tempo do verbo da oração principal. Indica passado.

Transforme as seguintes frases em outras, usando o presente composto do subjuntivo e as expressões de tempo sugeridas.

É preciso que você compre tudo em dobro. ontem

É preciso que você tenha comprado tudo em dobro ontem.

Talvez ela não diga isto. hoje de manhã.

Talvez ela não tenha dito isto hoje de manhã.

É possível que você seja um bom aluno. ano passado	É possível que você tenha sido um bom aluno o ano passado.
É pena que você não venha jantar conosco. sábado passado	É pena que você não tenha vindo jantar conosco sábado passado.
Eu espero que vocês ouçam as histórias. ontem	Eu espero que vocês tenham ouvido as histórias. ontem.
Talvez ele chegue na hora. domingo passado	Talvez ele tenha chegado na hora domingo passado.
Eu prefiro que ele traga o gravador. hoje de manhã	Eu prefiro que ele tenha trazido o gravador hoje de manhã.
Vocês não crêem que o presidente esteja aqui. há dois dias	Vocês não crêem que o presidente tenha estado aqui há dois dias.

Transforme as seguintes frases em outras precedidas de *É pena que* e seguidas das expressões de tempo sugeridas. Use o presente ou o presente composto do subjuntivo, conforme o caso.

Eles vão para casa. ontem	É pena que eles tenham ido para casa ontem.
O vovô não está aqui. amanhã	É pena que o vovô não esteja aqui amanhã.
Ele não chega na hora. ontem	É pena que ele não tenha chegado na hora ontem.
Nós não trazemos dinheiro. ontem	É pena que nós não tenhamos trazido dinheiro ontem.
Vocês não podem levar lembranças. a semana que vem	É pena que vocês não possam levar lembranças a semana que vem.
Os seus amigos visitam o sul. o mês passado	É pena que os seus amigos tenham visitado o sul o mês passado.
Eu estou tão atrasada. hoje	É pena que eu esteja tão atrasada hoje.
Ela diz isto. ontem	É pena que ela tenha dito isto ontem.
Você não pode ir ao Municipal. amanhã	É pena que você não possa ir ao Municipal amanhã.
Vocês não fazem a lista. ontem	É pena que vocês não tenham feito a lista ontem.

(3) Verbos que introduzem o infinito diretamente

Vocês viram os gaúchos fazerem churrasco?
Curitiba parece estar sempre sorrindo.
É possível que eu vá passar as férias na fazenda.
Nós deveríamos sair mais cedo.
Você soube escolher bem o restaurante.
Os meus amigos quiseram praticar português.
Poderemos trazer lembranças.

acreditar	Eu não acredito poder vir amanhã.
conseguir	Ela conseguiu terminar o trabalho.
contar	Nós contávamos sair hoje.
decidir	Os trabalhadores decidiram ficar.
deixar	Eu os deixei ir.
desejar	Elas desejam voltar.
dever	O seu relógio deve estar atrasado.
esperar	Nós esperamos ter notícias hoje.
evitar	Ele evitou dizer a verdade.
fazer	Ela fez os meninos voltarem.
ir	Você vai ficar.
mandar	Ela mandou dizer que não vem.
ouvir	Nós ouvimos dizer que a escola é boa.
parecer	Ela parece estar cansada.
pensar	Eu penso chegar amanhã.
poder	Vocês podem entrar.
preferir	Paulo prefere jogar futebol.
procurar	O presidente procura satisfazer a todos.
querer	Você quer me dar uma informação?
saber	Você sabe nadar?
prometer	Eles prometem fazer um bom governo.
sentir	Eu sinto estar atrasada.
tentar	O médico tentou salvar o doente.
ver	No outono vemos as folhas caírem.

Estes verbos introduzem o infinito diretamente, em contraste com outros que requerem uma preposição de ligação.

Substitua o verbo.

<table>
<tr><td></td><td>Ela conseguiu terminar o trabalho.</td></tr>
<tr><td>decidir</td><td>Ela decidiu terminar o trabalho.</td></tr>
</table>

esperar	Ela esperou terminar o trabalho.
evitar	Ela evitou terminar o trabalho.
querer	Ela quis terminar o trabalho.
ir	Ela foi terminar o trabalho.
mandar	Ela mandou terminar o trabalho.
poder	Ela pôde terminar o trabalho.
	Nós deveríamos sair mais cedo.
desejar	Nós desejaríamos sair mais cedo.
ir	Nós iríamos sair mais cedo.
esperar	Nós esperaríamos sair mais cedo.
prometer	Nós prometeríamos sair mais cedo.
tentar	Nós tentaríamos sair mais cedo.
poder	Nós poderíamos sair mais cedo.
conseguir	Nós conseguiríamos sair mais cedo.
procurar	Nós procuraríamos sair mais cedo.
	Os trabalhadores decidiram ficar.
poder	Os trabalhadores puderam ficar.
preferir	Os trabalhadores preferiram ficar.
procurar	Os trabalhadores procuraram ficar.
conseguir	Os trabalhadores conseguiram ficar.
querer	Os trabalhadores quiseram ficar.
tentar	Os trabalhadores tentaram ficar.
prometer	Os trabalhadores prometeram ficar.
desejar	Os trabalhadores desejaram ficar.
	Ela fez os meninos voltarem.
ouvir	Ela ouviu os meninos voltarem.
ver	Ela viu os meninos voltarem.
deixar	Ela deixou os meninos voltarem.
esperar	Ela esperou os meninos voltarem.
mandar	Ela mandou os meninos voltarem.
	Você sabe nadar?
querer	Você quer nadar?
prometer	Você promete nadar?
preferir	Você prefere nadar?
ir	Você vai nadar?
conseguir	Você consegue nadar?
tentar	Você tenta nadar?
procurar	Você procura nadar?
poder	Você pode nadar?

Responda as seguintes perguntas escolhendo a primeira alternativa.

Vocês viram os gaúchos fazerem churrasco ou vinho?	Nós vimos os gaúchos fazerem churrasco.
Eles esperam conseguir alguma carona ou algum táxi?	Eles esperam conseguir alguma carona.
Eles não podem perder as histórias do tio Juca ou da tia Sinhá?	Eles não podem perder as histórias do tio Juca.
Você vai buscar o Fred ou a empregada?	Eu vou buscar o Fred.
O médico tentou ver o doente ou a casa?	O médico tentou ver o doente.
O presidente procura satisfazer a todos ou a um grupo?	O presidente procura satisfazer a todos.
Você prefere jogar futebol ou tênis?	Eu prefiro jogar futebol.
Vocês ouviram dizer que a escola é boa ou má?	Nós ouvimos dizer que a escola é boa.
O Paulo vai levar os amigos ou a família?	Ele vai levar os amigos.
Eles querem ouvir o gravador ou a conferência?	Eles querem ouvir o gravador.

Para revisão do pretérito imperfeito do indicativo e do pretérito do subjuntivo, transforme as seguintes frases em outras com o pretérito do subjuntivo, precedidas das expressões sugeridas.

Eu tinha um bom emprego. era preciso que	Era preciso que eu tivesse um bom emprego.
Nós íamos lá muitas vezes. ele esperava que	Ele esperava que nós fôssemos lá muitas vezes.
Ela estava lá ontem de noite. era provável que	Era provável que ela estivesse lá ontem de noite.
O Betinho se vestia como criança. eu não queria que	Eu não queria que o Betinho se vestisse como criança.
Todos traziam alguma coisa. seria bom que	Seria bom que todos trouxessem alguma coisa.

Vocês perdiam tudo. era possível que	Era possível que vocês perdessem tudo.
Você vinha comigo. talvez	Talvez você viesse comigo.
Eles não viviam como eu. contanto que	Contanto que eles não vivessem como eu.
Todos os parentes se reuniam lá. eu esperava que	Eu esperava que todos os parentes se reunissem lá.
Nós não tínhamos condução. você pensou que	Você pensou que nós não tivéssemos condução.

Para revisão do subjuntivo em contraste com o indicativo, responda as seguintes perguntas usando as expressões sugeridas e o verbo no subjuntivo ou indicativo, conforme o caso.

O que é que você quer? um chapéu / me agradar	Eu quero um chapéu que me agrade.
O que é que o clube exigia? um goleiro / jogar bem	O clube exigia um goleiro que jogasse bem.
O que é que eles queriam? uma pessoa / os trazer	Eles queriam uma pessoa que os trouxesse.
O que é que o marido dela trouxe? o carro / ela pedir	O marido dela trouxe o carro que ela pediu.
O que é que vocês estão procurando? uma casa / servir	Nós estamos procurando uma casa que sirva.
Quem é que você está esperando? aquela senhora / ir ao Brasil	Eu estou esperando aquela senhora que vai ao Brasil.
Quem é que o Rui está procurando? alguém / saber português	Ele está procurando alguém que saiba português.
Onde é que vocês vão? um restaurante / ter comida brasileira	Nós vamos a um restaurante que tenha comida brasileira.
Quem é que ele vai trazer? o amigo / nadar bem	Ele vai trazer o amigo que nada bem.
Quem é que você conhecia? os alunos / saber português	Eu conhecia os alunos que sabiam português.

LEITURA: Os primeiros tempos coloniais

Tio Juca é na família o grande contador de histórias. Ex-professor de História do Brasil, supre a necessidade de se sentir útil e diminui a saudade do seu tempo de professor, reunindo, em torno de si, o pequeno grupo de sobrinhos e amigos, para dar-lhes as suas aulas.

Nessa noite, logo depois do jantar, tio Juca começou:

—Logo que o Brasil foi descoberto, poucos esforços se fizeram pela sua colonização. Os portugueses estavam mais interessados na Índia e em suas riquezas do que nesta terra que julgavam ser apenas uma ilha e que não supunham muito rica. E, assim, o nosso país foi ficando esquecido. Durante cerca de trinta anos viveu entregue a traficantes e piratas de várias nacionalidades, que vinham para aqui principalmente em busca do pau-brasil.

—O que é pau-brasil? perguntou Margaret.

—O pau-brasil, explicou tio Juca, é uma madeira vermelha que servia para fazer tintas. O comércio do pau-brasil cresceu tanto que o nome de Brasil passou a ser dado ao país.

—É preciso que tenha sido mesmo uma madeira de muito valor para dar o seu nome ao nosso país, comentou Betinho, que era o ouvinte mais atento.

—Afinal Portugal resolveu expulsar os estrangeiros, não, é, tio Juca? perguntou Ana Maria.

—Eu já ia falar nisto. Os portugueses expulsaram os estrangeiros do Brasil e resolveram dividir a colônia em capitanias hereditárias que foram dadas a homens de confiança do rei. Esse sistema, porém, não deu resultado e o governo português, mais tarde, estabeleceu um governo geral submetido diretamente a Portugal.

—Quem foi mesmo o primeiro Governador Geral? perguntou Betinho outra vez.

—Tomé de Souza. Em sua companhia vieram para cá os primeiros jesuítas. Aos jesuítas, aos primeiros que aqui chegaram, muito deve a nossa civilização. Eu não creio que alguém tenha feito mais do que eles.

—Conte-nos isso, pediu Fred.

—Quando os jesuítas aqui chegaram para trazer ao nosso país fé e educação, encontraram uma sociedade desorganizada e corrupta. Roubar e matar eram crimes habituais. O meio de enriquecer, considerado o mais eficaz, era a caça e a escravidão do índio. E para escravizar os índios faziam-se as maiores atrocidades.

—Quais as medidas tomadas? perguntou alguém.

—Logo que chegaram, os jesuítas procuraram impedir que se escravizassem os índios. Os escravizadores protestaram e fizeram contra eles toda sorte de perseguições.

Depois de um pequeno silêncio tio Juca prosseguiu:

—Embora quase todos os jesuítas tenham sido grandes, três se destacam na história das missões: Manuel da Nóbrega, José de Anchieta e Antônio Vieira.

Nóbrega aqui chegou com Tomé de Souza e é chamado "o grande apóstolo da educação no Brasil". Enérgico e ativo, deixou quando morreu, vinte e três anos depois de aqui ter chegado, um sólido sistema de educação que consistia de grande número de escolas primárias e três colégios, espalhados pelas várias aldeias.

Anchieta só tinha dezenove anos quando veio e morreu com sessenta e dois. Possuidor das mais altas qualidades intelectuais e evangélicas, aqui viveu quarenta e três anos sempre trabalhando e lutando. Foi o primeiro a escrever uma gramática da língua Tupi. Foi também o primeiro poeta na terra brasileira.

—E o Padre Antônio Vieira? perguntou Betinho que estava doido para falar mais uma vez.

—Este é uma das mais belas inteligências da Companhia de Jesus e um dos mais finos escritores da língua portuguesa.

Tio Juca parou um pouco e depois continuou:

—Não duvidem, meus amigos, que os jesuítas tenham sido os verdadeiros edificadores da civilização brasileira. Embora tenham sofrido todas as perseguições, não nos parece que tenham tido um só momento de desânimo. Quer no fundo das selvas, catequizando os índios, quer nas povoações, combatendo os males daquela sociedade dissoluta, sempre devotaram todos os esforços para o bem da nossa pátria.

Perguntas sobre a leitura

1 Quem é tio Juca?
2 Por que ele gosta de contar histórias?
3 O que aconteceu logo que o Brasil foi descoberto?
4 Por que os portugueses não estavam muito interessados no Brasil?
5 Em que eles estavam mais interessados?
6 Como viveu o Brasil durante cerca de trinta anos?
7 O que é o pau-brasil?
8 O que é que Betinho diz sobre o pau-brasil?
9 O que é que os portugueses resolveram fazer com a colônia depois de expulsarem os estrangeiros?
10 O sistema das capitanias hereditárias deu resultado?
11 Qual foi o novo sistema que o governo português estabeleceu no Brasil?
12 Quem foi para o Brasil em companhia do primeiro governador geral?
13 Que tipo de sociedade os jesuítas encontraram?
14 Qual era o meio de enriquecer considerado o mais eficaz?
15 O que os jesuítas fizeram logo que chegaram?
16 Qual foi a atitude dos escravizadores?
17 Quais são os três jesuítas que se destacam na história das missões?
18 O que Manuel da Nóbrega deixou quando morreu?
19 Quantos anos viveu Anchieta no Brasil? O que fez ele?
20 Quem é o Padre Antônio Vieira?
21 Por que tio Juca acha que os jesuítas foram os edificadores da civilização brasileira?

LADAINHA

Cassiano Ricardo

Por se tratar de uma ilha deram-lhe o nome
de ilha de Vera Cruz.
Ilha cheia de graça
Ilha cheia de pássaros
Ilha cheia de luz.

Ilha verde onde havia
mulheres morenas e nuas
anhangás a sonhar com histórias de luas
e cantos bárbaros de pajés em poracés batendo os pés.

Depois mudaram-lhe o nome
pra Terra de Santa Cruz.

Terra cheia de graça
Terra cheia de pássaros
Terra cheia de luz.
A grande Terra girassol onde havia guerreiros de tanga e onças ruivas deitadas à
sombra das árvores mosqueadas de sol.

Mas como houvesse, em abundância,
certa madeira cor de sangue cor de brasa
e como o fogo da manhã selvagem
fosse um brasido no carvão noturno da paisagem,
e como a Terra fosse de árvores vermelhas
e se houvesse mostrado assaz gentil,
deram-lhe o nome de Brasil.

Brasil cheio de graça
Brasil cheio de pássaros
Brasil cheio de luz.

Vocabulário introduzido na leitura

abundância n 'abundance'
aldeia n 'village'
anhangá n m 'evil spirit, devil (Tupi)'
apóstolo n 'apostle'
assaz avl 'enough, rather'
atrocidade n f 'atrocity'
bárbaro -a aj 'barbaric, savage'
bater v 'stamp (feet), hit'
brasido n 'brazier'
cá avl 'here, in this place'
caça n 'hunt, chase'
canto n 'song'
capitania n 'province'
carvão -ões n m 'charcoal, coal'
catequizar v 'catechize, indoctrinate'
cerca de avl 'about, approximately'
civilização -ões n f 'civilization'
colônia n 'colony'
colonização -ões n f 'colonization'
combater v 'fight'
confiança n 'confidence, trust, faith'
contador -a -es n 'story teller'
corrupto -a aj 'corrupt'
crime n m 'crime'

dar resultado 'show results, work'
desânimo n 'discouragement, despondency'
descoberto part. of descobrir
descobrir v 'discover'
desorganizar v 'disorganize'
destacar v 'stand out'
devotar v 'devote'
dissoluto -a aj 'dissolute, dissipated'
doido -a aj 'crazy'
edificador -es n m 'builder'
educação -ões n f 'education'
eficaz -es aj m/f 'efficient, effective'
em busca de 'in search of'
em torno de 'around'
enérgico -a aj 'energetic'
enriquecer v 'become rich'
entregue part. of entregar
escravizar v 'enslave'
escravizador -es n m 'one who enslaves'
esforço n 'effort, striving'
espalhar v 'spread out'
estabelecer v 'establish'
evangélico -a aj 'evangelical'
expulsar v 'expel'

fé n f 'faith'
fogo n 'fire'
girassol -óis n m 'sunflower'
governador -es n m 'governor'
graça n 'grace (new meaning)'
gramática n 'grammar'
guerreiro n 'warrior'
hereditário -a aj 'hereditary'
ilha n 'island'
jesuíta n m 'Jesuit'
julgar v 'judge'
ladainha n 'litany'
lua n 'moon'
lutar v 'fight'
matar v 'kill'
medida n 'measures (new meaning)'
meio n 'means (new meaning)'
missão -ões n f 'mission'
mosquear v 'dapple, mottle'
mudar v 'change'
noturno -a aj 'nocturnal'
nu nua aj 'nude, naked'
onça n 'wildcat'
ouvinte n m/f 'listener'
pajé n m 'witch doctor,
   medicine man (Tupi)'
pássaro n 'bird'

pátria n 'native land, country, fatherland'
pau-brasil n m 'Brazilwood, redwood'
perseguição -ões n f 'persecution'
pirata n m 'pirate'
poeta n m/f 'poet'
poracé n m 'Brazilian Indian dance'
possuidor -a -es n 'possessor'
povoação -ões n f 'settlement'
prosseguir v 'go on'
protestar v 'protest'
riqueza n 'riches'
ruivo -a aj 'auburn, redhaired'
selva n 'jungle'
selvagem -ns aj m/f 'savage, wild'
si 'himself, herself, etc.'
silêncio n 'silence'
sistema n m 'system'
sólido -a aj 'solid'
sombra n 'shade'
sorte n f 'kind (new meaning)'
submeter v 'subject, subjugate'
supor v 'suppose, presume, assume'
suprir v 'furnish, compensate, make up for'
tanga n 'loincloth'
traficante n m/f 'dishonest trader'
útil -eis aj m/f 'useful'
verdadeiro -a aj 'true, real'

39

No dia de Tiradentes

Fred e Paulo

F: Eu ando tão cansado que hoje aproveitei o feriado para descansar e dormir. Nem liguei o rádio.
P: Pois foi pena. Eu pensei que você tivesse ouvido o programa em comemoração à data. Um comentarista muito bom fez um resumo da história de Tiradentes.
F: Se vocês tivessem dito antes eu não teria perdido este programa. Foi irradiado pela Rádio Ministério da Educação?
P: Não, pelas Emissoras Associadas, a maior rede do Brasil.
F: A irradiação foi em ondas longas?
P: Foi em ondas longas e curtas. Nós só soubemos quando o locutor começou a falar. Se tivéssemos sabido com antecedência teríamos avisado a você.

Tiradentes' day

F: I've been so tired lately that I took advantage of the holiday to rest and sleep. I didn't even listen to the radio.
P: That's too bad. I thought you had heard the program commemorating the day. A very good commentator summarized the history of Tiradentes.
F: If you had told me before, I wouldn't have missed the program. Was it given by the Ministry of Education radio?
P: No, by *Emissoras Associadas*, the biggest network in Brazil.
F: Was it on long wave?
P: Long wave and short wave. We only found out when the announcer began. If we had known sooner, we would have told you.

244 / Português Contemporâneo 2

NOTA

Há na língua portuguesa *feriados* e *dias santos*. Os primeiros são datas nacionais; os últimos são os dias guardados pela Igreja Católica. O dia 21 de Abril é a data em que se comemora a morte de Tiradentes, chefe da Inconfidência Mineira, revolução contra o domínio português, planejada e fracassada no fim do século XVIII em Minas Gerais. Tiradentes é considerado um dos maiores heróis nacionais.

ORTOGRAFIA

Acentuação gráfica: palavras proparoxítonas e paroxítonas

(1) Acentuam-se todas as palavras proparoxítonas:

estética	éramos	cântico	cândido
óxido	xícara	esplêndido	lâmpada
bússola	hábito	êxito	atônito
enérgico	efêmero	árvore	ídolo
evangélico	apóstolo	bárbaro	ônibus

As palavras terminadas em *ua, uo, ue, ia, io, oa, ea, eo* tendo o acento tônico na sílaba anterior, são consideradas proparoxítonas e, portanto, acentuam-se graficamente.

água	ânsia	mágoa	rédea
tênue	sério	nódoa	área
vácuo	crânio	névoa	gêmeo
bilíngüe	história		óleo
língua	hereditário		fêmea

(2) As palavras paroxítonas terminadas em *a(s), o(s), e(s), am, em(ens)* não levam acento gráfico na sílaba tônica, a não ser *pôde* (pret. perf.) para diferenciar de *pode* (presente) e em casos a serem tratados posteriormente.

come	camas	falam	ordem
partes	janela	contam	acordem
livro	santos	sintam	bagagem
porta	cidades	demandaram	linguagem
programa	resumo	duvidam	viagens

Acentuam-se as palavras paroxítonas terminadas em *ã(s), ão(s), ei(s), i(s), um, uns, us, l, n, r, x*.

órfã	táxi	amável	líder
órgão	lápis	difícil	mártir
sótão	tênis	cônsul	açúcar
bênçãos	álbum	fácil	dólar
jóquei	álbuns	abdômen	caráter
úteis	Vênus	éden	tórax
amáveis	bônus	hífen	Félix

ESTRUTURA E EXERCÍCIOS

(1) Pretérito composto do subjuntivo

Eu pensei que você tivesse ouvido o programa.
Se vocês me tivessem dito antes eu não teria perdido este programa.
Se tivéssemos sabido com antecedência teríamos avisado a você.

falar		falado
comer		comido
partir	tivesse	partido
dizer	tivesse	dito
fazer	tivéssemos	feito
abrir	tivessem	aberto
cobrir		coberto
vir		visto

O pretérito composto do subjuntivo é uma construção constituída pelo pretérito do subjuntivo de *ter* e particípio de outro verbo.

Na linguagem formal, geralmente escrita, usa-se outra construção constituída do pretérito do subjuntivo de *haver* e particípio do outro verbo, como por exemplo:

houvesse	falado
houvesse	comido
houvéssemos	dito
houvessem	

Substitua o sujeito do subjuntivo.

	Eu pensei que você tivesse ouvido o programa.
vocês	Eu pensei que vocês tivessem ouvido o programa.
o governador	Eu pensei que o governador tivesse ouvido o programa.
nós	Eu pensei que nós tivéssemos ouvido o programa.
eu	Eu pensei que eu tivesse ouvido o programa.

a Dona Dulce	Eu pensei que a Dona Dulce tivesse ouvido o programa.
os comentaristas	Eu pensei que os comentaristas tivessem ouvido o programa.
	Se vocês tivessem dito antes, eu não teria perdido este programa.
a senhora	Se a senhora tivesse dito antes, eu não teria perdido este programa.
alguém	Se alguém tivesse dito antes, eu não teria perdido este programa.
a minha irmã	Se a minha irmã tivesse dito antes, eu não teria perdido este programa.
os meus tios	Se os meus tios tivessem dito antes, eu não teria perdido este programa.
você	Se você tivesse dito antes, eu não teria perdido este programa.
os senhores	Se os senhores tivessem dito antes, eu não teria perdido este programa.
	Se nós tivéssemos sabido com antecedência, teríamos avisado a você.
eu	Se eu tivesse sabido com antecedência, teria avisado a você.
o tintureiro	Se o tintureiro tivesse sabido com antecedência, teria avisado a você.
o advogado	Se o advogado tivesse sabido com antecedência, teria avisado a você.
eu e a Ana Maria	Se eu e a Ana Maria tivéssemos sabido com antecedência, teríamos avisado a você.
a sua noiva	Se a sua noiva tivesse sabido com antecedência, teria avisado a você.

Responda as seguintes perguntas, escolhendo a primeira alternativa.

Era provável que ela tivesse ido ao armazém ou ao açougue?	Era provável que ela tivesse ido ao armazém.
Talvez eles tivessem vendido os livros ou a pasta?	Talvez eles tivessem vendido os livros.
Era preciso que nós tivéssemos visitado todos ou só alguns?	Era preciso que vocês tivessem visitado todos.

Ele queria um professor que tivesse viajado pelo Brasil ou pela Europa?	Ele queria um professor que tivesse viajado pelo Brasil.
O professor queria que você tivesse estudado a lição toda ou só o diálogo?	O professor queria que eu tivesse estudado a lição toda.
Eles esperavam que a empregada tivesse aberto as janelas ou as portas?	Eles esperavam que a empregada tivesse aberto as janelas.
Eles procuravam um aluno que tivesse estudado português ou francês?	Eles procuravam um aluno que tivesse estudado português.
Ela queria que você tivesse chegado cedo ou tarde?	Ela queria que eu tivesse chegado cedo.
Você pensou que eu tivesse ouvido o o presidente ou um deputado?	Eu pensei que o senhor tivesse ouvido o presidente.
Ele estava procurando alguém que tivesse ido a Portugal ou ao Brasil?	Ele estava procurando alguém que tivesse ido a Portugal.

(2) Usos do pretérito composto do subjuntivo

Pretérito	Pretérito composto
(1) Eu pensei que você sempre ouvisse o programa. Era possível que depois vocês perdessem tudo. Seria bom que ele fizesse isto domingo que vem. Neguei que ele viesse aqui amanhã.	(2) Eu pensei que você tivesse ouvido o programa ontem. Era possível que vocês já tivessem perdido tudo. Seria bom que ele tivesse feito isto domingo passado. Neguei que ele tivesse vindo aqui ontem.
(3) Eu estava procurando alguém que fosse à Europa o mês que vem. Não havia um advogado que não ganhasse bem naquela época.	(4) Eu estava procurando alguém que tivesse ido à Europa o ano passado. Não havia um advogado que não tivesse ganho bem em época anterior.

| (5) Eu não trabalharia a menos que vocês também trabalhassem. Eu viria amanhã contanto que ele viesse comigo. | (6) Eu não trabalharia hoje a menos que vocês tivessem trabalhado ontem. Eu viria amanhã contanto que ele tivesse vindo ontem. |
| (7) Seria tão bom se eu pudesse ir à Europa o ano que vem. Não seria bom se ele viesse aqui amanhã. | (8) Seria tão bom se eu tivesse podido ir à Europa o ano passado. Não seria bom se ele tivesse vindo aqui ontem. |

O pretérito e o pretérito composto do subjuntivo ocorrem quando o verbo da oração principal está em pretérito. Aparecem em orações substantivas (1) (2); em orações adjetivas (3) (4); depois de conjunções (5) (6); depois de *se* (7) (8).

O pretérito do subjuntivo refere-se à ocorrência presente ou futura em relação ao tempo do verbo da oração principal.

O pretérito composto do subjuntivo refere-se à ocorrência passada em relação ao tempo do verbo da oração principal.

Transforme as frases seguintes em outras, substituindo *duvido* por *duvidava* e usando o segundo verbo no pretérito composto do subjuntivo.

Eu duvido que você tenha ouvido Villa-Lobos.
Eu duvidava que você tivesse ouvido Villa-Lobos.

Eu duvido que ele tenha posto tudo no lugar.
Eu duvidava que ele tivesse posto tudo no lugar.

Eu duvido que ele tenha escrito todas as cartas.
Eu duvidava que ele tivesse escrito todas as cartas.

Eu duvido que ele tenha ganho tanto.
Eu duvidava que ele tivesse ganho tanto.

Eu duvido que vocês tenham dito a verdade.
Eu duvidava que vocês tivessem dito a verdade.

Eu duvido que ela já tenha pago a conta do armazém.
Eu duvidava que ela já tivesse pago a conta do armazém.

Eu duvido que vocês tenham visto o novo filme.
Eu duvidava que vocês tivessem visto o novo filme.

Eu duvido que o Paulo tenha conseguido condução.
Eu duvidava que o Paulo tivesse conseguido condução.

Transforme as frases seguintes em outras, substituindo *sempre* por *ontem* e usando o segundo verbo no pretérito composto do subjuntivo. Use *ontem* no fim da frase.

Eu pensei que você sempre ouvisse o programa.	Eu pensei que você tivesse ouvido o programa ontem.
Era possível que ele sempre viesse aqui.	Era possível que ele tivesse vindo aqui ontem.
Eu esperava que ele sempre fizesse um resumo.	Eu esperava que ele tivesse feito um resumo ontem.
Eu não falaria a menos que ele sempre falasse.	Eu não falaria a menos que ele tivesse falado ontem.
Ela telefonaria embora ela sempre escrevesse.	Ela telefonaria embora ela tivesse escrito ontem.
Nós queríamos alguém que sempre fosse ao teatro.	Nós queríamos alguém que tivesse ido ao teatro ontem.
Eu pensei que vocês sempre saíssem.	Eu pensei que vocês tivessem saído ontem.
Se você soubesse sempre assim!	Se você tivesse sabido assim ontem!

Transforme as duas frases em uma, usando as expressões sugeridas e o verbo no pretérito ou pretérito composto do subjuntivo, conforme o caso.

Eu pensei. Você ouviu o programa ontem. que	Eu pensei que você tivesse ouvido o programa ontem.
Ela queria. Alguém vai ao Brasil o mês que vem. que	Ela queria alguém que fosse ao Brasil o mês que vem.
Eles negaram. Vieram aqui antes. que	Eles negaram que tivessem vindo aqui antes.
Era possível. Vocês depois perderam tudo. que	Era possível que vocês depois perdessem tudo.
Eu não trabalharia. Vocês trabalharam ontem. a menos que	Eu não trabalharia a menos que vocês tivessem trabalhado ontem.
Nós estudaríamos amanhã. Você estudará conosco. contanto que	Nós estudaríamos amanhã contanto que você estudasse conosco.
Ele procurava. Um aluno estudou português o ano passado. que	Ele procurava um aluno que tivesse estudado português o ano passado.
Não havia. Um comentarista sempre disse a verdade. que	Não havia um comentarista que sempre dissesse a verdade.

Nós queríamos. Alguém foi à Europa o ano passado. que	Nós queríamos alguém que tivesse ido à Europa o ano passado.
Era possível. Vocês perderam tudo antes. que	Era possível que vocês tivessem perdido tudo antes.

(3) Verbos que introduzem o infinito com preposição

Nós só soubemos quando o locutor começou a falar.
Eles pediram para nós voltarmos.
Vocês, paulistas, só dão para trabalhar.
Duas mocinhas que tinham desistido de ir.
Bem que eu gostaria de fazer tudo rapidamente.
Nós esquecemos de ir.
Concordaram em experimentar um vinho do Rio Grando do Sul.
Helena acaba de ficar noiva.

Com a preposição *a*

O professor o aconselhou 'advised' a estudar.
Eu ajudei a fazer o trabalho.
Nós aprendemos a falar português.
O locutor começou a falar.
Os camponeses continuaram a dançar.
Eles me ensinaram a descansar.
Você tornou a ligar o rádio.

Com a preposição *de*

Eles acabaram de ouvir o programa.
Vocês nunca se cansaram de lutar.
Eu desisti de ouvir a história.
Eles não podiam deixar de ir.
Você esqueceu de avisar.
Eu gosto de fazer tudo depressa.
O comentarista parou de falar.
Ele não se lembrou de ligar o rádio.

Com a preposição *em*

Meu pai consentiu 'agreed' em nos levar.
Ela se contentou em ouvir o rádio.
Eles concordaram em experimentar o vinho.
Eu hesitei 'hesitated' em concordar com a idéia.
Ele insistiu em vir comigo.

Com a preposição *para*

Os paulistas só dão para trabalhar.
O Pedro a convidou para jantar.
Os operários pediram para sair.
Os atores se prepararam para representar.

Para introduzir o infinito muitos verbos requerem uma preposição como, por exemplo, *a, de, para, em.*
Quando o primeiro verbo tem um objeto direto ou indireto e este não é pronome, o objeto ocorre entre o primeiro verbo e a preposição. Exemplos:

O professor aconselhou o aluno a estudar.
A polícia obrigou o criminoso a falar.
Pedro convidou a moça para jantar.
O operário pediu ao chefe para sair.

Substitua o verbo que vem antes do infinito; conserve a mesma preposição.

	Nós só soubemos quando o professor começou a falar.
tornou	Nós só soubemos quando o professor tornou a falar.
continuou	Nós só soubemos quando o professor continuou a falar.
o obrigou	Nós só soubemos quando o professor o obrigou a falar.
o aconselhou	Nós só soubemos quando o professor o aconselhou a falar.
se atreveu	Nós só soubemos quando o professor se atreveu a falar.
o ajudou	Nós só soubemos quando o professor o ajudou a falar.

	Eles nunca se cansaram de lutar.
desistiram	Eles nunca desistiram de lutar.
deixaram	Eles nunca deixaram de lutar.
acabaram	Eles nunca acabaram de lutar.
pararam	Eles nunca pararam de lutar.
se aborreceram	Eles nunca se aborreceram de lutar.
se lembraram	Eles nunca se lembraram de lutar.

	Ela gosta de fazer o programa.
acaba	Ela acaba de fazer o programa.
desiste	Ela desiste de fazer o programa.
deixa	Ela deixa de fazer o programa.
se esquece	Ela se esquece de fazer o programa.
se lembra	Ela se lembra de fazer o programa.
se cansa	Ela se cansa de fazer o programa.

	O meu pai consentiu em nos levar.
concordou	O meu pai concordou em nos levar.
contentou-se	O meu pai contentou-se em nos levar.
hesitou	O meu pai hesitou em nos levar.
insistiu	O meu pai insistiu em nos levar.

	Os atores se preparam para representar.
pedem	Os atores pedem para representar.
aproveitam	Os atores aproveitam para representar.
só dão	Os atores só dão para representar.
lutam	Os atores lutam para representar.
vivem	Os atores vivem para representar.
esperam	Os atores esperam para representar.

Transforme as seguintes frases em outras usando as expressões sugeridas precedidas das preposições necessárias.

Eles nunca se cansaram. lutar	Eles nunca se cansaram de lutar.
Eu acho que o Paulo se esqueceu. vir	Eu acho que o Paulo se esqueceu de vir.
O professor já começou. ensinar	O professor já começou a ensinar.
Estes alunos só dão. estudar	Estes alunos só dão para estudar.

A empregada pediu. sair mais cedo	A empregada pediu para sair mais cedo.
Vocês todos me ajudaram. preparar a festa	Vocês todos me ajudaram a preparar a festa.
Elas estão aprendendo. fazer churrasco	Elas estão aprendendo a fazer churrasco.
Eles concordaram. ficar	Eles concordaram em ficar.
Eu não me lembrei. ligar o rádio	Eu não me lembrei de ligar o rádio.
O médico esqueceu. avisar a você	O médico esqueceu de avisar a você.

Para revisão dos vários tempos do subjuntivo, substitua na posição correta.

	É possível que ela venha hoje.
ontem	É possível que ela tenha vindo ontem.
amanhã	É possível que ela venha amanhã.
era possível que	Era possível que ela viesse amanhã.
a semana passada	Era possível que ela tivesse vindo a semana passada.
é possível que	É possível que ela tenha vindo a semana passada.
nós	É possível que nós tenhamos vindo a semana passada.
a semana que vem	É possível que nós venhamos a semana que vem.

	Talvez ela viaje logo.
o mês passado	Talvez ela tenha viajado o mês passado.
é bom que	É bom que ela tenha viajado o mês passado.
eles	É bom que eles tenham viajado o mês passado.
foi bom que	Foi bom que eles tivessem viajado o mês passado.
eu espero que	Eu espero que eles tenham viajado o mês passado.
amanhã	Eu espero que eles viajem amanhã.
era preferível que	Era preferível que eles viajassem amanhã.
o ano passado	Era preferível que eles tivessem viajado o ano passado.

Para revisão do infinito transforme as duas frases em uma, usando o infinito pessoal ou impessoal. Use preposição quando for sugerida.

Os convidados chegarão. Vocês estarão em casa. sem	Os convidados chegarão sem vocês estarem em casa.
Os empregados vieram. Eles fizeram o trabalho.	Os empregados vieram fazer o trabalho.
Você viu. Os atores representaram.	Você viu os atores representarem.
Ela nos ouviu. Cantamos.	Ela nos ouviu cantar.
A senhora mandou. Os meninos andaram depressa.	A senhora mandou os meninos andarem depressa.
Eles queriam. Aproveitaram a ocasião.	Eles queriam aproveitar a ocasião.
Nossos pais fizeram tudo. Nós estudamos. para	Nossos pais fizeram tudo para nós estudarmos.
Ela não pode comprar. Vocês querem vender. sem	Ela não pode comprar sem vocês quererem vender.

As crianças foram. Elas passearam
no parque.
Nós pedimos. Elas voltaram. para
Nós os ouvimos. Discutiram.
Os estrangeiros não quiseram.
Concordaram com a idéia.

As crianças foram passear no parque.

Nós pedimos para elas voltarem.
Nós os ouvimos discutir.
Os estrangeiros não quiseram concordar com a idéia.

LEITURA: A Inconfidência Mineira

A família e os amigos estavam reunidos em casa de Ana Maria. Tio Juca também estava e, como sempre, não se fez de rogado, quando lhe pediram para contar a história de Tiradentes. Era o dia 21 de abril, data em que se comemora a morte do herói, e, talvez, Fred e Margaret ainda não tivessem sido informados sobre os detalhes desse período da História do Brasil. Assim, tio Juca começou:

Uma das revoltas mais famosas da história do Brasil teve lugar no fim do século XVIII na província de Minas Gerais. Como o ouro e diamantes aí tivessem sido descobertos, essa região entrou numa fase de grande prosperidade. De todos os pontos do país chegavam caravanas ávidas pelo ouro. Cidades se construíam quase da noite para o dia. Igrejas luxuosas se erguiam. Com o progresso material, também o desenvolvimento intelectual crescia e as idéias de liberdade e de revolta contra o domínio português se acendiam. Além disso, a independência dos Estados Unidos muito contribuiu para aumentar o sentimento de liberdade.

Foi então que um grupo de moços—advogados, poetas, escritores e militares—combinaram um plano para a libertação da pátria. Este plano arrojado, se se tivesse concretizado, iniciaria, em Minas, uma revolta que depois se estenderia por todo o país. Teria início no dia em que o governo *lançasse a derrama* isto é, a cobrança de altos impostos já atrasados. Para conseguir o apoio do Rio de Janeiro, para lá seguiu o alferes José Joaquim da Silva Xavier, mais conhecido por Tiradentes, assim chamado por ser também dentista prático. O seu entusiasmo e atividade o tinham tornado o verdadeiro chefe da conspiração.

Se os revoltosos tivessem agido com mais prudência e menos idealismo, talvez os seus planos tivessem conseguido ir avante. Mas o seu entusiasmo não conhecia limites nem cautela, inclusive na escolha dos companheiros. Foi assim que um dos conspiradores, traindo a causa, revelou os planos da revolta ao governador. Tiradentes foi preso no Rio de Janeiro. Todos os outros inconfidentes foram presos, um por um, e enviados de Minas para as prisões do Rio.

O processo durou três longos anos. Finalmente veio de Portugal a sentença condenando à morte muitos dos inconfidentes. Nova sentença, dois dias depois, comutando a pena de morte para a de degredo, chegou de Portugal, beneficiando a todos os conspiradores, exceto a Tiradentes. Isto aconteceu, talvez por não se ter ele mostrado arrependido, tendo, durante o processo, chamado a si toda a responsabilidade. E para que no Brasil ninguém mais tivesse coragem de conspirar contra o domínio português, o governo ia matar o chefe da Inconfidência diante de toda a cidade.

No dia 21 de abril de 1791 subiu o herói à forca, tendo sido a execução cercada de todo o aparato. Seu corpo foi esquartejado e os pedaços enviados a Minas para serem colocados em postes nas ruas de Vila Rica, a capital da província. Isso serviria de exemplo para impedir novas tentativas de revolta.

A forca, porém, mata os homens mas não mata a alma. Ao subir à forca, Tiradentes não era apenas um homem, era o símbolo da liberdade.

Mataram-lhe o corpo, mas não lhe mataram a idéia. Essa ficou, e trinta anos mais tarde, a independência que ele sonhou e pela qual morreu foi proclamada no Brasil.

Perguntas sobre a leitura

1 Onde estavam reunidos a família e os amigos?
2 Quando Tio Juca não se fez de rogado?
3 Quando se comemora a morte de Tiradentes?
4 Quando e onde teve lugar a Inconfidência Mineira?
5 Por que a província de Minas Gerais estava em fase de grande prosperidade?
6 O que é que também crescia com o progresso material?
7 O que é que também contribuiu para aumentar o sentimento de liberdade?
8 Quem combinou um plano para a libertação da pátria?
9 Quando teria início a revolta?
10 Por que José Joaquim da Silva Xavier era conhecido por Tiradentes?
11 Por que tinha ele se tornado o verdadeiro chefe da conspiração?
12 Com que finalidade Tiradentes seguiu para o Rio de Janeiro?
13 O que fez um dos conspiradores?
14 O que aconteceu com Tiradentes e com os outros conspiradores?
15 Quanto tempo durou o processo?
16 Como era a sentença que veio de Portugal?
17 E a nova sentença que chegou dois dias depois?
18 Por que o governo português queria matar o chefe da Inconfidência diante de toda a cidade?
19 Quando Tiradentes subiu à forca?
20 A idéia de liberdade também foi morta nesse dia?

Vocabulário introduzido na leitura

acender v 'ignite'
agir v 'act, behave'
alferes n m 'second lieutenant (archaic)'
aparato n 'pomp'
apoio n 'support, help'

arrepender-se v 'be sorry, regret'
arrojado -a aj 'daring, intrepid'
atividade n f 'activity'
aumentar v 'increase'
avante avl 'ahead'
ávido -a aj 'avid'

beneficiar v 'benefit, help'
caravana n 'caravan'
causa n 'cause.
cautela n 'caution, discretion'
cercada de 'amid, amidst'
cobrança n 'collection of bills'
comutar v 'commute'
concretizar v 'make real'
condenar v 'condemn'
conspiração -ões n f 'conspiracy'
conspirador-a-es n 'conspirator, plotter'
conspirar v 'conspire'
contribuir v 'contribute'
da noite para o dia 'overnight'
degredo n 'exile, banishment'
derrama n 'tax apportionment, excessive tax'
desenvolvimento n 'development'
detalhe n m 'detail'
diamante n m 'diamond'
durar v 'last'
enviar v 'send'
erguer v 'build, erect'
escolha n 'choice, selection'
esquartejar v 'quarter, tear to pieces'
estender v 'extend, spread'
exceto avl 'except'
execução -ões n f 'execution'
fase n f 'phase'
finalmente av 'finally'
forca n 'gallows'

idealismo n 'idealism'
imposto n 'tax'
inconfidente n m 'anyone connected with the movement of 1789'
lançar v 'throw, start'
libertação -ões n f 'liberation'
limite n m 'bounds'
luxuoso -a aj 'luxurious'
material -ais aj m/f 'material'
militar -es n m 'military man'
pedaço n 'piece'
pena n 'penalty, punishment (new meaning)'
poste n m 'post, pole'
prender v 'imprison, arrest (new meaning)'
preso -a part of prender
prisão -ões n f 'prison'
processo n 'legal proceedings'
proclamar v 'proclaim, acclaim'
prosperidade n f 'prosperity'
província n 'province'
prudência n 'care'
responsabilidade n f 'responsibility'
revelar v 'reveal'
revolta n 'revolt'
revoltoso -a n aj 'rebel'
rogar v 'beg'
sentença n 'sentence (legal)'
tentativa n 'attempt'
ter lugar v 'take place'

40

Os dois impérios

Paulo e Dona Amélia

P: Eu vou com o Fred e a Margaret ao Museu Imperial em Petrópolis. Se às sete horas eu não tiver chegado é porque nós resolvemos jantar por lá.
A: Vocês vão passear?
P: Não, eu não passeio, não tenho tempo. Nem eles.
A: Vocês ainda continuam com as investigações sobre os dois impérios?
P: Continuamos. E se em setembro nós não tivermos feito tudo, será péssimo. Eles têm que voltar para os Estados Unidos.
A: E, se nessa ocasião vocês não tiverem terminado, como vão se arranjar?
P: Eu trabalho aqui, e os dois vão fazendo o que puderem nas bibliotecas americanas.
A: O livro vai ser publicado por alguma editora brasileira?
P: Isto só vai ser resolvido quando nós tivermos escrito tudo.

The two empires

P: I'm going with Fred and Margaret to the Imperial Museum in Petrópolis. If I'm not back by 7:00, it's because we decided to eat there.
A: Are you going on an outing?
P: No, I don't have time for pleasure. Neither do they.
A: Are you still doing research on the two empires?
P: Yes, and if we don't finish by September, it will be bad because they have to go back to the United States.
A: If you haven't finished by then, how will you manage?
P: I'll work here and they'll do what they can in the American libraries.
A: Will the book be published by a Brazilian company?
P: That will be decided only when we have it written.

NOTAS

Petrópolis é uma bonita cidade de veraneio, situada na Serra do Mar e próxima ao Rio de Janeiro. Nela encontra-se o Museu Imperial, instalado no antigo Palácio Imperial de Petrópolis. O museu procura reconstituir o ambiente da casa dos Imperadores com mobiliário autêntico e tem em exposição, além da coroa, objetos pessoais pertencentes à família imperial, documentos relativos ao Império, uma coleção de coches e coisas relacionadas com a história do Estado do Rio de Janeiro e cidade de Petrópolis. Moram em Petrópolis alguns descendentes da família imperial e que ainda são chamados os Príncipes de Orleans e Bragança.

As palavras *editor, editora* correspondem em inglês a *publisher, publishing house* e não a *editor*. Esta palavra inglesa não tem correspondente em português.

ORTOGRAFIA

Acentuação gráfica: palavras oxítonas

As palavras oxítonas terminadas em *ã(s), ão(s), ei(s), i(s), um, uns, u(s), l, r, z* não levam acento gráfico.

irmã(s)	terei	aqui	comum
irmão(s)	passarei	ali	alguns
anão	abrirei	siris	nenhum
capitão	falareis	tupi	comuns
urubu	geral	abrir	altivez
peru	civil	saber	feliz
hindu	lençol	fazer	feroz
Itu	azul	contar	rapaz

Acentuam-se as palavras oxítonas terminadas em *á(s), é(s), ê(s), ó(s), ô(s)*. Também se acentuam as palavras terminadas em *em, ens* que têm mais de uma sílaba.

sabiá	café	cortês	avó
está	pajé	francês	após
atrás	através	dê	pó
há	pés	mês	nós

avô	armazém	armazéns
compôs	alguém	deténs
pôs	contém	parabéns
bangalô	convém	reféns

As formas verbais da terceira pessoa do plural terminadas em *em* levam acento circunflexo para se distinguirem das formas do singular.

têm	convêm	provêm
vêm	detêm	contêm

ESTRUTURA E EXERCÍCIOS

(1) Futuro composto do subjuntivo

Se às sete horas eu não tiver chegado é porque nós resolvemos jantar por lá.
Se em setembro nós não tivermos feito tudo, será péssimo.
E se nessa ocasião, vocês não tiverem terminado?
Isto só vai ser resolvido quando nós tivermos escrito tudo.

falar		falado
comer	tiver	comido
partir	tiver	partido
fazer	tivermos	feito
dizer	tiverem	dito
pôr		posto

O futuro composto do subjuntivo é uma construção constituída pelo futuro do subjuntivo de *ter* e o particípio de outro verbo.

Substitua o sujeito do subjuntivo composto e faça as mudanças necessárias.

	Se em setembro nós não tivermos feito tudo, será péssimo.
você	Se em setembro você não tiver feito tudo, será péssimo.
os pedreiros	Se em setembro os pedreiros não tiverem feito tudo, será péssimo.
eu e você	Se em setembro eu e você não tivermos feito tudo, será péssimo.

eu	Se em setembro eu não tiver feito tudo, será péssimo.
o advogado	Se em setembro o advogado não tiver feito tudo, será péssimo.
os escritores	Se em setembro os escritores não tiverem feito tudo, será péssimo.

	E se nessa ocasião vocês não tiverem terminado?
eu	E se nessa ocasião eu não tiver terminado?
nós	E se nessa ocasião nós não tivermos terminado?
o presidente	E se nessa ocasião o presidente não tiver terminado?
vocês	E se nessa ocasião vocês não tiverem terminado?
os médicos	E se nessa ocasião os médicos não tiverem terminado?
você	E se nessa ocasião você não tiver terminado?
o governador	E se nessa ocasião o governador não tiver terminado?

	Isto vai ser resolvido quando nós tivermos escrito tudo.
você	Isto vai ser resolvido quando você tiver escrito tudo.
eu e o Paulo	Isto vai ser resolvido quando eu e o Paulo tivermos escrito tudo.
eu	Isto vai ser resolvido quando eu tiver escrito tudo.
vocês	Isto vai ser resolvido quando vocês tiverem escrito tudo.
o comentarista	Isto vai ser resolvido quando o comentarista tiver escrito tudo.
os poetas	Isto vai ser resolvido quando os poetas tiverem escrito tudo.

	Se ela já tiver saído, deixe um recado.
eu	Se eu já tiver saído, deixe um recado.
nós	Se nós já tivermos saído, deixe um recado.
o deputado	Se o deputado já tiver saído, deixe um recado.
a cozinheira	Se a cozinheira já tiver saído, deixe um recado.
os eletricistas	Se os eletricistas já tiverem saído, deixe um recado.
eu e ela	Se eu e ela já tivermos saído, deixe um recado.

(2) Usos do futuro composto do subjuntivo

Futuro	Futuro composto
Isto vai ser resolvido enquanto nós escrevermos o livro (nesse tempo estaremos escrevendo o livro).	Isto vai ser resolvido depois que nós já tivermos escrito o livro (nesse tempo o livro estará pronto).
Se em setembro nós fizermos tudo, será bom (deveremos fazer tudo em setembro).	Se em setembro nós já tivermos feito tudo, será bom (deveremos fazer tudo antes de setembro).
Telefone para a sua amiga. Se ela estiver em casa, converse com ela (o telefonema e o fato da amiga estar em casa são simultâneos).	Telefone para a sua amiga. Se ela já tiver saído, deixe um recado (o fato da amiga sair é anterior ao telefonema).
Se o presidente falar às seis horas, nós o ouviremos (às seis horas o presidente começa a falar).	Se o presidente já tiver falado às seis horas, nós não o ouviremos (às seis horas o presidente já acabou de falar).

O futuro e o futuro composto do subjuntivo ocorrem em padrões semelhantes.

Usa-se o futuro do subjuntivo para o que se passa simultânea ou posteriormente a um ponto no futuro.

Usa-se o futuro composto do subjuntivo para o que se passa anteriormente a um ponto no futuro.

Transforme as seguintes frases em outras usando o futuro composto do subjuntivo.

Se lermos tudo a semana que vem, será bom.

Se tivermos lido tudo a semana que vem, será bom.

Eu compro tudo se você fizer a lista.

Eu compro tudo se você tiver feito a lista.

Eu só ficarei contente se você for feliz no exame.

Eu só ficarei contente se você tiver sido feliz no exame.

Isto será decidido quando o escritor terminar o livro.

Isto será decidido quando o escritor tiver terminado o livro.

Se o meu pai resolver a situação, eu posso viajar.	Se o meu pai tiver resolvido a situação, eu posso viajar.
Se eu não chegar às sete horas, não me esperem.	Se eu não tiver chegado às sete horas, não me esperem.
Conforme a hora que você sair, tudo estará bem.	Conforme a hora que você tiver saído, tudo estará bem.
Se eles partirem hoje, chegarão lá amanhã.	Se eles tiverem partido hoje, chegarão lá amanhã.

Transforme as duas frases em uma usando as conjunções sugeridas e o verbo no futuro ou futuro composto do subjuntivo, conforme o caso.

O presidente só fala às seis horas. Nós o ouviremos. se	Se o presidente só falar às seis horas, nós o ouviremos.
Isto vai ser resolvido. Nós escrevemos o livro. enquanto	Isto vai ser resolvido enquanto nós escrevermos o livro.
Isto vai ser resolvido. Nós já escrevemos o livro. depois que	Isto vai ser resolvido depois que nós já tivermos escrito o livro.
A sua amiga já saiu de casa. Deixe um recado. se	Se a sua amiga já tiver saído de casa, deixe um recado.
Nós fazemos tudo durante o mês de dezembro. Será bom. se	Se nós fizermos tudo durante o mês de dezembro, será bom.

O presidente já falou às seis horas. Nós não o ouviremos. se	Se o presidente já tiver falado às seis horas, nós não o ouviremos.
Os alunos só saem às quatro horas. Nós os veremos. se	Se os alunos só saírem às quatro horas, nós os veremos.
Os alunos já saíram às quatro horas. Nós não os veremos. se	Se os alunos já tiverem saído às quatro horas, nós não os veremos.
Nós já fizemos tudo em dezembro. Será bom. se	Se nós já tivermos feito tudo em dezembro, será bom.
A sua amiga está em casa. Converse com ela. se	Se a sua amiga estiver em casa, converse com ela.

(3) Verbos em *-ear, -iar*

Vocês vão passear?
Não, eu não passeio.

Passear, recear, semear, odiar, incendiar, ansiar					
	Pres. ind.		Pres. subj.		Imperativo
eu	passei- recei- semei- -o odei- incendei- ansei-		passei- recei- semei- -e odei- incendei- ansei-		
você ele ela	passei- recei- semei- -a odei- incendei- ansei-		passei- recei- semei- -e odei- incendei- ansei-		passei- recei- semei- -e odei- incendei- ansei-
nós	passe- rece- seme- -amos odi- incendi- ansi-		passe- rece- seme- -emos odi- incendi- ansi-		
vocês eles elas	passei- recei- semei- -am odei- incendei- ansei-		passei- recei- semei- -em odei- incendei- ansei-		passei- recei- semei- -em odei- incendei- ansei-

Verbos como *passear, recear,* 'fear', *semear* 'sow', *odiar* 'hate', *incendiar* 'set fire', *ansiar* 'long for', têm a raiz terminada por *e* ou *i.* Quando o acento cai sobre o radical e não sobre as terminações, há uma ditongação para /ei/.

Outros exemplos:

-ear
Eu receio que ele não venha.
Ela nunca passeia no parque.
Os fazendeiros semeiam o milho.
É preciso que você não passeie tanto.
Talvez eles passeiem nas férias.
Não receie, venha comigo.
Semeiem tudo o que quiserem.

-iar
Eu anseio por uma vida melhor.
O povo revoltado incendeia as casas.
Não é possível que eles odeiem tanto.
Não odeie a ninguém.

Substitua o sujeito.

	Eu receio que ele não venha.
você	Você receia que ele não venha.
vocês	Vocês receiam que ele não venha.
nós	Nós receamos que ele não venha.
os engenheiros	Os engenheiros receiam que ele não venha.

	Os fazendeiros semeiam o milho.
a senhora	A senhora semeia o milho.
eu	Eu semeio o milho.
nós	Nós semeamos o milho.
os trabalhadores	Os trabalhadores semeiam o milho.
os empregados	Os empregados semeiam o milho.
eu e você	Eu e você semeamos o milho.

	É preciso que você não passeie tanto.
eu	É preciso que eu não passeie tanto.
vocês	É preciso que vocês não passeiem tanto.
os engenheiros	É preciso que os engenheiros não passeiem tanto.
nós	É preciso que nós não passeemos tanto.
o seu namorado	É preciso que o seu namorado não passeie tanto.
eu e você	É preciso que eu e você não passeemos tanto.

	Eu anseio por uma vida melhor.
todos nós	Todos nós ansiamos por uma vida melhor.
os operários	Os operários anseiam por uma vida melhor.
os pobres	Os pobres anseiam por uma vida melhor.
você	Você anseia por uma vida melhor.
a pobre mulher	A pobre mulher anseia por uma vida melhor.
os nordestinos	Os nordestinos anseiam por uma vida melhor.

Substitua o primeiro verbo.

	Semeiem quando quiserem.
incendiar	Incendeiem quando quiserem.
odiar	Odeiem quando quiserem.
recear	Receiem quando quiserem.
passear	Passeiem quando quiserem.

	Não receie, venha comigo.
odiar	Não odeie, venha comigo.
passear	Não passeie, venha comigo.
semear	Não semeie, venha comigo.

Para revisão de vários tempos de verbos, substitua ou adicione na posição correta.

	Ela faz o jantar todos os dias.
neste momento	Ela está fazendo o jantar neste momento.
estes últimos dias	Ela tem feito o jantar estes últimos dias.
amanhã	Ela fará o jantar amanhã.
é possível que	É possível que ela faça o jantar amanhã.
seria preciso que	Seria preciso que ela fizesse o jantar amanhã.
ontem	Seria preciso que ela tivesse feito o jantar ontem.
é possível que	É possível que ela tenha feito o jantar ontem.
a semana passada	É possível que ela tenha feito o jantar a semana passada.
era possível	Era possível que ela tivesse feito o jantar a semana passada.
é bom que	É bom que ela tenha feito o jantar a semana passada.
amanhã	É bom que ela faça o jantar amanhã.
quando	Quando ela fizer o jantar amanhã.
se	Se ela fizer o jantar amanhã.
quando você telefonar	Se ela tiver feito o jantar quando você telefonar.

	Você estuda todos os dias.
estes últimos dias	Você tem estudado estes últimos dias.
antigamente	Você estudava antigamente.
a noite passada	Você estudou a noite passada.
amanhã	Você estudará amanhã.
é provável que	É provável que você estude amanhã.
seria preciso que	Seria preciso que você estudasse amanhã.
ontem	Seria preciso que você tivesse estudado ontem.
é possível que	É possível que você tenha estudado ontem.
a semana passada	É possível que você tenha estudado a semana passada.
era possível que	Era possível que você tivesse estudado a semana passada.
é bom que	É bom que você tenha estudado a semana passada.
amanhã	É bom que você estude amanhã.
quando	Quando você estudar amanhã.
se	Se você estudar amanhã.
quando ela telefonar	Se você tiver estudado quando ela telefonar.

LEITURA: A época imperial

No dia seguinte ao da visita a Petrópolis, onde andaram fazendo pesquisas para o livro que pretendem publicar, os três amigos se reuniram para comentar o trabalho.

—Paulo, eu gostaria de ler o resumo dos pontos principais que deveremos incluir em nosso trabalho, começou Fred. Se eu tiver esquecido alguma coisa, diga-me, por favor.

—Muito bem. Quando você tiver terminado a leitura, eu e a Margaret faremos os nossos comentários.

Fred começou então a ler:

Um fato contribuiu para que as tentativas de emancipação no Brasil não assumissem um caráter violento. Durante as guerras napoleônicas na Europa, o Príncipe d. João, regente de Portugal, não contando com meios eficazes de defesa, decidiu partir para o Brasil, com a família real e numeroso séquito.

Este acontecimento foi o primeiro grande passo para o progresso do país. Até então tudo era proibido no Brasil: fábricas, correios, abertura de estradas, empresas, escolas superiores, etc. Nos portos brasileiros só entravam navios portugueses. Com a mudança da corte houve grandes alterações. Os portos foram abertos às nações amigas; estradas foram construídas, criaram-se as secretarias de Estado, os altos tribunais, a Imprensa Régia, a Academia de Marinha, a Biblioteca Pública, o Jardim Botânico e escolas de nível universitário. Artistas, cientistas e homens de letras chegavam ao Brasil de todas as partes da Europa. Em 1815 a colônia foi elevada à categoria de reino e o Rio de Janeiro se tornou a capital do Reino Unido de Portugal, Brasil e Algarve. O Brasil já começava a ser respeitado como nação.

Em 1821 D. João VI regressou a Portugal deixando no Brasil como príncipe regente seu filho D. Pedro. No entanto, a metrópole começou a exercer pressões sobre o Brasil tentando mesmo retirar as prerrogativas que lhe tinham sido concedidas. Por outro lado, os brasileiros trabalhavam ativamente pela conquista da autonomia da pátria. À frente do movimento estavam muitos homens ilustres entre os quais José Bonifácio de Andrada e Silva. O próprio príncipe mostrava-se favorável à causa da independência. Contam que D. João VI, antes de partir para Portugal, certo da superioridade das forças que defendiam a autonomia, dissera a seu filho: 'Pedro, põe a coroa em tua cabeça, antes que algum aventureiro lance mão dela'.

Verdadeira ou não essa frase atribuída a D. João VI, o certo é que, quando o governo português exigiu a volta do príncipe D. Pedro a Portugal, este fez-se chefe da rebelião contra a metrópole e, a 7 de setembro de 1822, declarou a independência do Brasil. No mesmo ano foi coroado Imperador com o nome de Pedro I. Assim, o Brasil tornou-se independente sem derrame de sangue e sem quebra da unidade nacional.

O governo de D. Pedro I, porém, foi cheio de dificuldades e agitações, havendo uma luta permanente entre o temperamento autocrata do Imperador e as forças democráticas que haviam demandado a independência. A situação chegou a tal ponto que em 1831 D. Pedro I abdicou a favor de seu filho Pedro que tinha, apenas, cinco anos de idade.

Segue-se um período difícil em que sucessivas regências governaram pelo *Imperador Menino*. Em 1840 concedeu-se a maioridade antecipada a D. Pedro II, e este, com quatorze anos, assumiu o poder. Com bondade, sabedoria e inteligência governou o país durante quase meio século, tendo sido o seu governo, em geral, de tranqüilidade e progresso. D. Pedro II foi uma grande figura democrática. Em seu governo havia plena liberdade de imprensa, o parlamento era eleito pelo povo, aboliu-se a pena de morte.

Houve, no entanto, períodos agitados, tendo mesmo o Império tido questões com outros países da América do Sul. O Brasil, aliado à Argentina e ao Uruguai, entrou em guerra com o Paraguai, da qual saíram-se os primeiros vitoriosos, depois de cinco anos de lutas sangrentas.

Passada essa fase de luta, o clamor nacional voltou-se para a abolição da escravatura. Esta era, sem dúvida, uma aspiração justa e quase geral. A Lei do Ventre Livre, em 1871, que libertava os nascidos a partir daquele ano, e a lei de 1885, que tornava livres os sexagenários, bastariam para extinguir a escravidão no Brasil. A concretização dessa idéia, porém, ainda levaria tempo e o sentimento público era muito agudo a favor da abolição. A campanha abolicionista empolgava o país e, assim, os acontecimentos se precipitaram. A 13 de maio de 1888 a Princesa Isabel, filha de D. Pedro II e então regente do Império, por se encontrar o Imperador na Europa, assinou a lei que abolia definitivamente a escravatura.

supporters

A conseqüência foi a queda da monarquia. Os fazendeiros, os seus mais sólidos sustentáculos, deixaram de apoiar o Imperador. As idéias republicanas, que desde algum tempo se propagavam com grande intensidade, tomaram maior impulso e a 15 de novembro de 1889 o velho Imperador foi deposto, estabelecendo-se a república no Brasil.

Perguntas sobre a leitura

1 O que é que Fred gostaria de ler?
2 Quando Paulo e Margaret farão os seus comentários?
3 O que decidiu o Príncipe D. João, durante as guerras napoleônicas?
4 Esse acontecimento foi bom ou mau para o Brasil?
5 O que era proibido no Brasil até então?
6 Que mudanças houve com a chegada da corte ao Brasil?
7 De onde chegavam artistas, cientistas e homens de letras?
8 De que se tornou o Rio de Janeiro a capital?
9 O que aconteceu em 1821?
10 O que a metrópole começou a fazer?
11 Por que trabalhavam ativamente os brasileiros?
12 Como se mostrava o príncipe regente?
13 Quem se fez chefe da rebelião contra Portugal?
14 Quando a independência do Brasil foi declarada?
15 Quem foi o primeiro imperador do Brasil?
16 Como foi o governo de D. Pedro I?
17 Quantos anos tinha D. Pedro II quando seu pai abdicou?
18 Quantos anos tinha ele quando assumiu o poder?
19 Como foi o governo de D. Pedro II?
20 Com quem o Brasil, a Argentina e o Uruguai entraram em guerra?
21 Terminada a guerra para que se voltou o clamor nacional?
22 O que fez a Princesa Isabel?
23 Por que isso teve como conseqüência a queda da monarquia?
24 Quando se estabeleceu a república no Brasil?

Vocabulário introduzido na leitura

a favor de 'in favor of'
abdicar v 'abdicate'
abolição -ões n f 'abolition'
abolir v 'abolish, revoke'
academia n 'academy'
agitação -ões n f 'agitation'
agitar v 'rouse, agitate'
Algarve n 'province of Portugal'
aliar v 'ally'

alteração -ões n f 'alteration'
antecipar v 'anticipate'
apoiar v 'support, back'
arruinar v 'ruin, destroy'
aspiração -ões n f 'aspiration'
assegurar v 'assure, guarantee'
assinar v 'sign'
assumir v 'assume, undertake'
ativamente av 'actively'

atribuir v 'attribute, ascribe'
autocrata n m/f 'autocrat, despot'
autonomia n 'autonomy'
aventureiro n 'adventurer'
bondade n f 'kindness, goodness'
botânico -a aj 'botanical'
campanha n 'campaign'
caráter, caracteres n m 'character'
categoria n 'category, class'
cientista n m/f 'scientist'
clamor -es n m 'clamor, outcry'
conceder v 'concede'
concretização -ões n f 'making real'
conquista n 'conquest'
contar com v 'count on, depend on'
coroar v 'crown'
corte n f 'court'
defender v 'defend'
definitivamente av 'conclusively'
demandar v 'demand'
depor v 'dethrone (new meaning)'
deposto part of depor
derrame n 'shedding, pouring'
eleger v 'elect'
eleito part of eleger
elevar v 'elevate, raise'
emancipação -ões n f 'emancipation'
empolgar v 'grip, excite, absorb'
escola superior 'college'
escravatura n 'slavery'
exercer v 'perform, exercise, exert'
extinção -ões n f 'extinction'
extinguir v 'extinguish'
figura n 'figure'
glória n 'glory'
governar v 'govern'
guerra n 'war'
homem de letras 'man of letters'
ilustre aj m/f 'illustrious, distinguished'
imprensa n 'press, journalism'
intensidade n f 'intensity'
justo -a aj 'just'
lei n f 'law'

libertar v 'free, liberate'
luta n 'fight'
maioridade n f 'legal age'
marinha n 'navy'
metrópole n f 'metropolis'
monarquia n 'monarchy'
napoleônico -a aj 'Napoleonic'
nível -eis n m 'level'
numeroso -a aj 'numerous'
pacificação -ões n f 'pacification'
passo n 'step'
pleno -a aj 'full, entire'
poder -es n m 'power'
por outro lado 'on the other hand'
porto n 'port'
povo n 'people, public'
precipitar v 'hasten, speed'
prerrogativa n 'prerogative, privilege'
pressão -ões n f 'pressure'
proibir v 'prohibit'
propagar v 'spread, propagate'
publicar v 'publish'
quebra n 'break, loss'
queda n 'fall, downfall'
questão -ões n f 'dispute'
real -ais aj m/f 'royal'
rebelião -ões n f 'rebellion'
regência n 'regency'
regente aj m/f 'regent'
régio -a aj 'royal, regal'
regressar v 'return'
reino n 'kindom, realm'
representante n m/f 'representative'
república n 'republic'
republicano -a aj 'republican'
respeitar v 'respect'
retirar v 'withdraw'
sangrento -a aj 'bloody'
secretaria n 'government department'
séquito n 'cortege, retinue, entourage'
sexagenário -a n 'sexagenarian'
sucessivo -a aj 'successive, consecutive'
superioridade n f 'superiority'

sustentáculo n 'support'
tranqüilidade n f 'tranquility'
tribunal -ais n m 'court'
unidade n f 'unity'
universitário -a aj 'of or pertaining to a
   university'

ventre n m 'womb'
violento -a aj 'violent'
vitorioso -a aj 'victorious'

41

Nos jornais do Brasil

Margaret e Paulo

M: Quais são os melhores jornais do Brasil em que se publicam crônicas ou artigos literários?
P: Muitos jornais têm um suplemento literário que é geralmente apresentado aos domingos.
M: Os trabalhos que se encontram nessas páginas são sempre dos mesmos autores?
P: Nem sempre. Há os colaboradores permanentes. Mas há também trabalhos que são escritos por um colaborador eventual.
M: Esta pergunta foi feita por uma razão simples. Eu escrevi umas críticas sobre literatura brasileira e gostaria que fossem publicadas.
P: Por que você não escreve para o diretor do *Correio da Manhã* ou do *Diário de Notícias*? Eu estou certo de que a sua colaboração seria aceita.

Newspapers of Brazil

M: What are the best newspapers in Brazil that publish literary articles?
P: Many of our papers have a literary supplement that generally comes out on Sundays.
M: Are the articles in that section always by the same authors?
P: Not always. There are some regular contributors but there are also works written by occasional contributors.
M: There's a very simple reason for my question. I have written some reviews of Brazilian literature and I would like to have them published.
P: Why don't you write to the editor of the *Correio da Manhã* or *Diário de Notícias*? I'm sure your article would be accepted.

ORTOGRAFIA

Acentuação gráfica: outros casos

(1) Os ditongos tônicos abertos *éi, éu, ói* levam acento agudo.

assembléia	chapéu	jóia
bacharéis	déu	heróico
anéis	véu	dói
fiéis	Ilhéus	rói
idéia	léu	apóia
papéis	céu	faróis

(2) *i, u,* precedidos de vogal, levam acento quando formam sílaba sozinhos ou seguidos de *s*.

aí	substituído	baús	miúdo
saí	heroísmo	reúne	saúde
Piauí	país	ciúme	viúvo
ateísmo		gaúcho	

(3) O primeiro *e* do grupo *êem* da terceira pessoa do plural dos verbos *dar, crer, ler, ver* e compostos e o primeiro *o* do grupo *ôo* levam acento circunflexo.

crêem	lêem	vôo	perdôo
dêem	vêem	abençôo	rebôo

(4) *u* silábico precedido de *q* ou *g* e seguido de *e* ou *i* leva acento agudo quando tônico e trema quando átono.

argúi	averigúe	argüir	lingüística
argúis	averigúem	freqüência	líqüido
argúem		delinqüente	

(5) *e* e *o* tônicos fechados /e/, /o/ levam acento circunflexo em palavras que se escrevem da mesma maneira que outras palavras com *e* e *o* não acentuados.

pôr	(verbo)	por	(preposição)
pêra	(substantivo)	pera	(preposição antiga)
pêlo	(substantivo)	pelo	(contração)

(6) Certas palavras levam acento agudo para distingui-las de outras não acentuadas.

pára	(verbo)	para	(preposição)
péla	(verbo)	pela	(contração)

ESTRUTURA E EXERCÍCIOS

(1) Voz passiva

Um suplemento literário que é geralmente apresentado aos domingos.
Há também trabalhos que são escritos por um colaborador eventual.
Esta pergunta foi feita por uma razão simples.
Eu gostaria que fossem publicadas.
A sua colaboração seria aceita.
Nós fomos muito bem recebidos.
Foi irradiado pela Rádio Ministério da Educação?
O livro vai ser publicado por alguma editora brasileira?

	ser	particípio	agente
Ele	é	encontrado.	
As lições	são	feitas	por ele.
Nós	fomos	apresentados	por você.
As cartas	eram	escritas	pelo namorado.

A voz passiva é uma construção em que entram o verbo *ser* em qualquer tempo e o particípio de outro verbo. Este concorda em gênero e número com o sujeito. Como em inglês, o sujeito é o objeto da ação. O agente, quando expresso, é precedido pela preposição *por*.

A voz passiva é muito menos usada em português do que em inglês. Em muitos casos prefere-se uma construção com o pronome *se* como, *Fala-se português aqui*, correspondendo, em inglês, a *Portuguese is spoken here*. Em outros casos usa-se a voz ativa com um sujeito indeterminado como, por exemplo, *Estão terminando muitos edifícios agora*, o que corresponde à construção inglesa *Many buildings are being completed now*.

Substitua o sujeito.

	Nós fomos muito bem recebidos.
você	Você foi muito bem recebido.
o diretor	O diretor foi muito bem recebido.
os jornalistas	Os jornalistas foram muito bem recebidos.
o presidente	O presidente foi muito bem recebido.
o seu artigo	O seu artigo foi muito bem recebido.
eu	Eu fui muito bem recebido.
as senhoras brasileiras	As senhoras brasileiras foram muito bem recebidas.
os operários	Os operários foram muito bem recebidos.

	A sua colaboração seria aceita.
você	Você seria aceito.
os meus artigos	Os meus artigos seriam aceitos.
nós	Nós seríamos aceitos.
todos	Todos seriam aceitos.
o presente	O presente seria aceito.
as empregadas	As empregadas seriam aceitas.
os cronistas	Os cronistas seriam aceitos.
ninguém	Ninguém seria aceito.

	Os trabalhos foram escritos por um colaborador eventual.
a carta	A carta foi escrita por um colaborador eventual.
o livro	O livro foi escrito por um colaborador eventual.
as notícias	As notícias foram escritas por um colaborador eventual.
o artigo	O artigo foi escrito por um colaborador eventual.
as lições	As lições foram escritas por um colaborador eventual.
esta crônica	Esta crônica foi escrita por um colaborador eventual.
as histórias	As histórias foram escritas por um colaborador eventual.

	Esta pergunta foi feita por uma razão simples.
este vestido	Este vestido foi feito por uma razão simples.
a festa	A festa foi feita por uma razão simples.
as lições	As lições foram feitas por uma razão simples.
o livro	O livro foi feito por uma razão simples.
a viagem	A viagem foi feita por uma razão simples.
o prédio	O prédio foi feito por uma razão simples.
os exames	Os exames foram feitos por uma razão simples.
este trabalho	Este trabalho foi feito por uma razão simples.

Transforme as seguintes frases em outras usando a voz passiva.

Eles nos receberam ontem.	Nós fomos recebidos ontem.
Eles fizeram esta pergunta.	Esta pergunta foi feita.
Um colaborador escreveu os trabalhos.	Os trabalhos foram escritos por um colaborador.
Eles aceitariam a sua colaboração.	A sua colaboração seria aceita.
Eles apresentam um suplemento literário aos domingos.	Um suplemento literário é apresentado aos domingos.

A Rádio Ministério da Educação irradiou o programa.	O programa foi irradiado pela Rádio Ministério da Educação.
Eles publicam crônicas e artigos literários.	Crônicas e artigos literários são publicados.
Eu gostaria que eles publicassem os meus trabalhos.	Eu gostaria que os meus trabalhos fossem publicados.
Eu espero que eles tenham conseguido alguma coisa.	Eu espero que alguma coisa tenha sido conseguida.
O tio Juca contou as histórias.	As histórias foram contadas pelo tio Juca.

(2) **Voz passiva com o pronome** *se*

Quais são os melhores jornais do Brasil em que se publicam crônicas ou artigos literários?

Os trabalhos que se encontram nessas páginas são sempre dos mesmos autores?

E para escravizar os índios faziam-se as maiores atrocidades.

Verbo + se	Sujeito
Fala-se	português aqui.
Aluga-se	esta loja.
Vendem-se	apartamentos.

Nesta construção, muito usada em português, o sujeito vem depois do verbo. Há uma tendência a deixar o verbo sempre no singular, como, por exemplo, *Aluga-se casas, Vende-se apartamentos.* Tal tendência não é, porém, bem aceita.

Substitua o sujeito.

	Para isto faziam-se as maiores atrocidades.
muitas promessas	Para isto faziam-se muitas promessas.
muita despesa	Para isto fazia-se muita despesa.
churrascos deliciosos	Para isto faziam-se churrascos deliciosos.
algumas crônicas	Para isto faziam-se algumas crônicas.
grande propaganda	Para isto fazia-se grande propaganda.
muitas tentativas	Para isto faziam-se muitas tentativas.
estradas	Para isto faziam-se estradas.
perguntas	Para isto faziam-se perguntas.

	Publicam-se crônicas neste jornal.
artigos muito bons	Publicam-se artigos muito bons neste jornal.
muita crítica literária	Publica-se muita crítica literária neste jornal.

os discursos do presidente	Publicam-se os discursos do presidente neste jornal.
o número de candidatos	Publica-se o número de candidatos neste jornal.
os nomes dos deputados	Publicam-se os nomes dos deputados neste jornal.
uma série de reportagens	Publica-se uma série de reportagens neste jornal.
a lista dos jogadores	Publica-se a lista dos jogadores neste jornal.
o programa das emissoras	Publica-se o programa das emissoras neste jornal.
comentários esportivos	Publicam-se comentários esportivos neste jornal.

Responda as seguintes perguntas escolhendo a primeira alternativa.

Aqui se fala português ou inglês?	Aqui se fala português.
Aluga-se esta loja ou este prédio todo?	Aluga-se esta loja.
O trabalho se encontra neste livro ou neste jornal?	O trabalho se encontra neste livro.
Aqui vendem-se livros brasileiros ou portugueses?	Aqui vendem-se livros brasileiros.
Faziam-se as maiores atrocidades ou as maiores perseguições?	Faziam-se as maiores atrocidades.
Publica-se este artigo ou o discurso do presidente?	Publica-se este artigo.
As cartas se encontram com você ou com a sua amiga?	As cartas se encontram comigo.
Escreviam-se crônicas ou romances?	Escreviam-se crônicas.

(3) *Estar +* **particípio**

A porta está aberta.
Eu estava acostumada.
Eu não creio que vocês estejam interessados.
Ele está deitado no quarto dele.
Ele só está muito cansado.

Ser + particípio	*Estar+* particípio
A porta é aberta (Alguém abre a porta nesse momento).	A porta está aberta (A porta se encontra nesse estado como resultado de ter sido aberta antes).
Os trabalhos foram escritos por um colaborador (Um colaborador escreveu os trabalhos).	Os trabalhos estão escritos (Os trabalhos estão prontos).

Ser + particípio expressa a realização de um processo.
Estar + particípio indica ocorrência realizada.

Transforme as seguintes frases em outras usando primeiro *ser* + particípio e
depois *estar* + particípio.

Alguém convidou o Paulo para a festa.
O Paulo foi convidado para a festa.
O Paulo está convidado para a festa.

A mãe deitou a criança na cama.
A criança foi deitada na cama pela mãe.
A criança está deitada na cama.

A empregada fechou as portas e as janelas.
As portas e as janelas foram fechadas pela empregada.
As portas e as janelas estão fechadas.

O Rui escreveu a carta em português.
A carta foi escrita em português pelo Rui.
A carta está escrita em português.

O diretor aceitou o seu artigo.
O seu artigo foi aceito pelo diretor.
O seu artigo está aceito.

A costureira fez este vestido.
Este vestido foi feito pela costureira.
Este vestido está feito.

Um colaborador eventual escreveu os trabalhos.
Os trabalhos foram escritos por um colaborador eventual.
Os trabalhos estão escritos.

Os jogadores ganharam a partida.
A partida foi ganha pelos jogadores.
A partida está ganha.

Para revisão dos vários tempos do subjuntivo, substitua na posição correta.

	É possível que ela escreva amanhã.
ontem	É possível que ela tenha escrito ontem.
era	Era possível que ela tivesse escrito ontem.
amanhã	Era possível que ela escrevesse amanhã.
a semana que vem	Era possível que ela escrevesse a semana que vem.
é preciso	É preciso que ela escreva a semana que vem.
o mês passado	É preciso que ela tenha escrito o mês passado.

sábado que vem	É preciso que ela escreva sábado que vem.
daqui a dois dias	É preciso que ela escreva daqui a dois dias.
venha	É preciso que ela venha daqui a dois dias.
a noite passada	É preciso que ela tenha vindo a noite passada.
era	Era preciso que ela tivesse vindo a noite passada.
depois de amanhã	Era preciso que ela viesse depois de amanhã.

LEITURA: A literatura brasileira

A literatura sempre retrata uma época. No século XVI os livros de viagens, as narrativas de cronistas e as cartas de missionários revelam que as idéias dominantes eram a posse da terra, a exploração das riquezas e a conquista e catequese do índios. Nessa fase o Brasil teve o seu primeiro poeta, o Padre José de Anchieta.

No século seguinte desenvolveu-se um clima literário entre fidalgos portugueses e senhores de engenho. As produções dessa época, porém, não tinham raízes na terra nem no meio social, não refletindo, portanto, as suas necessidades e aspirações. Expressavam, apenas, uma cultura universalista e européia e só serviam para recreio de uma pequena casta privilegiada. Os primeiros prosadores e poetas brasileiros de nascimento eram portugueses no pensamento e no gosto.

Duas grandes figuras se destacam nesta fase. Uma é o Padre Antônio Vieira, que nasceu em Portugal mas viveu longos anos no Brasil e é considerado o maior orador sacro da língua portuguesa; a outra é o poeta satírico Gregório de Mattos, chamado "boca de inferno" por causa de suas sátiras ferinas e violentas contra a sociedade da colônia.

No século XVIII surgem as academias literárias, todas de duração efêmera. Nesse século de reações nativistas, unem-se pela primeira vez a política e as letras, atraídas pela idéia de emancipação nacional. São os mineiros os grandes poetas do tempo, entre os quais Tomás Antônio Gonzaga, Silva Alvarenga e Cláudio Manuel da Costa. Reunidos em Vila-Rica, então capital de Minas Gerais, esses poetas planejaram o primeiro movimento importante de libertação nacional, pelo que foram severamente castigados.

No século XIX, com a chegada de Dom João VI, a vida intelectual adquire grande intensidade na tribuna e na imprensa. Nesse período, passa para o primeiro plano a literatura efêmera mas eficaz do jornalismo político, que depois cede lugar à eloqüência parlamentar.

O romantismo aparece já na primeira metade do século com Gonçalves de Magalhães e Porto Alegre. No entanto, só mais tarde, depois de 1850, quando na Europa a ciência começa a impor a sua versão ordenada do mundo e a negação do romantismo, surge no Brasil a plêiade magnífica de poetas românticos. Morrem quase todos em plena mocidade. Destacam-se entre eles: Gonçalves Dias, Álvares de Azevedo, Fagundes Varela, Casimiro de Abreu e Castro Alves. O maior romancista da escola romântica é José de Alencar, que já inicia na literatura o uso da língua falada no Brasil e temas nacionais, embora transfigurados aos olhos do romântico. Assim é que retrata a vida do selvagem e a sociedade patriarcal.

Do século XIX é Machado de Assis, que não pertence a escola alguma e é o maior nome das letras brasileiras. Sua obra inclui poesia, teatro, crônica e crítica literária. Seus contos são obras primas, mas é o romance que constitui a parte mais importante da sua obra, sobretudo os três mais famosos: *Dom Casmurro, Quincas Borba* e *Memórias Póstumas de Brás Cubas.*

Ainda do século XIX são também dois grandes oradores e publicistas de poderosa influência política: Rui Barbosa e Joaquim Nabuco.

Depois do romantismo segue-se a poesia parnasiana cujos nomes principais são Olavo Bilac e Alberto de Oliveira. Como representantes do simbolismo, poderíamos mencionar Cruz e Sousa e Alphonsus de Guimaraens.

No período que se segue e que vai do simbolismo ao modernismo, há que citar um escritor de grande evidência, Euclides da Cunha e seu livro, *Os Sertões*, excepcional pela beleza da forma e pela grandiosidade do tema.

Depois da guerra de 1914 surge a corrente modernista. Em 1922 realiza-se em São Paulo a Semana de Arte Moderna com a participação de grandes nomes, entre os quais Graça Aranha, Oswald de Andrade, Mário de Andrade, Guilherme de Almeida e Menotti del Picchia. O Modernismo constituía violenta reação contra a antiga técnica do verso, a eloqüência parnasiana, o gosto pelos grandes temas e o apego às formas tradicionais da língua. Espiritualmente ligada a esse movimento, a revolução de 1930 quebrou o velho regime político e exerceu um papel psicológico de libertação de tendências recalcadas, estimulando a expansão de novas forças. A nota mais viva da época do Modernismo foi a nossa dramática tomada de consciência da realidade nacional, traduzida numa cultura espiritual e literária de caráter nitidamente brasileiro. Alguns dos nomes mais significativos nas épocas modernista e contemporânea são, além dos citados: Manuel Bandeira, Cassiano Ricardo, Carlos Drummond de Andrade, Jorge de Lima, Cecília Meireles na poesia; Graciliano Ramos, Jorge Amado, José Lins do Rego, Rachel de Queiroz, Érico Veríssimo e Guimarães Rosa no romance. Na crítica literária que, embora relativamente nova no Brasil, conta com representantes de alto valor, citaríamos Alceu Amoroso Lima.

Perguntas sobre a leitura

1 O que é que a literatura sempre retrata?
2 O que é que a literatura brasileira do século XVI revela?
3 Quem foi o primeiro poeta brasileiro?
4 Para que serviam as produções literárias do século XVII?
5 Quais são as duas figuras que se destacam nesta fase?
6 Por que Gregório de Mattos era chamado "boca de inferno"?
7 No século XVIII o que se une pela primeira vez?
8 Quais são os grandes poetas desse tempo?
9 O que fizeram eles?

10 O que acontece no século XIX, com a chegada de Dom João VI?
11 Quando aparece o romantismo?
12 Quando surge a plêiade magnífica de poetas românticos?
13 Quem é José de Alencar?
14 Qual é o maior nome das letras brasileiras?
15 O que é que constitui a parte mais importante de sua obra?
16 Quem foram Rui Barbosa e Joaquim Nabuco?
17 O que se segue depois do romantismo?
18 Quem é Euclides da Cunha? Qual é o seu livro mais famoso?
19 O que é que se realiza em São Paulo em 1922?
20 O que constituía o Modernismo?
21 O que estava espiritualmente ligado a esse movimento literário?
22 Qual foi o papel que ela exerceu?
23 Qual foi a nota mais viva da época do Modernismo?
24 Quais são alguns dos nomes mais significativos nas épocas modernista e
   contemporânea?

A CAROLINA

Machado de Assis

Querida, ao pé do leito derradeiro
Em que descansas dessa longa vida,
Aqui venho e virei, pobre querida,
Trazer-te o coração do companheiro.

Pulsa-lhe aquele afeto verdadeiro
Que, a despeito de toda a humana lida,
Fez a nossa existência apetecida
E num recanto pôs um mundo inteiro.

Trago-te flores, — restos arrancados
Da terra que nos viu passar unidos
E ora mortos nos deixa e separados.

Que eu, se tenho nos olhos malferidos
Pensamentos de vida formulados,
São pensamentos idos e vividos.

Vocabulário introduzido na leitura

a despeito de 'in spite of'
adquirir v 'acquire'
ao pé de 'by, near'
apego n 'fondness, attachment'
apetecer v 'desire'
casta n 'caste'
castigar v 'punish'
ceder v 'surrender, cede'
conto n 'short story, tale'
corrente n f 'movement, trend, current'
crítica n 'criticism'
cultura n 'culture'
derradeiro -a aj 'last, final'
desenvolver-se v 'develop'
dominante aj m/f 'dominant'
dramático -a aj 'dramatic'
duração n f 'duration'
efêmero -a aj 'shortlived, fleeting'
eloqüência n 'eloquence'
engenho n 'sugarcane plantation'
espiritual -ais aj m/f 'spiritual'
estimular v 'stimulate'
excepcional -ais aj m/f 'exceptional'
expansão -ões n f 'expansion'
exploração -ões n f 'exploration'
evidência n 'evidence'
ferino -a aj 'cutting'
fidalgo -a n 'noble, aristocrat'
formular v 'formulate'
gosto n 'taste, flavor'
grandiosidade n f 'grandiosity'
impor v 'impose, determine'
inferno n 'hell'
inteiro -a aj 'entire, whole'
jornalismo n 'journalism'
leito n 'bed'
lida n 'chore, toil'
literário -a aj 'literary'
malferido -a aj 'mortally wounded'

metade n f 'half'
missionário -a n aj 'missionary'
mocidade n f 'youth'
modernismo n 'modernism'
modernista aj m/f 'modernist'
morto -a aj 'dead'
nascimento n 'birth'
nativista aj m/f 'nationalistic'
nitidamente av 'distinctly, vividly'
obra-prima n 'masterpiece'
ora avl 'now'
orador -a -es n 'preacher, speaker'
orador sacro 'preacher'
parnasiano -a aj 'Parnassian'
participação -ões n f 'participation'
patriarcal aj m/f 'patriarchal'
plêiade n f 'pleiad'
poderoso -a aj 'powerful'
poesia n 'poetry'
posse n f 'possession, ownership'
privilegiado -a aj 'privileged'
prosador -a -es n 'writer of prose'
psicológico -a aj 'psychological'
publicista n m/f 'political writer'
pulsar v 'pulsate'
reação -ões n f 'reaction'
recalcar v 'repress'
recreio n 'diversion, recess'
refletir v 'reflect'
regime n m 'regime'
relativamente av 'relatively'
resto n 'remains, rest'
retratar v 'depict'
romântico -a aj 'romantic'
romantismo n 'Romanticism'
sacro -a aj 'sacred'
sátira n 'satire'
satírico -a aj 'satirical'
severamente av 'severely'
significativo -a aj 'significant'

simbolismo n 'Symbolism'
surgir v 'emerge, appear'
técnica n 'technique'
traduzir v 'translate'
transfigurar v 'transfigure, transform'

tribuna n 'speaker's platform'
universalista aj m/f 'universal, general'
versão -ões n f 'version'
vivo -a aj 'vigorous'

42

No concerto

Carlos e Helena

C: Eu pensei que não chegássemos a tempo. Nós levamos quase uma hora para vir.

H: É mesmo. Ainda bem que nós conseguimos um bom lugar. Daqui vê-se o piano muito bem; os violinos e as clarinetas também ficam bem situados.

C: Eu continuo pensando que é melhor ficar mais longe da orquestra. Eu venho dizendo isso há muito tempo.

H: Quem sabe se algum dia nós nos entendemos e não brigamos mais por causa de lugares em teatro e cinema. Você já viu o programa?

C: Já sim, parece muito bom. Há um solo de harpa e a solista é ótima.

H: O pianista e o violinista são excelentes. É pena que não haja um cantor ou cantora, barítono ou soprano.

C: Fala-se muito no compositor da primeira sonata. Olhe, o maestro vem entrando. O concerto já vai começar.

At the concert

C: I thought we wouldn't arrive on time. We've been almost an hour coming.

H: That's right. Lucky we got a good place here. You can see the piano very well; and the violins and clarinets are also well placed.

C: I still think it's better to be farther away from the orchestra. I've been saying that for a long time.

H: Who knows if someday we'll understand each other and stop arguing about seats in the theater and the movies. Have you seen the program yet?

C: Yes. It looks good. There's a harp solo and the harpist is excellent.

289

H: The pianist and the violinist are also excellent. It's too bad there's no singer, either a baritone or a soprano.
C: Everyone's talking about the composer of the first sonata. Look, the conductor is coming in. The concert's going to begin now.

ORTOGRAFIA

Divisão das palavras

A divisão das palavras é feita por sílabas, não se separando o que é pronunciado como uma sílaba.

Formam sílaba:
1. Uma vogal ou um ditongo isolados.

e-le	*i*-lha	*au*-to	*Eu*-ropa
a-qui	*u*-va	*ou*-tro	*ei*-ra

2. Uma vogal ou um ditongo seguidos de consoante (*s, z, m, n, l, r*).

is-to	*Áus*-tria	*am*-bos	*el*-mo
es-te	*en*-tra	*om*-bro	*ar*-te
as-tro	*an*-tigo	*al*-moço	*er*-mo

3. Uma consoante ou grupo consonantal (*pl, pr, bl, br, tl, tr, dl, dr, cl, cr, gl, gr, fl, fr, vr*) seguidos de vogal ou ditongo.

ca-sa	*coi*-sa	*prei*-to	*gra*-de
rei-no	*la*-do	*cla*-ro	*re*-gra

4. Uma consoante ou grupo consonantal seguidos de vogal ou ditongo e de outra consoante (*s, z, m, n, l, r*).

cal-da	*tris*-te
sen-da	*pran*-to
cur-so	le-*tras*
Car-los	*plan*-ta
a-*deus*	*gran*-de

Nunca se separam os ditongos. Também não se separam os elementos das combinações *gu, qu, lh, nh, ch* mais vogal.

fl*ui*-do	pe-*que*-no	li-*nha*
he-r*ói*-co	á-*gua*	me-*lhor*
sá-b*io*	ma-*lha*	a-*cha*

Separam-se consoantes duplas ou duas vogais formando hiato.

as-sim	tra-ir	ca-í-do
car-ro	co-o-pe-rar	a-í

ESTRUTURA E EXERCÍCIOS

(1) Verbos com pronomes reflexivos

Daqui vê-se o piano muito bem.
Algum dia nós nos entendemos.
Fala-se muito no compositor.
Eu me sinto exausta.
Todas as paulistas elegantes se vestem na rua Augusta.
Nós sempre nos divertimos tanto com as suas compras.
Você não vai se arrepender.
Não se preocupe.

(1) Ele se feriu. Nós nos divertimos muito. Eu me desculpei e saí.
(2) Eles se amam 'They love each other'. Nós nos compreendemos bem.
(3) Eu me esqueci da lição. O Paulo se lembra dos amigos de escola.
(4) Aprende-se muito nesta escola. Fala-se que ele vai ser ministro.

Os verbos com pronomes reflexivos são muito usados em português.

O pronome reflexivo é o objeto do verbo como acontece em inglês (1). Corresponde à construção inglesa *each other* (2). Outros verbos, para indicarem o que se passa com a pessoa do sujeito, são usados com os pronomes reflexivos, embora estes, em conversação, sejam freqüentemente omitidos (3). O pronome reflexivo *se* é usado com o verbo sem sujeito, correspondendo nesta construção ao inglês *you, they, one, people* (4). Há ainda a construção com o pronome reflexivo *se* para substituir a voz passiva, como vimos na lição anterior.

Substitua o sujeito.

	Você não vai se arrepender.
nós	Nós não vamos nos arrepender.
o compositor	O compositor não vai se arrepender.
os músicos	Os músicos não vão se arrepender.

o escritor	O escritor não vai se arrepender.
eu	Eu não vou me arrepender.
o Paulo	O Paulo não vai se arrepender.
eles	Eles não vão se arrepender.
eu e você	Eu e você não vamos nos arrepender.

	Nós sempre nos divertimos tanto.
ela	Ela sempre se diverte tanto.
a solista	A solista sempre se diverte tanto.
vocês	Vocês sempre se divertem tanto.
todos	Todos sempre se divertem tanto.
os jornalistas	Os jornalistas sempre se divertem tanto.
eu	Eu sempre me divirto tanto.
a senhora	A senhora sempre se diverte tanto.
algumas pessoas	Algumas pessoas sempre se divertem tanto.

Substitua o verbo.

	Talvez os adversários se enfrentem.
encontrar	Talvez os adversários se encontrem.
esquecer	Talvez os adversários se esqueçam.
elogiar	Talvez os adversários se elogiem.
ajudar	Talvez os adversários se ajudem.
apoiar	Talvez os adversários se apoiem.
apresentar	Talvez os adversários se apresentem.
atacar	Talvez os adversários se ataquem.
olhar	Talvez os adversários se olhem.

Responda as seguintes perguntas usando a primeira alternativa.

Ele se demorou muito ou chegou logo?	Ele se demorou muito.
O Paulo se desabafou ou ficou quieto?	Ele se desabafou.
Os adversários se entregaram ou continuaram a luta?	Eles se entregaram.
Você se despediu ou saíu sem dizer nada?	Eu me despedi.
Vocês se arrependeram de ir ou gostaram da peça?	Nós nos arrependemos de ir.
Nós sempre nos divertimos ou nos aborrecemos?	Nós sempre nos divertimos.

Pode-se ver bem daqui ou vamos mudar de lugar?	Pode-se ver bem daqui.
Fala-se bem do compositor ou diz-se que ele não é bom?	Fala-se bem do compositor.
Nós nos encontraremos outra vez ou nunca mais nos veremos?	Nós nos encontraremos outra vez.
Estes namorados se compreendem bem ou discutem muito?	Eles se compreendem bem.

(2) Sufixos de derivação

Eu quero uma informação.
É uma pequena inflamação.
Saíram da alfaiataria.
Ainda estão discutindo o lugar da residência?
A solista é ótima.
O pianista e o violinista são excelentes.

(a) Sufixos que formam substantivos

-*ção*

abolir	abolição	informar	informação
animar	animação	instituir	instituição
apresentar	apresentação	irradiar	irradiação
compor	composição	libertar	libertação
continuar	continuação	liqüidar	liqüidação
criar	criação	manifestar	manifestação
exclamar	exclamação	modificar	modificação
fabricar	fabricação	observar	observação
indicar	indicação	preocupar	preocupação
inflamar	inflamação	renovar	renovação

-*mento*

acontecer	acontecimento	florescer	florescimento
casar	casamento	mover	movimento
desenvolver	desenvolvimento	pensar	pensamento
divertir	divertimento	sentir	sentimento
esquecer	esquecimento		

-*ante*

comandar	comandante	informar	informante
estudar	estudante	representar	representante
fabricar	fabricante	visitar	visitante
governar	governante		

-ância, -ência

abundar	abundância	importar	importância
alternar	alternância	influir	influência
depender	dependência	permanecer	permanência
existir	existência	residir	residência

-ança

aliar	aliança	lembrar	lembrança
cobrar	cobrança	mudar	mudança
confiar	confiança	segurar	segurança
esperar	esperança		

-dor

conspirar	conspirador	narrar	narrador
dominar	dominador	operar	operador
elevar	elevador	torcer	torcedor
governar	governador	trabalhar	trabalhador
gravar	gravador		

-or

cantar	cantor	escrever	escritor
editar	editor	rever	revisor

-dade

ativo	atividade	nacional	nacionalidade
bom	bondade	oportuno	oportunidade
fácil	facilidade	popular	popularidade
feliz	felicidade	real	realidade
final	finalidade	regular	regularidade
intenso	intensidade	superior	superioridade
mau	maldade	tranqüilo	tranqüilidade

-eiro, -eira

açougue	açougueiro	jardim	jardineiro
açúcar	açucareiro	jornal	jornaleiro
barba	barbeiro	laranja	laranjeira
cabelo	cabeleireiro	leite	leiteiro
cinza	cinzeiro	pão	padeiro
costura	costureira	peixe	peixeiro
cozinha	cozinheira	pêssego	pessegueiro
fazenda	fazendeiro	porta	porteiro
galinha	galinheiro	quitanda	quitandeiro
guerra	guerreiro	sapato	sapateiro

-aria, -eria

alfaiate	alfaiataria	leite	leiteria
barba	barbearia	pão	padaria
bilhete	bilheteria	peixe	peixaria

-ista

abolição	abolicionista	piano	pianista
arte	artista	romance	romancista
ciência	cientista	solo	solista
ideal	idealista	violino	violinista
jornal	jornalista		

-ismo

atleta	atletismo	jornal	jornalismo
católico	catolicismo	moderno	modernismo
cristão	cristianismo	protestante	protestantismo
ideal	idealismo	raça	racismo

(b) Sufixos que formam adjetivos

-ante

abundar	abundante	importar	importante
brilhar	brilhante	impressionar	impressionante
emocionar	emocionante	interessar	interessante
ignorar	ignorante		

-al

acidente	acidental	mundo	mundial
centro	central	município	municipal
dente	dental	música	musical
fim	final	nação	nacional
império	imperial	pessoa	pessoal
indústria	industrial	princípio	principal
intelecto	intelectual	sentimento	sentimental
matéria	material	tradição	tradicional

-oso

ânsia	ansioso	maravilha	maravilhoso
cheiro	cheiroso	nervo	nervoso
delícia	delicioso	número	numeroso
fama	famoso	orgulho	orgulhoso
gosto	gostoso	revolta	revoltoso
honra	honroso	sabor	saboroso
luxo	luxuoso		

(c) Sufixo que forma verbos

-zar

alfabeto	alfabetizar	harmonia	harmonizar
caráter	caracterizar	ideal	idealizar
colônia	colonizar	órgão	organizar
escravo	escravizar	rival	rivalizar

Estes são alguns dos sufixos usados para formar palavras.
É também possível a formação de palavras por meio de prefixos como por exemplo: *ordem – desordem, vantagem – desvantagem, possível – impossível.*

Responda na forma afirmativa de acordo com o padrão apresentado.

O seu primo trabalha em jornal?	Trabalha sim, ele é jornalista.
Ele tem uma fazenda?	Tem sim, ele é fazendeiro.
Ele toca piano?	Toca sim, ele é pianista.
Ele trabalha com leite?	Trabalha sim, ele é leiteiro.
Este teatro é do município?	É sim, ele é municipal.
Eles cantam bem?	Cantam sim, eles são cantores.
Ele escreve muito?	Escreve sim, ele é escritor.
O seu amigo joga futebol?	Joga sim, ele é jogador.
Vocês torcem nos jogos?	Torcemos sim, nós somos torcedores.
A Dona Rosa vende peixe?	Vende sim, ela é peixeira.
O Seu Raul trabalha em jardim?	Trabalha sim, ele é jardineiro.
Este rapaz faz sapato?	Faz sim, ele é sapateiro.
O marido dela escreve romances?	Escreve sim, ele é romancista.
Ela toca violino bem?	Toca sim, ela é violinista.
O seu tio é dono de açougue?	É sim, ele é açougueiro.

Nas frases seguintes acrescente a palavra adequada.

Na loja onde se liqüida há uma . . .
Quando ele informa ele dá uma . . .
Modificaram a frente deste prédio; houve uma . . .
Os alunos animam esta escola; aqui há muita . . .

Eles se divertiram na fazenda; houve muitos . . .
Nós confiamos em vocês; nós temos . . .
Vocês mudaram de casa; houve uma . . .
Nós residimos aqui; esta é a nossa . . .

Todos aqui são ativos; aqui há muita . . .
Todos sonham em ser felizes, todos querem a . . .
Recife tem muitas tradições, é uma cidade . . .
Esta rua fica bem no centro da cidade, é uma rua . . .

Manuel Bandeira é um poeta de grande fama; é um poeta . . .
Quem se dedica à ciência é um . . .
As peças de teatro que emocionam são . . .
Os brasileiros que conspiraram em Minas eram . . .

liqüidação	divertimentos	atividade	famoso
informação	confiança	felicidade	cientista
modificação	mudança	tradicional	emocionantes
animação	residência	central	conspiradores

(3) Gerúndio

Eu continuo pensando que é melhor ficar mais longe da orquestra.
Eu venho dizendo isso há muito tempo.
O maestro vem entrando.
Ele ia fazendo comentários sobre o seu clube e seus ídolos esportivos.

---

(1)
Ela acabou comprando dois pares de sapatos.
Ele vai fazendo o que pode.
Ele anda escrevendo muito.
Ele vem recomendando isto há anos.

(2)
Nós sempre nos divertimos na cidade fazendo compras.
Ele entrou em casa cantando.
Ficamos na escola estudando.
Ele saiu para o trabalho dizendo isso.

(3)
Eu ouvi os rapazes cantando.
Vocês viram a empregada chegando.
Ele observou o menino estudando.

(4)
Ouvindo a campainha 'doorbell', ele foi abrir a porta (Quando ouviu a campainha, ele foi abrir a porta).
Havendo sol, passearemos (Se houver sol, passearemos).
Estando cansado, ele se sentou (Como estava cansado, ele se sentou. Ele se sentou, porque estava cansado).

Nessas frases (1) o gerúndio combinado com outro verbo forma um tempo composto para indicar a duração da ação ou seu desenvolvimento gradual.

O gerúndio também é usado como um complemento de modo, referente ao sujeito do outro verbo (2) ou ao seu objeto direto (3).

Finalmente, o emprego do gerúndio é uma maneira mais rápida de dizer o que poderia ser dito com uma oração com *quando, se, como* ou *porque* (4). Neste caso começa-se a frase, em geral, com o gerúndio.

Substitua a expressão no fim da frase.

	Nós sempre nos divertimos fazendo compras.
ouvindo rádio	Nós sempre nos divertimos ouvindo rádio.
nadando	Nós sempre nos divertimos nadando.
viajando	Nós sempre nos divertimos viajando.
lendo	Nós sempre nos divertimos lendo.
andando a cavalo	Nós sempre nos divertimos andando a cavalo.
jogando futebol	Nós sempre nos divertimos jogando futebol.
escrevendo cartas	Nós sempre nos divertimos escrevendo cartas.
dando uma volta pela cidade	Nós sempre nos divertimos dando uma volta pela cidade.

Substitua o segundo verbo.

	Ela acabou comprando dois pares de sapatos.
vendendo	Ela acabou vendendo dois pares de sapatos.
gostando de	Ela acabou gostando de dois pares de sapatos.
olhando	Ela acabou olhando dois pares de sapatos.
levando	Ela acabou levando dois pares de sapatos.
experimentando	Ela acabou experimentando dois pares de sapatos.
conseguindo	Ela acabou conseguindo dois pares de sapatos.
encomendando	Ela acabou encomendando dois pares de sapatos.
se decidindo por	Ela acabou se decidindo por dois pares de sapatos.

Responda as seguintes perguntas usando a primeira alternativa.

Você continua pensando que é melhor mais perto ou mais longe?	Eu continuo pensando que é melhor mais perto.
Eles vêm dizendo isso há uma semana ou há um mês?	Eles vêm dizendo isso há uma semana.
O maestro vem entrando ou saindo?	O maestro vem entrando.

Vocês sempre se divertem fazendo compras ou vendo vitrines?	Nós sempre nos divertimos fazendo compras.
A Helena acabou comprando dois pares de sapatos ou um vestido?	Ela acabou comprando dois pares de sapatos.
O Luís vai fazendo o exercício ou a composição?	Ele vai fazendo o exercício.
Nós aprendemos estudando ou passeando?	Nós aprendemos estudando.
Você acabou indo ao cinema ou ao teatro?	Eu acabei indo ao cinema.

LEITURA: O movimento artístico no Brasil

As artes não se desenvolveram muito no período colonial nem no Império devido à pouca importância das cidades. No século XVII houve em Pernambuco um impulso de florescimento artístico durante a ocupação holandesa. Esse movimento, porém, não durou muito nem teve influência em outras áreas. Foi obra de artistas holandeses que não se prenderam à terra, nem fizeram discípulos.

O movimento artístico só se iniciou realmente no século XVIII com a influência do barroco que então dominava a Europa. O barroco repercutiu profundamente no Brasil, e, se há uma arte de civilização brasileira no período colonial, esta foi, sem dúvida, a arte arquitetônica e decorativa nele inspirada. Expressava bem o caráter patriarcal e religioso, sentimental e místico da nossa gente.

Desse surto de arte colonial resultaram os mais belos monumentos religiosos do país, os quais se encontram, principalmente, no Nordeste, na Bahia, no Rio e em Minas Gerais.

Se em geral os arquitetos e os planos arquitetônicos eram quase sempre portugueses, começaram a multiplicar-se, na colônia, artistas que adquiriam de seus mestres do reino a técnica e as idéias ornamentais, mas que já marcavam as suas obras com um caráter original. Assim, surgiram pintores, entalhadores de madeira e escultores que contribuíram para elevar, a um alto grau, a arte barroca de ornamentação, criando magníficos interiores de igrejas. O maior de todos é Antônio Francisco Lisboa, o Aleijadinho, que viveu na segunda metade do século XVIII em Vila Rica.

Essa primeira fase de arte no Brasil foi de arquitetura, pintura e estatuária religiosas. Religiosa foi também a primeira manifestação da música brasileira. Os cantos que os padres ensinavam aos meninos índios, desde as primeiras missões dos jesuítas, constituíram um meio importante na obra de catequese. É verdade que nos engenhos e nas cidades também devagar se iam formando o canto e a música populares em que influíram os elementos africano, indígena e português e que hoje constituem parte essencial do folclore brasileiro. No entanto, foi a música religiosa que atingiu maior importância nos três séculos coloniais. O seu maior representante é o Padre José Maurício que deixou trabalhos· de grande valor, entre os quais a *Missa de Requiem*. Foi com as suas criações que chegou ao apogeu a música religiosa, numa época—princípios do século XIX—em que as outras manifestações da arte religiosa já haviam entrado em declínio. Com efeito, nesse tempo já se encontra em desenvolvimento o processo de laicização das artes, o qual se acentua com as atividades da missão artística chegada da Europa em 1816, durante o governo de D. João VI. Nenhuma influência igualou nesse período as de Debret e de Montigny, aquele, pintor histórico, este, grande arquiteto.

Daí em diante, a arte deixa a igreja e se volta para os homens, mas o que lhe interessa é o grande personagem, o homem heróico. Vem, então a época do quadro alegórico, dos retratos a óleo de personagens em evidência e da pintura de história. A concepção de beleza está unida à grandiosidade dos acontecimentos. A arte, assim interpretada, adquiriu, entre 1861 e 1886, a sua maior força de expressão em Vítor Meireles e Pedro Américo, autores de painéis inspirados em motivos heróicos de nossa história.

No entanto, é com Almeida Junior (1850-1899) que se funda realmente a pintura nacional, tanto no assunto como na técnica e se marca bem a passagem do idealismo ao realismo. Ele encontrou os elementos de sua produção na vida de todos os dias, em cenas, costumes e tipos regionais, retratando a nossa vida rural em quadros como *Caipira picando fumo, O violeiro*, etc. Com a pintura de costumes regionais, desenvolve-se também a de paisagens, que tem um de seus maiores representantes em João Batista da Costa (1865-1926).

A pintura, como a literatura, atingiu na segunda metade do século XIX um grau de desenvolvimento só comparável ao que teve lugar nestes últimos anos. Também a música, que toma um caráter profano, adquire grande impulso durante o segundo Império. Difunde-se a moda de tocar piano; organizam-se bandas e orquestras por toda a parte; realizam-se concertos de músicos nacionais e estrangeiros; companhias líricas, compostas dos mais famosos artistas, cantam na Capital do Império; fundam-se as primeiras instituições e sociedades musicais. Nesse ambiente de interesse musical, surgem grandes músicos e compositores. Destaca-se Carlos Gomes, um dos mais poderosos artistas que o Brasil já produziu. Foi autor de numerosas óperas, devendo-se citar a *Fosca, Lo Schiavo* e *O Guarani*, esta a mais famosa e, talvez, a mais original.

Com a República, há um declínio de todas as manifestações artísticas, declínio que se torna cada vez mais acentuado até a guerra mundial de 1914. Nota-se, porém, desde os primeiros anos do século XX, um movimento de expansão **artística** com a criação de várias escolas e instituições de arte na Capital e nos estados.

O movimento de arte moderna é dos estados que se irradia. São Paulo é o seu maior centro de expansão e lá se realiza em 1922 a agitada Semana de Arte Moderna. Na época moderna destaca-se na escultura, Brecheret, autor do

Monumento das Bandeiras e, mais recentemente, Bruno Giorgi. A pintura moderna teve como precursores Anita Malfatti, Paulo Rossi, Vitório Gobbis, Hugo Adami, Di Cavalcanti e se caracteriza pela heterogeneidade dos grupos. Encontram-se impressionistas de primeira ordem como Volpi, expressionistas como Segal, primitivistas como Tarsila, mas, acima de todos, ergue-se, dominadora, a figura de Cândido Portinari.

A arquitetura que, desde os tempos coloniais não manifesta nenhuma atividade importante, foi objeto, por volta de 1920 de uma campanha pelo regresso às formas tradicionais. À corrente tradicionalista opôs-se o movimento moderno estimulado por Gregório Warchavchik, Flávio de Carvalho e Lúcio Costa. Esse movimento lutava pelas formas simples, pela concepção da obra em vista da função, pelas construções em cimento armado em linhas retas e verticais. Com Oscar Niemeyer, Rino Levi e outros, esse movimento se consolidou e se expandiu e pôde projetar a arquitetura brasileira no plano internacional.

Com os progressos da arquitetura, surgiu, desde 1937, uma nova arte de jardinagem, criada por Burle Marx. Os jardins adquirem expressão e vida novas e constituem parte das estruturas imaginadas pelos arquitetos.

Também a música teve nos últimos tempos um de seus períodos mais brilhantes. Integrada no movimento geral de arte moderna, tirou das canções populares os elementos de sua renovação. O nativismo, que se esboça nos fins do século XIX, chega ao apogeu com a música popular, não indígena, nem africana, nem portuguesa mas o resultado do amálgama de todas elas. A música moderna tem em Heitor Villa-Lobos o seu maior representante com as suas *Bachianas Brasileiras*, os *Choros*, as grandes orquestrações de música folclórica e as *Cirandas*. Em sua enorme produção, constituída de mais de 1400 composições, Villa-Lobos exprime, com uma intensidade sem igual, a vida do país, o contato da terra e as sugestões líricas da raça em toda a sua força primitiva.

Nos vários setores, inclusive nos não mencionados aqui, como o teatro e o cinema, as artes têm tido um extraordinário impulso nestes últimos trinta anos. A arte contemporânea brasileira revela um potencial rico de conciliação entre os meios de expressão nacional e universal e de há muito ultrapassa as fronteiras do país.

Perguntas sobre a leitura

1 O que acontece em Pernambuco no século XVII?
2 Por que esse movimento não perdurou?
3 Quando o movimento artístico realmente se iniciou no Brasil?
4 Onde se encontram no Brasil os mais belos monumentos religiosos inspirados na arte barroca?
5 Qual foi o maior artista brasileiro da era barroca?
6 Como se manifestou o espírito religioso brasileiro no que diz respeito às artes?
7 Quando chegou ao apogeu a música religiosa?

8 Quando se inicia o processo de laicização das artes?
9 Quais foram os dois grandes nomes na época da missão artística chegada da Europa?
10 Qual é o período que se segue à fase da arte religiosa?
11 Quais são os dois grandes pintores que se inspiraram em motivos heróicos?
12 Com quem se funda verdadeiramente a pintura nacional?
13 Em que encontrou Almeida Junior os elementos de sua produção?
14 Como se manifesta o desenvolvimento da música durante o segundo Império?
15 Qual é o grande nome na música dessa época?
16 O que acontece com as artes no princípio da República?
17 Como se inicia o movimento de arte moderna?
18 Quem se destaca na escultura?
19 Como se caracteriza a pintura? Qual é o seu grande nome?
20 Por que lutava o movimento de arte moderna no que diz respeito à arquitetura?
21 Qual é o mais famoso arquiteto brasileiro?
22 Quem é Burle Marx?
23 De que tira a música moderna os elementos de sua renovação?
24 Quem é o maior representante da música brasileira moderna?

Vocabulário introduzido na leitura

alegórico -a aj 'allegoric'
Aleijadinho, 'little cripple'
amálgama n m/f amalgamation, mixture'
apogeu n m 'peak, prime'
arquiteto n 'architect'
arquitetônico -a aj 'architectonic'
artístico -a aj 'artistic'
baiano -a aj 'a person from Bahia'
banda n 'band (music)'
barroco -a aj 'baroque'
choro n 'form of popular Brazilian music'
cimento armado 'reinforced concrete'
ciranda n 'children's song game'
comparável -eis aj m/f 'comparable'
concepção -ões n f 'conception'
consolidar v 'consolidate'
daí em diante 'from then on'
declínio n 'decline, decadence'
difundir v 'diffuse'

discípulo -a n 'disciple follower'
efeito n 'effect, result'
elemento n 'element'
em vista de 'in view of'
entalhar v 'carve wood'
esboçar v 'sketch'
escultor -a -es n 'sculptor'
essencial -ais aj m/f 'essential'
estatuária n 'statuary'
expandir v 'expand'
expressionista n m/f 'expressionist'
exprimir v 'express, manifest'
extraordinário -a aj 'extraordinary'
folclórico -a aj 'pertaining to folklore'
fronteira n 'frontier, border'
fumo n 'tobacco'
grau n m 'degree'
guarani n m 'South American Indian'
heterogeneidade n f 'heterogeneousness'
histórico -a aj 'historical'
impressionista n m/f 'impressionist'

indígena aj m/f 'indigenous'
inspirar v 'inspire'
integrar v 'integrate'
interior -es n m 'interior'
interpretar v 'interpret'
jardinagem n m 'gardening'
laicização -ões n f 'laicization'
lírico -a aj 'lyric'
mestre n m 'master'
Missa de Requiem n f 'Requiem Mass'
místico -a aj 'mystic'
nativismo n 'nativism'
ornamental -ais aj m/f 'ornamental,
    decorative'
orquestração -ões n f 'orchestration'
painel -éis n m 'mural'
personagem n m/f 'outstanding person'
piano n 'piano'
picar v 'chop'
pintura n 'painting'
por volta de 'around, about'
potencial -ais n m 'potential'
precursor -a -es n 'forerunner,
    predecessor'

primitivista n m/f 'primitivist'
profano -a aj 'profane'
profundamente av 'deeply'
projetar v 'project'
realismo n 'realism'
regresso n 'return'
repercutir v 'have repercutions'
resultado n 'result'
resultar v 'result, follow'
reto -a aj 'straight'
retrato n 'portrait'
rural -ais aj m/f 'rural'
setor -es n m 'sector'
sugestão -ões n f 'suggestion'
surto n 'outbreak'
tocar v 'play'
tradicionalista aj m/f 'traditionalist'
ultrapassar v 'surpass, exceed'
universal -ais aj m/f 'universal'
vertical -ais aj m/f 'vertical'
violeiro n 'guitar player'

Apêndice

VERBOS REGULARES

Infinito

falar	comer	partir

Indicativo

Presente / Composto

falo	como	parto	tenho	falado
fala	come	parte	tem	comido
falamos	comemos	partimos	temos	partido
falam	comem	partem	têm	

Pretérito perfeito

falei	comi	parti
falou	comeu	partiu
falamos	comemos	partimos
falaram	comeram	partiram

Pretérito imperfeito

falava	comia	partia
falava	comia	partia
falávamos	comíamos	partíamos
falavam	comiam	partiam

Pretérito mais-que-perfeito / Composto

falara	comera	partira	tinha	falado
falara	comera	partira	tinha	comido
faláramos	comêramos	partíramos	tínhamos	partido
falaram	comeram	partiram	tinham	

Futuro

falarei	comerei	partirei
falará	comerá	partirá
falaremos	comeremos	partiremos
falarão	comerão	partirão

Futuro do pretérito

falaria	comeria	partiria
falaria	comeria	partiria
falaríamos	comeríamos	partiríamos
falariam	comeriam	partiriam

Subjuntivo

Presente

fale	coma	parta	tenha	falado
fale	coma	parta	tenha	comido
falemos	comamos	partamos	tenhamos	partido
falem	comam	partam	tenham	

Composto (tenha falado / tenha comido / tenhamos partido)

Pretérito

falasse	comesse	partisse	tivesse	falado
falasse	comesse	partisse	tivesse	comido
falássemos	comêssemos	partíssemos	tivéssemos	partido
falassem	comessem	partissem	tivessem	

Composto

Futuro

falar	comer	partir	tiver	falado
falar	comer	partir	tiver	comido
falarmos	comermos	partirmos	tivermos	partido
falarem	comerem	partirem	tiverem	

Composto

Imperativo

fale	coma	parta
falemos	comamos	partamos
falem	comam	partam

Infinito pessoal

falar	comer	partir
falar	comer	partir
falarmos	comermos	partirmos
falarem	comerem	partirem

VERBOS IRREGULARES

A seguinte lista de verbos inclui apenas as formas em que estes verbos são irregulares.

crer

Presente   creio crê cremos crêem

dar

Presente   dou dá damos dão
Pret. perf.   dei deu demos deram
Pres. subj.   dê dê demos dêem

dizer

Presente	digo diz dizemos dizem
Pret. perf.	disse disse dissemos disseram
Futuro	direi dirá diremos dirão
Fut. pret.	diria diria diríamos diriam

estar

Presente	estou está estamos estão
Pret. perf.	estive esteve estivemos estiveram
Pres. subj.	esteja esteja estejamos estejam

fazer

Presente	faço faz fazemos fazem
Pret. perf.	fiz fez fizemos fizeram
Futuro	farei fará faremos farão
Fut. pret.	faria faria faríamos fariam

haver

Presente	hei há havemos hão
Pret. perf.	houve houve houvemos houveram
Pres. subj.	haja haja hajamos hajam

impedir

Presente	impeço impede impedimos impedem

ir

Presente	vou vai vamos vão
Pret. perf.	fui foi fomos foram
Pres. subj.	vá vá vamos vão

ler

Presente	leio lê lemos lêem

medir

Presente	meço mede medimos medem

ouvir

Presente	ouço ouve ouvimos ouvem

pedir

Presente	peço pede pedimos pedem

perder

Presente	perco perde perdemos perdem

poder

| Presente | posso pode podemos podem |
| Pret. perf. | pude pôde pudemos puderam |

pôr

Presente	ponho põe pomos põem
Pret. perf.	pus pôs pusemos puseram
Pret, imp.	punha punha púnhamos punham

querer

Presente	quero quer queremos querem
Pret. perf.	quis quis quisemos quiseram
Pres. subj.	queira queira queiramos queiram

rir

| Presente | rio ri rimos riem |

saber

Presente	sei sabe sabemos sabem
Pret. perf.	soube soube soubemos souberam
Pres. subj.	saiba saiba saibamos saibam

sair

| Presente | saio sai saímos saem |

ser

Presente	sou é somos são
Pret. perf.	fui foi fomos foram
Pret. imp.	era era éramos eram
Pres. subj.	seja seja sejamos sejam

ter

Presente	tenho tem temos têm
Pret. perf.	tive teve tivemos tiveram
Pret. imp.	tinha tinha tínhamos tinham

trazer

Presente	trago traz trazemos trazem
Pret. perf.	trouxe trouxe trouxemos trouxeram
Futuro	trarei trará traremos trarão
Fut. pret.	traria traria traríamos trariam

ver

Presente	vejo vê vemos vêem
Pret. perf.	vi viu vimos viram

vir

Presente	venho vem vimos vêm
Pret. perf.	vim veio viemos vieram
Pret. imp.	vinha vinha vínhamos vinham

Vocabulário

The following vocabulary includes both those words which were introduced in *Português Contemporâneo 1* and those which were introduced in *Português Contemporâneo 2*.

Each vocabulary entry is followed by a number which indicates the lesson in which the item first occurs.

A number which is not included in parentheses or followed by another symbol indicates that the item was introduced in the dialogue of a lesson.

A number followed by an asterisk indicates that the item was introduced in the cultural notes.

A number included within parentheses indicates that the item was introduced in one of the explanations of structure within a lesson.

A number followed by an *L* indicates that the item was introduced in the *Leitura*.

Unless otherwise noted nouns ending in *-o* are masculine and nouns ending in *-a* are feminine.

The abbreviations used in the various vocabulary entries are as follows:

aj	adjective	n	noun
ajl	adjectival	neg	negative
av	adverb	nl	nominal
avl	adverbial	p	preposition
c	conjunction	part	participle
dem	demonstrative	pl	plural
f	feminine	pos	possessive
interr	interrogative	sg	singular
itj	interjection	v	verb
m	masculine		

a p 'to, at' (3)
a despeito de c 'in spite of' 41L
a favor de c 'in favor of' 40L
a fim de c 'in order to' 30*
à medida que c 'while, as' 29L
a menos que c 'unless' (33)
à saída 'on going out' 28L
a não ser que c 'unless' (24)
à vontade 'plentiful, at ease' 24
abacaxi n m 'pineapple' 32L
abaixo avl 'below' (24)
abdicar v 'abdicate' 40L
abdômen n m 'abdomen' 30L
aberto -a aj 'opened' 4
abertura n 'opening' 40L
abolição -ões n f 'abolition' 40L
abolicionista n aj m/f 'abolitionist' 35L
abolir v 'abolish, revoke' 40L
abordar v 'grapple with, approach' 40L
aborrecer-se v 'become bored or angry' 25
abraço n 'embrace, gesture of greeting' (1)
abril n m 'April' 10
abrir v 'open' (Intro)
absorto -a aj 'absorbed' 35L
absorver v 'absorb' 36L
abundância n 'abundance' 38L
abundante aj 'abundant' (42)
abundar v 'abound' (42)
acabar de v 'have just, end, finish' 23L
academia n 'academy' 40L
acadêmico -a aj 'academic' 34L
ação n f 'action' (26)
aceitar v 'accept' 41
acender v 'ignite' 39L 'light'
acento n 'accent' (23)
acentuação-ões n f 'accentuation' (38)
acentuar v 'accent' (28)
acerto n 'wisdom' 31L
achar v 'think, believe' (7) 'find' 30L
acidental -ais aj m/f 'accidental' (36)
acidente n m 'accident' (42)

acima avl 'above' (23)
acolher v 'welcome, greet, receive' 37L
acompanhar v 'accompany' 22
aconselhar v 'advise' (39)
acontecer v 'happen' 30L
acontecimento n 'event' 23*
acordar v 'wake up' 33L
acostumar v 'become accustomed to' 27
acreditar v 'believe' (34)
acrescentar v 'add' (28)
açougue n m 'butcher's' 32L
açúcar n m 'sugar' 24L
açucareiro n 'sugar bowl' (42)
adequado -a aj 'appropriate' (30)
adiantado -a aj 'fast, advanced' 16
adiantar v 'move ahead' 31
adicional -ais aj m/f 'additional' (28)
adicionar v 'add' (30)
adjetivo n 'adjective' (25)
administração -ões n f 'administration' 35L
admirar v 'admire' 23L
adolescente n m/f 'adolescent' 33L
adquirir v 'acquire' 41L
adverbial -ais aj m/f 'adverbial' (37)
advérbio n 'adverb' (37)
adversário -a n 'adversary' 29L
advogado -a n 'lawyer' (16)
aeromoço -a n 'steward, stewardess' 35L
aeroporto n 'airport' 20
afeto n 'affection' 27L
afilhado -a n 'godchild' 32
afinal avl 'finally, at last' 24L
afirmação -ões n f 'affirmation' 35*
afirmativo -a aj 'affirmative' (24)
aflitíssimo -a aj 'very worried' 31L
afluir v 'flow, flock' 29L
africado -a aj 'affricate' (24)
africano -a aj 'African' 35L
agente n m 'agent' (41)
agir v 'act, behave' 39L
agitação -ões n f 'agitation' 40L

agitar v 'rouse, agitate' 40L
aglutinar v 'agglutinate' (23)
agora avl 'now' (Intro)
agosto n 'August' (10)
agradabilíssimo -a aj 'very agreeable'
20
agradar v 'please' 24
agradável -eis aj m/f 'pleasant' 35L
agradecer v 'thank' 24L
agrícola aj m/f 'agricultural' 34L
agricultura n 'agriculture' 37L
água n 'water' 19
agudo -a aj 'acute' (38)
ah! itj 'oh!' ' 2
aí avl 'there' 9
ainda avl 'still, yet' 7
ainda que c 'even though' (33)
ajudar v 'help' 37L
alaranjado -a 'orange' (color) (22)
alarme n m 'alarm' (36)
aldeia n 'village' 38L
alegórico -a aj 'allegoric' 42L
alegre aj 'happy' 24L
alegria n 'joy, happiness' 32L
aleijadinho -a n 'little cripple' 42L
além de avl 'besides' 7
Alemanha n 'Germany' (2)
alemão n m 'German language' (2)
alemão -ã -ães n aj 'German' (2)
alfabetizar v 'alphabetize' (42)
alfabeto n 'alphabet' (23)
alfaiate n m 'tailor' 34L
alferes n m 'second lieutenant'
(archaic) 39L
Algarve n 'province of Portugal' 40L
alguém nl 'someone' 20
algum -ma -ns -mas aj 'some, any' (20)
aliança n 'wedding ring' 23*
aliar v 'ally' 40L
alma n 'soul' 28L
almoçar v 'eat lunch' 11
almoço n 'lunch' 6
altar -es n m 'altar' 27L
alteração -ões n f 'alteration' 40

alternância n 'alternation' (25)
alternar v 'alternate' (42)
alternativa n 'alternative' (23)
alto -a aj 'tall' (3)
alto-falante n m 'loudspeaker' 29L
altura n 'altitude, height' 37L
alugar v 'rent' (41)
aluno -a n 'student' 1
alveolar -es aj m/f 'alveolar' (24)
alvoroçar v 'excite, agitate' 33
amador -es n m 'amateur' 29*
amálgama n m/f 'amalgamation, mixture' 42L
amanhã avl 'tomorrow' (Intro)
amar v 'love' (42)
amarelo -a 'yellow' 22
amargo -a aj 'bitter' 35*
amável -eis aj m/f 'kind, nice' 32L
amavelmente av 'nicely' 25L
ambiente n m 'environment' 35*
ambigüidade n f 'ambiguity' (29)
ambos -as nl 'both' (25)
amedrontar v 'scare' 30L
América do Sul n f 'South America'
americano -a n aj 'American' 2
amigo -a n 'friend' 5
amizade n f 'friendship' 27L
amolar v 'sharpen, hone' 30L
amor -es n m 'love' 33L
andar v 'walk' 19
andar -es n m 'story, floor' 27L
andar a cavalo v 'ride a horse' 33
anel -éis n m 'ring' 23L
angustiado -a aj 'distressed' 28*
anhangá n m 'evil spirit, devil' (Tupi)
38L
animação -ões n f 'movement, excitement' 29L
animado -a aj 'gay, lively' 12
animal -ais n m 'animal' (15)
animar-se v 'become lively' 26L
aniversário n 'birthday' 18
ano n 'year' (7)
ânsia n 'anxiety' (42)

ansiar v 'yearn for' (40)
ansioso -a aj 'anxious, eager' 28L
antecipar v 'anticipate' 40L
ante-penúltima aj 'antepenultimate'
(28)
antepor v 'put before' (42)
anterior -es aj m/f 'previous' 29L
anteriormente av 'previously' (36)
antes avl 'before' 14
antigamente av 'formerly' (26)
antigo -a aj 'old, antique' 17
anunciar v 'announce' 29L
ao à 'to the' (3)
ao longo avl 'along' 35L
ao passo que c 'while' 26*
ao pé de avl 'by, near' 41L
apagar v 'turn off' 28L
apanhar v 'pick up, get' 32L
aparato n 'pomp, display, apparatus'
39L
aparecer v 'appear' (23)
aparelho de gilete 'safety razor' 36L
apartamento n 'apartment' 19
apego n 'fondness, attachment' 41L
apelido n 'nickname' (28)
apenas avl 'only' (23)
apesar de 'in spite of' 23L
apetecer v 'desire' 41L
aplaudir v 'applaud' 29L
aplauso n 'applause' 29L
aplicar v 'apply, use' 38*
apogeu n m 'peak, prime' 42L
apoiar v 'support, help' 40L
apoio n 'support, help' 39L
apontar v 'point' (36)
apostar v 'bet' 24
apóstrofo n 'apostrophe' (35)
apóstolo n 'apostle' 38L
apreciar v 'appreciate' 35L
aprender v 'learn' (6)
aprendizagem -ns n f 'learning' 34L
apresentação -ões n f 'introduction' 1
apresentar v 'introduce' 20
apressar v 'hurry' 31L

aprovação -ões n f 'approval' (32)
aproveitar v 'take advantage of' 23L
aproximar-se v 'approach, draw near
to' 35L
aquele aquela dem 'that' 9
aqui avl 'here' 8
aquilo dem 'that' (Intro)
ar -es n m 'air, appearance' 27L
área n 'area, space' 27*
árido -a aj 'dry, arid' 28L
aristocracia n 'aristocracy' (36)
armazém -ns n m 'grocery store' 32L
aroma n m 'aroma' 35L
arquibancada n 'bleacher seats' 29L
arquiteto -a n 'architect' 42L
arquitetônico -a aj 'architectonic' 42L
arquitetura n 'architecture' 35L
arrancar v 'pull, yank' (36)
arranha-céu n m 'sky scraper' 27L
arranjar v 'put in order' 33
arrastar v 'drag' 29*
arredondar v 'round' 27L
arrepender-se v 'be sorry, regret' 39L
arrojar v 'dare, throw' 39L
arroz n m 'rice' 6
arruinar v 'ruin, destroy' 40L
arrumação -ões n f 'putting in order'
32L
arrumar v 'fix, put in order' 31L
arte n f 'art' 33L
articulação -ões n f 'articulation' 30L
artigo n 'article' 25L
artista n m/f 'artist' (13)
artístico -a aj 'artistic' 42L
artisticamente av 'artistically' 25 L
árvore n f 'tree' 27L
às suas ordens 'at your service, may I
help you? ' 26L
ascender v 'ascend, climb' 39L
aspas n 'quotation marks' (35)
aspecto n 'aspect' 30L
aspiração -ões n f 'aspiration' 40L
aspirar v 'aspirate, inhale' (24)
assaz avl 'enough, rather' 38L

assegurar v 'assure, guarantee' 40L
assim avl 'like this, thus' 23
assim mesmo avl 'just like this' 29
assim que c 'as soon as' 32L
assinar v 'sign' 40L
assistir v 'attend' 29L
associar v 'associate, gather' 39
assumir v 'assume, undertake' 40L
assunto n 'subject' 22
assustar v 'frighten' 30L
asterisco n 'asterisk' (35)
atacar v 'attack' 21
atar v 'tie, fasten' 35L
até p 'until' (Intro)
até logo 'see you later' (Intro)
atenção -ões n f 'attention' (Intro)
atender v 'wait on, answer' 25L
atento -a aj 'attentive, alert' 33L
até que avl 'until then' (33)
aterrissar v 'land' 35L
atingir v 'reach, come to' 35L
atirar v 'throw' 33L
ativamente av 'actively' 40L
atividade n f 'activity' 39L
ativo -a aj 'active' (36)
atleta n m/f 'athlete' (42)
atletismo n 'gymnastics, track' 29L
átono -a aj 'unstressed' (33)
ator atriz n 'actor, actress' 21
atrair v 'attract' (14)
atrás avl 'behind, in back' 27L
atrasar v 'delay' 31L
através de avl 'through, across' (27)
atravessar v 'cross' 26L
atribuir v 'attribute, ascribe' 40L
atrocidade n f 'atrocity' 38L
atual -ais aj m/f 'current' (36)
atualmente av 'currently' (36)
aula n 'class' (3)
aumentar v 'increase' 39L
aumentativo -a aj 'augmentative' (30)
aumento n 'increase' (30)
autêntico -a aj 'authentic' 40*

autocrata n aj m/f 'autocrat, despot' 40L
automóvel -eis n m 'automobile' 27L
autonomia n 'autonomy' 40L
autor -a -es n 'author' 41
auxiliar -es n m/f 'assistant, helper' 31L
avanço n 'advance' 29L
avante avl 'ahead' 39L
avenida n 'avenue' 37L
avental -ais n m 'protective covering used in a barber shop, apron' 30L
aventureiro -a n 'adventurer' 40L
aversão -ões n f 'aversion' (36)
avião -ões n m 'airplane' 20
ávido -a aj 'avid' 39L
avisar v 'advise, notify' 39
avô avó n 'grandfather, grandmother' (5)
azeitona n 'olive' 24L
azul azuis m/f 'blue' (color) (15)
azulejo n 'glazed tile' 35 L

baiano -a n 'inhabitant of or pertaining to Bahia' 42L
baile n m 'dance, ball' 23L
bairro n 'neighborhood, district' 15
bagagem n f 'baggage' 7
baixo -a aj 'short, low' (3)
balcão -ões n m 'balcony' 28L
banana n 'banana' 32L
banco n 'bank' 27L
banda n 'band' (music) 42L
bandeira n 'flag' 22
bandeja n 'tray' 37L
banheiro n 'bathroom' (4)
bando n 'flock, band' 33L
banha n 'lard, fat, grease' 37L
banquete n m 'banquet' (36)
barão -onesa n 'baron, baroness' (21)
barato -a aj 'cheap' 9
barba n 'beard' 36
bárbaro -a aj 'barbaric, savage' 38L

barbeador -es n m 'shaver' 36L
barbearia n 'barber shop' 36
barbeiro n 'barber' 36L
barco n 'boat' 29L
barítono n 'baritone' 42
barraca n 'stand' (market) 9
barroco -a aj 'baroque' 42L
barulhento -a aj 'noisy, loud' 33L
barulho n 'noise' 23L
bastante avl 'very, enough' 31L
bastar v 'be enough' 34
batata n 'potato' 6
bate-papo n 'chat, chit-chat' 33L
bater v 'stamp (feet), hit' 38L
beber v 'drink' 6
beleza n 'beauty' 31L
bem avl 'well' (Intro)
beneficiar v 'benefit, help' 39L
benefício n 'benefit, help' 28L
bexiga n 'bladder' 30L
bezerrinho -a n 'calf' 33L
biblioteca n 'library' (17)
bicicleta n 'bicycle' (20)
bife n m 'steak' 24L
bigode n m 'moustache' 30L
bilhete n m 'ticket' (42)
bilheteria n 'ticket office' (window) 28L
biologia n 'biology' (36)
blusa n 'blouse' 25L
boca n 'mouth' 30L
boi n m 'ox' 33L
"boite" n f 'nightclub' 24L
bola n 'ball' 29*
bola ao cesto n f 'basketball' 29L
bolsa n 'purse' 25L
bolso n 'pocket' 26L
bom boa bons boas aj 'good' (Intro)
bondade n f 'kindness, goodness' 40L
bonde n m 'streetcar' 30L
bondoso -a aj 'kind' 27L
bonnon -a n 'doll' 30L
bonito -a aj 'handsome, beautiful' 3
botânico -a aj 'botanical' 40L

borracha n 'eraser' (11) 'rubber'
braço n 'arm' 30L
branco -a 'white' 22
brasa n 'ember' (17)
brasido n 'brazier' 38L
brasileiro -a n aj 'Brazilian' 2
brigar v 'fight' 42
brilhante n m 'diamond' 23L
brilhante aj m/f 'brilliant' 28L
brilhar v 'shine' (42)
brilho n 'brightness, brilliance' 40L
brincadeira n 'trick, game' 24
buscar v 'look for' 38
butique n f 'boutique' 25L

cá avl 'here, in this place' 38L
cabeça n 'head' 18
cabeleireiro -a n 'hairdresser' 31
cabelo n 'hair' 30L
cabra n 'goat' 33L
cabrito n 'kid' (goat) 33L
caça n 'hunt, chase' 38L
cachorro -a n 'dog' 28L
cada ajl 'each' 24L
cadeira n 'chair' 19
caderno n 'notebook' 11
café n m 'coffee' (6)
café da manha 'breakfast' (6)
cafeeiro -a aj 'pertaining to coffee' 37L
cafezinho n 'demitasse' (coffee) 24L
caipira n m/f 'hillbilly' (12)
cair v 'fall' (14)
cais n m 'dock, wharf' 35
caixa n 'box' 37L
calar v 'quiet' 31
calçada n 'sidewalk, pavement' 27*
calças n 'pants, trousers' 26L
calção de banho n m 'swimming trunks' 26L
calma n 'calmness' 31
calor n m 'heat' (6)
cama n 'bed' 19
câmara n 'chamber' 27L
Câmara Municipal n 'city council' 27L

camarão -ões n m 'shrimp' 32L

camarote n m 'box seat' 28L

camisa n 'shirt' 26L

camisa de colarinho 'dress shirt' 26L

camisa de gola aberta 'sport shirt' 26L

campainha n 'doorbell' (42)

campanha n 'campaign' 40L

campeonato n 'championship' 29*

campo n 'field, playing field' 29L

camponês -esa n aj 'peasant, rural' 37

cana n 'sugar cane' 33L

Canadá n m 'Canada' (2)

canadense n aj m/f 'Canadian' (2)

canção -ões n f 'song' 27L

candidato -a n 'candidate' 30

caneta n 'pen' (Intro)

canjica n 'a dish made of grated corn, sugar, cinnamon, and coconut milk' 12

cansar v 'become tired' 4

cantar v 'sing' (2)

cântico n 'song' 27L

cantor -a -es n 'singer' 42

cão cães n m 'dog' (15)

capacidade n f 'capacity, ability' (36)

capital -ais n f aj 'capital' (15)

capitania n 'province' 38

caracterizar v 'characterize' (42)

caráter caracteres n m 'character' (moral quality) 40L

caravana n 'caravan' 39L

caridade n f 'charity' (36)

carinho n 'affection, warmth' 35L

carioca n m/f 'a person from Rio de Janeiro' 15

caríssimo -a aj 'very dear, very expensive' 29*

carnaval n m 'carnival' 23L

carne n f 'meat' (6)

carneirinho n 'little lamb' 33L

caro -a aj 'expensive' 9

carona n f 'ride, lift' 38

carpinteiro n 'carpenter' 34L

carro n 'car' 9 'wagon, cart' 33L

carregar v 'load, carry' 32L

carta n 'letter' (8)

cartaz n m 'poster, playbill' (theater) (30)

carvão -ões n m 'charcoal, coal' 38

casa n 'house, home' 4

casal -ais n m 'couple' 24L

casamento n 'marriage, wedding' 23*

casar-se v 'get married' 23L

casarão -ões n m 'very large house' 39L

cascata n 'waterfall, cascade' 37L

caso n 'case, event' (23)

caso c 'in case' (33)

casta n 'caste' 41L

castanho -a 'brown, chestnut' 39L

castigar v 'punish' 41L

catedral n f 'cathedral' 27L

categoria n 'category, cláss' 40L

catequese n f 'catechization, indoctrination' 41L

catequizar v 'catechize, indoctrinate' 38L

cativo -a n aj 'captive' (36)

catolicismo n 'Catholicism' (36)

católico -a n aj 'Catholic' 3

causa n 'cause' 39

cautela n 'caution, discretion' 39L

cavaleiro -a n 'rider' (horse) 33L

cavalo n 'horse' 33

ceder v 'surrender, cede' 41L

cedilha n 'mark under c to represent the sound /s/' (23)

cedo avl 'early' 23L

celebrar v 'celebrate' 37

cem 'one hundred' (12)

cento 'hundred' (combining form) (17)

cemitério n 'cemetery' 27L

cena n 'scene' 28L

cenário n 'scenery' 28L

centésimo -a aj 'one hundredth' (13)

centígrado -a aj 'centigrade' 37L

central -ais aj m/f 'central, principal' (42)

centro n 'center' 30L

cerca de avl 'about, approximately' 38L

cercar v 'surround' 28* 'fence'

cereal -ais n m 'cereal grains' 37L

cerimônia n 'ceremony, formality' 32L

certeza n 'certainty' (13)

certo -a aj 'sure' 11

cerveja n 'beer' 32L

cesta n 'basket' 33L

céu n m 'sky' 22

chamar-se v 'be called' 23*

chão n m 'floor, ground' 27L

chapéu n m 'hat' 26L

chefe n m/f 'chief, boss' (27)

chegada n 'arrival' 20

chegar v 'arrive' 5 'be sufficient, be enough' 32L

cheio -a aj 'full' 27L

cheiro n 'smell' (42)

cheiroso -a aj 'fragrant' (15)

chimarrão -ões n m 'unsweetened maté' 37L

chinelo n 'slipper' 25L

chiqueiro n 'pig pen' 33L

choro n 'form of popular Brazilian music' 42L

churrasco n 'barbecued beef' 37

chutar v 'kick' 29*

chuva n 'rain' 33

cidade n f 'city' 14

cidadezinha n 'village' 33

ciência n 'science' 30L

cientista n m/f 'scientist' 40L

cimento armado 'reinforced concrete' 42L

cinco 'five' (7)

cinema n m 'motion picture theater, the movies' 27

cinqüenta 'fifty' (12)

cinto n 'belt, seat belt' 35L

cinza 'gray' (22)

cinzeiro n 'ashtray' (42)

ciranda n 'children's song game' 42L

circunflexo n 'mark to indicate a closed vowel' (38)

citar v 'quote' 28*

ciúme n m 'jealousy' (6)

civil civis aj m/f 'civil' (15)

civilização -ões n f 'civilization' 38L

clamor -es n m 'clamor, outcry' 40L

clarineta n 'clarinet' 42

claro -a aj 'light, clear' (22)

clima n m 'climate' 10

clube n m 'club' 8

coberto -a aj 'covered' (29)

cobrança n 'collection of bills' 39L

cobrir v 'cover' 28L

cocada n 'coconut candy' 12

coche n m 'coach' 49*

cognato -a n aj 'cognate' (36)

coisa n 'thing' (6)

coitado -a aj 'poor, unlucky' 24

colaboração -ões n f 'collaboration' 41

colaborador -a -es n 'collaborator, contributor' 41

colarinho n 'collar' 26L

coleção -ões n f 'collection' 40*

colega n m/f 'schoolmate, fellow classman' 3

colégio n 'school, senior high school' 26L

colher n f 'spoon' 24L

colocar v 'put, place' 26L

colônia n 'colony' 38L

colonial -ais aj m/f 'colonial' 35L

colonização -ões n f 'colonization' 38L

colonizador -a -es n 'colonizer' 35L

colonizar v 'colonize' (42)

coloquial -ais aj m/f 'colloquial' (23)

colorir v 'color' 35L

coluna vertebral -ais 'spinal column' 30L

com p 'with' 3

com antecedência avl 'ahead of time' 39

com licença 'may I, excuse me' (Intro)

comandante n m 'commander, captain' 17

combater v 'fight' 38L

combinar v 'arrange, plan' 32L
começar v 'start' 8
comemoração -ões n f 'commemoration' 39
comemorar v 'commemorate' 23*
comentar v 'comment' 29L
comentário n 'comments' 28L
comentarista n m/f 'commentator' 39
comer v 'eat' 6
comercial -ais aj m/f 'commercial' 23L
comércio n 'commerce, trade, stores' 27L
comida n 'food' 24L
comigo nl 'with me' 23
como avl c 'how, like' (Intro)
como de costume 'as usual' 36L
companheiro -a n 'companion' 29L
companhia n 'company' 29L
comparação -ões n f 'comparison' (27)
comparável -eis aj m/f 'comparable' 42L
complemento n 'compliment' (35)
completamente av 'completely' 29L
complicação -ões n f 'complication' 31
complicar v 'complicate' 30L
compor v 'compose' (11)
composição -ões n f 'composition' (42)
compositor -a -es n 'composer' 42
composto part of compor (30)
compra n 'purchase' 25
comprar v 'buy' (9)
compreender v 'understand' (Intro)
compreensivo -a aj 'comprehensible' (36)
compressa n 'compress' 36L
comprido -a aj 'long' 26L
comprimir v 'squeeze' 29L
compromisso n 'appointment, commitment' 34
comum -ns aj m/f 'common' (21)
comunicar v 'communicate' (30)
comunismo n 'communism' (36)
comutar v 'commute' 39L

conceder v 'concede' 40L
concepção -ões n f 'conception' 42
concerto n 'concert' 8
concluir v 'conclude, settle, finish' 35L
concordar v 'agree' 24L
concretizar v 'make real' 39L
concretização -ões n f 'making real' 40L
condenar v 'condemn' 39L
condição -ões n f 'condition' (31)
condimento n 'seasoning' (36)
condução -ões n f 'transportation' 38
conduzir v 'convey, conduct, drive' 37L
conferência n 'lecture' (36)
confiança n 'confidence, trust, faith' 38L
confiar v 'trust' (42)
conforme avl 'depending upon' (26)
confortável -áveis aj m/f 'comfortable' (15)
congelar v 'freeze' 37L
conhecer v 'know, meet' 16
conhecimento n 'knowledge, acquaintance' (30)
conjunção -ões n f 'conjunction' 33
conosco nl 'with us' 23
conotação -ões n f 'connotation' (28)
conquista n 'conquest' 40L
consciência n 'conscience' (36)
conseguir v 'succeed in, acquire' 28
consentir em v 'agree to' (39)
conseqüência n 'consequence' (31)
conservar v 'keep' 23*
consideração -ões n f 'consideration' (27)
considerar v 'consider' 27L
consistir v 'consist' 30L
consoante n f 'consonant' (23)
consolidar v 'consolidate' (42)
consonantal -ais aj m/f 'consonantal' (37)
conspiração -ões n f 'conspiracy' 39L

conspirador -a -es n m 'conspirator, plotter' 39L
conspirar v 'conspire' 39L
constante aj m/f 'constant' 10
constar v 'consist' (23)
constituir v 'constitute' 28L
construção -ões n f 'construction' (23)
construir v 'build, build up' 29
contacto n 'contact' 33L
contador -a -es n 'story-teller' 38L
contagem n f 'score' 29
contanto que 'provided' (33)
contar v 'count' (Intro) 'tell' (23)
contar com v 'count on, depend on' 40L
contemplar v 'contemplate' 37L
contentar-se v 'please, to be satisfied' 31L
contente aj m/f 'content, happy' 23L
conter v 'contain' (28)
continuação -ões n f 'continuation' (27)
continuar v 'continue' 21
conto n 'story, tale' 41L
contra p 'against' 29
contração -ões n f 'contraction' (23)
contraste n m 'contrast' (25)
contribuir v 'contribute' 39L
contudo c 'however' (30)
convencer v 'convince' 31L
conveniente aj m/f 'convenient' (25)
conversa n 'conversation' 15
conversação -ões n f 'conversation' (27)
conversar v 'chatter' 16
convidado -a n aj 'guest, invited' 12
convidar v 'invite' 20
copo n 'glass' 24L
cor -es n f 'color' 13
cor de rosa 'pink' (22)
coração -ões n m 'heart' 30L
coragem -ns n f 'courage' 38*
corajoso -a aj 'brave' (15)

coral -ais n m 'coral' 35L
cordialmente av 'cordially' 27L
coroa n 'crown' 40*
coroar v 'crown' 40L
coronel -éis n m 'colonel' 33L
corpo n 'body' 21
correio n 'post office' 27L
corrente n f 'movement, trend, current' 41L
correr v 'run' (16)
corresponder v 'correspond' (23)
correspondente aj m/f 'corresponding' (23)
correto -a aj 'correct' 23
corrupto -a aj 'corrupt' 38L
cortar v 'cut' 31L
corte n m 'haircut, cut' 36L
corte n f 'court' 40L
cortês -es aj m/f 'courteous' (21)
cortina n 'curtain' 19
costa n 'coast' 35L
costas n f 'back' 21
costume n m 'woman's suit' 25L 'custom, habit' 35L
costura n 'sewing' (42)
costureiro -a n 'dressmaker' 34L
couro n 'leather' 25L
coxa n 'thigh' 30L
cozinha n 'kitchen' 4
cozinheiro -a n 'cook' 32L
crença n 'belief' 35L
crer v 'think, believe' 21
crescer v 'grow up' 26L
criação -ões n f 'creation' (42)
criança n 'child' (13)
criar v 'create, found, introduce' 30*
crime n m 'crime' 38L
cristão -ã n 'Christian' (21)
crítica n 'criticism' 41
crônica n 'article' 41
cronista n m/f 'article writer' 29
crueldade n f 'cruelty' 35L
cruz -es n f 'cross' 28L

cueca n 'undershorts' 26L
cuidado itj 'be careful, look out', n 'care, caution' 32L
cuidar v 'take care of' 32L
cujo -a 'whose' 28L
culpar v 'blame' 29L
cultura n 'culture' 41L
cultural -ais aj m/f 'cultural' 37L
cumprimentar v 'greet' (24)
cumprimento n 'greeting' (Intro)
cunhado -a n 'brother-in-law, sister-in-law' 18
curral -ais n m 'corral' 33L
curso n 'course' (Intro)
curso secondário 'high school' 30*
curto -a aj 'short' 25L
custar v 'cost' 32L

da noite para o dia 'overnight' 39L
daí a pouco 'in a little while' 30L
daí em diante 'from then on' 42L
dali 'from there' 32L
dançar v 'dance' 3
daquele -a 'of that' (19)
daqui 'from here' 7
daquilo 'of that' 19
dar v 'give' 13
dar atenção v 'pay attention' 26L
dar para v 'overlook' 24L
dar raiva v 'be maddening' 29
dar resultado v 'show results, work' 38L
dar uma volta 'to go for a walk or for a ride' 15
dar-se com v 'get along' 23
dar um jeito v 'to manage somehow' 31L
dar um pulo v 'drop in, drop by' 33
data n 'date' 23L
de p 'of, from ' 5
de acordo com 'according to' (23)
de cor 'by heart' 32
de fato 'in fact, indeed' 23
de forma que c 'so that' (33)

de maneira que c 'so that' (33)
de modo que c 'so that, in order to' (33)
de nada 'you're welcome' (Intro)
de novo 'again' 8
de sorte que c 'so that, in order to' (33)
de vez em quando 'once in a while' 27
decepção -ões n f 'disappointment' (36)
decepcionar v 'disappoint' 29
decidir v 'decide' 7
décimo -a aj 'tenth' (13)
decisão -ões n f 'decision' 29L
declarar v 'declare' 35L
declínio n 'decline, decadence' 42L
decorador -a -es n 'decorator' (36)
decorar v 'memorize' (10) 'decorate'
decorativo -a aj 'decorative' 37L
dedicar v 'dedicate' 23L
dedo n 'finger, toe' 30L
defeito n 'defect, fault' 29L
defender v 'defend' 40L
defesa n f 'save, defense' 29L
definido -a aj 'defined' 10
definitivamente av 'conclusively' 40L
definitivo -a aj 'definitive' (36)
degredo n 'exile, banishment' 39L
deitado -a aj 'lying down' 4
deixar v 'leave' 24L
dele dela 'his, hers' 4
delícia n 'delight, pleasure, joy' 33L
delicioso -a aj 'delicious' 24L
demais avl 'too, too much' 26L
demandar v 'request, demand' 40L
democracia n 'democracy' (36)
demonstrativo -a aj 'demonstrative' (34)
demora n 'delay' 25L
demorar v 'delay' 36L
denominação -ões n f 'name, designation' 35L
denominar v 'name, designate' 30*
dental -ais aj m/f 'dental' (25)

dente n m 'tooth' 30L

dentista n m/f 'dentist' (36)

dentro de p 'inside' 30L

departamento n 'department, section' 26*

dependência n 'subordination, dependency' (42)

dependente n aj m/f 'dependent' (34)

depender de v 'depend on' (42)

depois avl 'after' 11

depor v 'put down' (11) 'dethrone' 40L

deposto part of depor 40L

depressa avl 'fast' (Intro)

deputado n 'congressman' 20

derivação -ões n f 'derivation' 42

derivar v 'derive' (23)

derradeiro -a aj 'last, final' 41L

derrama n 'tax apportionment, excessive tax' 39L

derrame n m 'shedding, pouring' 40L

derrota n 'defeat' 29L

desabafar v 'vent one's feelings' 29L

desânimo n 'discouragement, despondency' 38L

desaparecer v 'disappear' 11

descansar v 'rest' 27L

descendente n m/f 'descendant' 40*

descender de v 'descend from, descend' 37L

descer v 'descend, lower, go down' 37L

descoberto part. of descobrir 38L

descobrir v 'discover' 38L

descrever v 'describe' 37L

descrição -ões n f 'description' (26)

desculpar v 'excuse' (Intro)

desde p 'from, since' 20

desde que c 'since' (33)

desejar v 'desire, wish' 26L

desempenhar v 'carry out, execute, discharge' 34L

desenho n 'design, drawing' 31L

desenvolvimento n 'development' 39L

desenvolver v 'develop' 41L

desgosto n 'grief, distress' (36)

desgraça n 'misfortune' 28L

desistir v 'give up' 28

desmontar v 'take apart' 30L

desmontável -eis aj m/f 'easily taken apart' 30L

desordem -ns n f 'disorder' (42)

desorganizar v 'disorganize' 38L

despedir v 'say good-by to' (21)

despertar v 'awaken' 28L

destacar v 'stand out' 38L

deste desta 'of this' 6

destino n 'destination, destiny' (27)

destruir v 'destroy' 29

desvantagem -ns n f 'disadvantage' (42)

detalhadamente av 'in detail' 30L

detalhe n m 'detail' 39L

determinar v 'determine' (26)

Deus n 'God' 19

devagar avl 'slowly' (Intro)

dever v 'have to, must, ought to' 6

devido a 'due to' 30*

devoção -ões n f 'devotion' 27L

devotar v 'devote' 38L

dez 'ten' 7

dezembro n 'December' 10

dezenove 'nineteen' (12)

dezesseis 'sixteen' (12)

dezessete 'seventeen' (12)

dezoito 'eighteen' (12)

dia n m 'day' (Intro)

dialeto n 'dialect' (24)

diálogo n 'dialogue' 13

diamante n m 'diamond' 39L

diante de p 'in front of' 24L

dicionário n 'dictionary' (36)

diferente aj m/f 'different' 10

diferir v 'differ' (23)

difícil -ceis aj m/f 'difficult' (15)

difundir v 'diffuse, spread' 42L

dificuldade n f 'difficulty' 35L

diminuir v 'lessen' 35L

diminutivo n 'diminutive' (28)

dinheiro n 'money' (17)
diplomacia n 'diplomacy' (36)
direção -ões n f 'direction' (27)
direito n aj ajl 'law, right' 3
diretamente av 'directly' (38)
direto -a aj 'direct' (23)
diretor -a -es n 'director' 28L
dirigir v 'direct' 25L
discípulo -a n 'disciple, follower' 42L
discussão -ões n f 'argument, discussion' 42L
discutir v 'discuss' 7
dispor v 'dispose, display' (11)
disposto part. of dispor 25L
dissoluto -a aj 'dissolute, dissipated' 38L
distinção -ões n f 'distinction' (26)
distinguir v 'distinguish' (40)
distrito n 'district' 22
ditar v 'dictate' (23)
dito part of dizer 29
ditongo n 'diphthong' (28)
divagação -ões n f 'rambling' 36L
diversão -ões n f 'diversion, amusement' 15
diversos -as aj 'various' 29*
divertimento n 'amusement, entertainment' 27*
divertir-se v 'amuse oneself, have a good time' 25
dividir v 'divide' 35L
divisão -ões n f 'division' (42)
dizer v 'say, tell' (Intro)
do da 'of the' 2
do mesmo modo que c 'the same way' (35)
do que 'than' 14
dobro n 'double' 32
doce de leite n m 'candy made of milk and sugar' 12
documento n 'document' 40*
doente n aj m/f 'sick' 4
doido -a n aj 'crazy' 38L
dois duas 'two' 7

dois pontos 'colon' (35)
dominador -a -es n aj 'domineering' (42)
domingo n 'Sunday' 8
dominante aj 'dominant' 41L
domínio n 'domination, domain' 39*
dona n 'title used before a lady's first name' (1)
dono -a n 'owner' 26L
dor -es n f 'pain' 21
dormir v 'sleep' 28
dormitório n 'dormitory' (36)
doutor -a -es 'doctor' 16
doze 'twelve' (7)
drama n m 'drama' 28L
dramático -a aj 'dramatic' 41L
driblar v 'dribble' 29L
duque -sa n 'duke, duchess' (21)
duração -ões n f 'duration' 41L
durante p 'during' 26L
durar v 'last' 39L
dúvida n 'doubt' (32)
duvidar v 'doubt' (32)
duzentos -as 'two hundred' (17)
dúzia n 'dozen' (9)

e c 'and' (Intro)
edificador -a -es n 'builder' 38L
edifício n 'building' 22
editar v 'publish' (42)
editor -a -es n 'publisher' 40*
editora n 'publishing house' 40
educação -ões n f 'education' 38L
efeito n 'effect, result' 42L
efêmero -a aj 'short-lived, fleeting' 41L
eficaz -es aj m/f 'efficient, effective' 38L
elaborar v 'elaborate' 31L
ele, ela nl 'he, she' (1)
elegante aj m/f 'elegant, chic' 25
eleger v 'elect'
eleito part of eleger 40L
elemento n 'element' 42L
elenco n 'theatrical cast' 28L

eletricista n m/f 'electrician' 34L
elétrico -a aj 'electric' 36L
elevador -es n m 'elevator' (20)
elevar v 'elevate, raise' 40L
eliminar v 'eliminate, cut out' (34)
elogiar v 'praise' 29L
eloqüência n 'eloquence' 41L
em p 'in' 2
em busca de 'in search of' 38L
em consideração a 'considering, taking
  into account' (27)
em continuação 'continuing' (26)
em frente a p 'in front of' 31L
em seguida p 'afterwards, following'
  (27)
em torno de p 'around' 38L
em vista de p 'in view of' 42L
em volta p 'around' 36L
emancipação -ões n f 'emancipation'
  40L
embaixador -triz -es n 'ambassador,
  ambassador's wife' (21)
embora c 'although, even though' 23L
embrulho n 'package' 32L
emissora n 'radio or television station'
  39
emocionante aj m/f 'moving, touching'
  28L
emocionar v 'move, touch' (42)
empolgar v 'grip, excite, absorb' 40L
empregado -a n 'employee' 11
emprego n 'employment, position' 34
encantar v 'enchant, delight' 33L
encerrar v 'enclose, incorporate, close'
  22
encomendar v 'order' (36)
encontrar v 'find, meet' 11
encontro n 'appointment, meeting' 16
endereço n 'address' 24L
enérgico -a aj 'energetic' 38L
ênfase n f 'emphasis' 35*
enfático -a aj 'emphatic' (31)
enfrentar v 'face' 28L
engano n 'deception, mistake' (36)

engenheiro -a n 'engineer' (16)
engenho n 'sugar-cane plantation' 41L
engraxar v 'shine' 44L
engraxate n m 'shoe shine boy' 34L
enorme aj m/f 'huge' 7
enquanto c 'while' 25L
enredo n 'plot' 28L
enriquecer v 'become rich, enrich' 38L
enrolar v 'roll up, pin up' (hair) 31L
ensinar v 'teach' 34L
entalhar v 'carve wood' 42
então 'well, then' 21
entender v 'understand' 42
entoação -ões n f 'intonation' 35*
entrada n 'entrance, ticket' 28
entrar v 'enter' 17
entre p 'between, among' (24)
entregar v 'deliver, hand over' 32L
entregue part of entregar 38L
entusiasmo n 'enthusiasm' 35L
enviar v 'send' 39L
enxoval -ais n m 'trousseau' 25L
época n 'epoch' 29*
era n 'era' 42L
erguer v 'build, erect' 39L
erro n 'mistake' (20)
esboçar v 'sketch' 42L
escola n 'school' 11
escola primária 'elementary school'
  34L
escola superior 'college' 40L
escolar -es aj m/f 'pertaining to school'
  33*
escolha n 'choice, selection' 39L
escolher v 'choose' (16)
escova n 'brush' 31L
escravatura n 'slavery' 40L
escravidão -ões n f 'slavery' 35L
escravizador -a -es n 'one who enslaves'
  38L
escravizar v 'enslave' 38L
escravo -a n 'slave' 35L
escrever v 'write' (6)
escrito part of escrever (23)

escritor -a -es n 'writer' 28*
escritório n 'office' 4
escultor -a -es n 'sculptor' 42L
escuro -a aj 'dark' (22)
escutar v 'listen, listen to' 25
esforço n 'effort, striving' 38L
esgotar-se v 'be worn out' 25L 'be sold out' 29L
esmagar v 'crush, overwhelm' 28L
esmalte n m 'enamel, nail polish' 31L
espaçoso -a aj 'spacious, roomy' (36)
espalhar v 'spread out' 38L
Espanha n 'Spain' (2)
espanhol n 'Spanish language' 2
espanhol -ola -óis -olas n aj 'Spaniard, Spanish' 2
especial aj m/f 'special' 24
especializar v 'specialize' 26*
espelho n 'mirror' 31L
esperança n 'hope' 29L
esperar v 'wait for, hope, expect' 5
espetáculo n 'spectacle, show, sight' 35L
espírito n 'spirit' 28L
espiritual aj 'spiritual' 41L
espiritualmente av 'spiritually' 41L
esporte n m 'sport' 24L
esportivo -a aj 'sport, sporting' 29*
esposo -a n 'husband, wife' (7)
esquadra n 'fleet' 17
esquartejar v 'quarter, tear to pieces' 39L
esquecer v 'forget' (16)
esquerdo -a aj 'left' 23*
esquina n 'street corner' 27L
esquisito -a aj 'odd' (36)
esse essa dem 'that' 9
essencial -ais aj m/f 'essential' 42L
estabelecer v 'establish' 38L
estação -ões 'train station, season of the year' (7)
estádio n 'stadium' 29L
estado n 'state' 14
Estados Unidos n 'United States' 2

estar v 'be' (Intro)
estar atrasado 'be late' 31L
estar ciente 'be aware, be informed' (30)
estátua n 'statue' 27L
estatuária n 'statuary' 42L
este esta dem 'this' (3)
estender v 'extend, spread' 33*
estilo n 'style' 35L
estimular v 'stimulate' 41L
estômago n 'stomach' 30L
estrada n 'road' 33L
estrangeiro -a aj 'foreign' (23)
estréia n 'debut, opening' (night, day) 28L
estreito -a aj 'narrow' 26L
estrela n 'star' 22
estrutura n 'structure' (23)
estudante n m/f 'student' 23L
estudar v 'study' 2
estudioso -a aj 'studious' (15)
estudo n 'study' 30L
eu nl 'I' 1
europeu -éia aj 'European' 37L
evangélico -a aj 'evangelical' 38L
eventual -ais aj m/f 'occasional' 41
evidência n 'evidence' 41L
evitar v 'avoid, prevent' (29)
exame n m 'examination' (26)
examinar v 'examine' 26L
exatamente av 'exactly' 37L
exausto -a aj 'exhausted, worn-out' 25
exceção -ões n f 'exception' (23)
excelente aj m/f 'excellent' 15
excepcional -ais aj m/f 'exceptional' 41L
exceto avl 'except' 39L
exclamação -ões n f 'exclamation' 35L
exclamar v 'exclaim' (42)
exclusivo -a aj 'exclusive' 25L
execução -ões n f 'execution' 39L
executivo -a aj 'executive' (36)
exemplo n 'example' (23)
exercer v 'perform, exercise, exert' 40L

exercício n 'exercise' (23)
exibição -ões n f 'exhibition' 30L
exibir v 'exhibit' 30L
exigente aj 'demanding' 25L
exigir v 'demand' (37)
existência n 'existence' (30)
existir v 'exist' 29L
êxito n 'success' (36)
expandir v 'expand' 42L
expansão -ões n f 'expansion' 41L
experimentar v 'taste' 24L 'try'
explicar v 'explain' 30L
explicitamente av 'explicitly' (30)
exploração -ões n f 'exploration' (41)
expor v 'display, expose' 26*
exportar v 'export' 35L
exposição -ões n f 'exhibition, display'
    42*
expressão -ões n f 'expression' (23)
expressar v 'express' (26)
expressionista n m/f 'expressionist'
    (42)
expresso -a aj 'expressed' (23)
exprimir v 'express, manifest' 42L
expulsar v 'expell' 38L
exterior -es aj m/f 'outer, exterior' 30L
extinção -ões n f 'extinction' 40L
extraordinário -a aj 'extraordinary'
    42L

fábrica n 'factory' 15
fabricação -ões n f 'manufacture, fabri-
    cation' 37L
fabricante n m/f 'manufacturer' 37L
fabricar v 'manufacture' 37L
faca n 'knife' 24L
face n f 'cheek' 30L
fácil -ceis aj m/f 'easy' 15*
facilidade n f 'facility' (36)
faculdade n f 'college, school in a
    university' 23L
falar v 'speak' (Intro)
falta n 'penalty' 20J
faltar v 'lack' 16

fama n 'reputation, fame' 33L
família n 'family' 5
familiar aj m/f 'familiar, informal' (30)
famoso -a aj 'famous' 15
farinha n 'flour' 32L
farofa n 'a common Brazilian dish
    made of flour, butter, and other
    ingredients such as chicken livers' 6
fascinar v 'fascinate' 25L
fase n f 'phase' 39L
fato n 'fact, event' 30*
favela n 'slum' (3)
favorável -veis aj m/f 'favorable' (36)
fazenda n 'material' 25 'ranch, farm'
    33
fazendeiro -a n 'farmer' 33L
fazer v 'make, do' 6
fazer a barba v 'shave' 36
fazer as unhas 'do one's nails, have a
    manicure' 31L
fazer brincadeiras 'joke' 24
fazer companhia v 'accompany' 29L
fazer compras 'go shopping' 25
fazer força 'make an effort' 33
fazer o papel 'play the part' 28L
fazer sucesso v 'be successful' 25L
fé n f 'faith' 38L
fechar v 'close' (Intro)
federação -ões n f 'federation' 34L
federal -ais aj m/f 'federal' 22
feijão n 'beans' 6
feijoada n 'Brazilian dish' 24L
feio -a aj 'ugly' (3)
feira n 'open air market' (9)
feira-livre n f 'open air market' 9
feitio n 'fashion, style' 26L
feito part of fazer 25L
felicidade n f 'happiness' 28L
feliz aj m/f 'happy' (3)
feminino -a aj 'feminine' (28)
feriado n 'holiday' 39
férias n 'vacation' 33
ferino -a aj 'cutting' 41L
ferro n 'iron' 35L

festa n 'party' 3
fevereiro n 'February' 10
ficar v 'become, be' (location) 17
fidalgo n 'noble, aristocrat' 41
fígado n 'liver' 30L
figura n 'figure' 40L
fila n 'line, queue' 26L
filho -a n 'son, daughter' (5)
filial -ais n f 'branch' 25L
filme n m 'motion picture' 28
filosofia n 'philosophy' 23L
fim -ns n m 'end' 23L
fim de semana 'weekend' 20
final -ais aj 'final' (24)
finalidade n f 'purpose' (27)
finalmente av 'finally' 39L
fingir v 'pretend' 30L
fino -a aj 'thin' 30L
firma n 'business firm' 23L
firmamento n 'firmament' (36)
físico-natural -ais aj m/f 'pertaining to
    physical and natural sciences' 30L
fita n 'tape' 38, 'ribbon'
flexível -eis aj m/f 'flexible' (24)
flor -es n f 'flower' 27L
florescimento n 'flourishing (42)
fogo n 'fire' 38L
folclore n m 'folklore' 35L
folclórico -a aj 'pertaining to folklore'
    42L
folga n 'time off, day off, spare time' 35
folgado -a aj 'easy, relaxed' 27
folha n 'leaf' 27L
fome n f 'hunger' 6
footing n m 'strolling' 27
fora avl 'outside, out' 29
forca n 'gallows' 39L
força n 'effort, strength' 33
forma n 'form, shape' (23)
formal -ais aj m/f 'formal' 23
formar v 'form, shape' (25)
formar-se v 'graduate' 23L
formidável -eis aj m/f 'terrific, tremen-
    dous' 29

formular v 'formulate' 41L
forte aj m/f 'strong' 24L
fracassar v 'fail' 39*
francês n m 'French language' (2)
francês -esa -eses n aj 'Frenchman,
    French' (2)
frango -a n 'chicken' 24L
frase n f 'sentence' (23)
fraude n f 'deception' (36)
freguês -esa -eses n 'client, customer'
    26L
frente n f 'front' 27L
freqüência n 'frequency' (23)
freqüentar v 'attend' 30L
freqüente aj m/f 'frequent' (23)
freqüentemente av 'frequently' (23)
fresco -a aj 'fresh' 9
fricativo -a aj 'fricative' (25)
frio -a aj 'cold' (16)
frisar v 'stress' 37L
fronteira n 'frontier, border' 42L
fruto -a n 'fruit' 9
fugir v 'flee, run away' 28L
fumo n 'tobacco' 42L
função -ões n f 'function' 34L
funcionar v 'function' 27L
funcionário -a n 'employee' 15
fundar v 'found, establish' 37L
fundo n 'bottom, depth' 4
funil funis n m 'funnel' (15)
futebol n m 'soccer' 29
futuro n 'future' (31)
fuzil fuzis n m 'rifle' (15)

gado n 'cattle' 33L
galinha n 'hen, chicken' 33L
galinheiro n 'chicken coop' 33L
galo n 'rooster' 33L
ganhar v 'earn' (5) 'win' 29
ganho part of ganhar (29)
"garçon" n m 'waiter' 24
garfo n 'fork' 24L
garganta n 'throat' 21
garrafa n 'bottle' 32L

gastar v 'spend' 26L
gasto part of gastar (29)
gaúcho -a aj 'a person from Rio
Grande do Sul' 30L
gaveta n 'drawer' (11)
gênero n 'gender' (29)
genro n 'son-in-law' (18)
gente n f 'people' 2
gentil gentis aj m/f 'polite, gentle' (15)
geografia n 'geography' 37L
geral -ais aj m/f 'general' (23)
geral n f 'standing room' 29L
geralmente av 'generally' 23*
gerente n m/f 'manager' 23L
gerúndio n 'gerund' (42)
gigantesco -a aj 'gigantic' 37L
ginásio n 'junior high school' 11
girassol -óis n m 'sunflower' 38L
glória n 'glory' 40L
goiabada n 'guava marmelade' 24L
gol n m 'goal' 29
gola n 'collar' 26L
goleiro n 'goalkeeper' 29
gorjeta n 'tip' 24L
gostar de v 'like' (6)
gosto n 'taste, flavor' 41L
gostoso -a aj 'tasty' (15)
governador -es n m 'governor' 38L
governante n m 'a high authority in
the government' (42)
governar v 'govern' 40L
governo n 'government' 20
graça n 'charm' 23L 'wit' 26L 'grace'
38L
gradual -ais aj m/f 'gradual, progressive' (42)
grafia n 'spelling' (31)
graficamente av 'graphically' (23)
gráfico -a aj 'graphic' (23)
gramática n 'grammar' 38L
grande aj m/f 'big, great' (3)
grandiosidade n f 'grandiosity' 41L
grau n m 'degree' 42L
gravador -es n m 'tape recorder' 38
gravata n 'tie' 26 L

grave aj m/f 'grave' (accent) (38)
graxa n 'shoe polish, grease' 36L
grito n 'cry, shout' 28*
grupo n 'group' 20
guarani n m 'South American Indian'
42L
guardanapo n 'napkin' 24L
guardar v 'save, guard' 28L 'keep' (a
holy day) 39*
guerra n 'war' 40L
guerreiro n 'warrior' 38L
guia n m 'guide' 22

há 'there is, there are' 10
habilidade n f 'ability' 30L
habilitação -ões n f 'capability, apti-
tude' (30)
hábito n 'custom' 32
habitual -ais aj m/f 'habitual' 32L
harmonia n 'harmony' (36)
harmonizar v 'harmonize' 28L
harpa n 'harp' 42
haver v 'exist' 10
hein itj 'what? eh? huh? ' 12
hereditário -a aj 'hereditary' 38L
herói n m 'hero' 39*
heróico -a aj 'heroic' 28L
heroísmo n 'heroism' 28L
hesitar em v 'hesitate' (39)
heterogeneidade n f 'heterogeneousness' 42L
hífen n m 'hyphen' (24)
história n 'history' 17
histórico -a aj 'historical' 42L
hoje avl 'today' (3)
holandês -esa -eses n aj 'Dutch' 35L
homem -ns n m 'man, men' 13
homem de letras 'man of letters' 40L
honra n 'honor' 37L
honroso -a aj 'with honor, honorable'
(42)
hora n 'hour' 6
horror n m 'horror' 32L
hóspede n m 'guest' 27L
hospedar v 'lodge, house' 27L

hospital -ais n m 'hospital' (16)
hostil -is aj m/f 'hostile' 28L
hotel -éis n m 'hotel' (15)
humano -a aj 'human' 30L
humilde aj m/f 'humble' 28L
humor n m 'humor' 32L

idade n f 'age' 26
ideal -ais aj m/f 'ideal' 34
idealismo n 'idealism' 39L
idealista n aj m/f 'idealist' (42)
idealizar, v 'idealize' (42)
idéia n 'idea' (20)
idêntico -a aj 'identical' (23)
identificar v 'identify' 30L
ídolo n 'idol' 36L
ignorante aj m/f 'ignorant' (36)
igreja n 'church' (16)
igual -ais aj m/f 'equal' 29
ilegal -ais aj m/f 'illegal' (36)
ilha n 'island' 38L
ilustrador -a -es n 'illustrator' (36)
ilustre aj m/f 'illustrious, distinguished'
   40L
imaginar v 'imagine' 18
imensamente av 'immensely' 37
imigração -ões n f 'immigration' 37L
impaciente aj m/f 'impatient' 25L
impedir v 'stop, check' 21
imperador -triz -es n 'emperor,
   empress' (21)
imperativo -a aj 'imperative' (36)
imperfeito -a aj 'imperfect' (26)
imperial -ais aj m/f 'imperial' 40*
império n 'empire' 40
impessoal -ais aj m/f 'impersonal' (37)
implícito -a aj 'implicit' (3)
impor v 'impose, determine' 41L
importância n 'importance' (36)
importante aj m/f 'important' 20
impossível -eis aj m/f 'impossible' (32)
imposto n 'tax' 39L
imprensa n 'press, journalism' 40L

impressionante aj m/f 'impressive' 35L
impressionar-se v 'be impressed' 23L
impressionista n aj m/f 'impressionist'
   42L
impulso n 'impulse' (27)
incendiar v 'set fire' (40)
incidente n m 'incident, happening'
   36L
incluir v 'include' (25)
inclusive avl 'including' 33
Inconfidência n 'a movement in 1789
   to liberate Brazil from Portugal'
   39*
inconfidente n m 'anyone connected
   with the movement of 1789' 39L
indagar v 'ask, inquire, question' 34L
indefinido -a aj 'indefinite' (25)
independência n 'independence' (36)
independente aj m/f 'independent' 17
indescritível -eis aj m/f 'indescribable'
   37L
indeterminado -a aj 'indeterminate' (25)
indicação -ões n f 'indication' (26)
indicar v 'indicate' (25)
indicativo -a aj 'indicative' (31)
indígena aj m/f 'indigenous, Indian'
   42L
índio -a n 'Indian' 35L
indireto -a aj 'indirect' (23)
indústria n 'industry' 34L
industrial -ais aj m/f 'industrial' 34L
infância n 'infancy, childhood' 28*
infantil -tis aj m/f 'childish' (15)
infeliz -es aj m/f 'unhappy' 28*
inferior -es aj m/f 'lower, inferior' 30L
inferno n 'hell' 41L
infinito n 'infinitive' (24)
inflamar v 'inflame, blaze' 35L
inflamação -ões n f 'inflamation' 21
influência n 'influence' (36)
influir v 'influence' (42)
informação -ões n f 'information' 14
informal -ais aj m/f 'informal' (36)

informante n m 'informant' (42)
informar v 'inform' 14
Inglaterra n 'England' 2
inglês n m 'English language' 2
inglês -esa -eses n aj 'Englishman,
Englishwoman, British' 2
ingratão -ões -ona n 'ingrate' 30
ingrato -a aj 'ingrate' (30)
inicial -ais aj m/f 'initial' (28)
iniciar v 'begin, start' 27*
início n 'beginning' (23)
injusto -a aj 'unjust' 28*
injustiça n 'injustice' 28*
inóspito -a aj 'inhospitable' 28L
insistir v 'insist' 37L
inspirar v 'inspire' 42L
instalar v 'set up, settle' 40*
instituição -ões n f 'institution' (42)
instituir v 'institute' (42)
instrução -ões n f 'instruction' 35L
integrar v 'integrate' 42L
inteiro -a aj 'entire, whole' 41L
intelecto n 'intellect' (42)
intelectual -ais aj m/f 'intellectual' 8
inteligência n 'inteligence' (36)
inteligente aj m/f 'intelligent' 3
intenção -ões n f 'intention, intent'
(34)
intensidade n f 'intensity' 40L
intenso -a aj 'heavy, intense' 28L
interessante aj m/f 'interesting' 20
interessar v 'interest' 26L
interesse n m 'interest' 28L
interior -es n m 'interior' 42L
internacional -ais aj m/f 'international'
36L
interno -a aj 'internal' 36L
interpretar v 'interpret' 42L
interrupção -ões n f 'interruption' 28L
intervalo n 'intermission' 28L
intervocalicamente av 'in an intervocalic position' (28)
intervocálico -a aj 'intervocalic' (27)
intestino n 'intestine' 30L

intrincado -a aj 'intricate, complex'
35L
introdutório -a aj 'introductory'
(Intro)
introduzir v 'introduce' (38)
inúmeros -a aj 'innumerable, countless'
35L
invariável -eis aj m/f 'invariable' (25)
inveja n 'envy, jealousy' 37L
inverno n 'winter' 10
investigação -ões n f 'research, investi-
gation' 40
ir v 'go' (Intro)
irmão -ã n 'brother, sister' 5
irônico -a aj 'ironic' 13
irradição -ões n f 'broadcasting' 39
irradiar v 'broadcast' 39
irrealidade n f 'unreality' 35
irrealizável -eis aj m/f 'unrealizable'
(34)
irregular -es aj m/f 'irregular' (23)
irregularidade n f 'irregularity' (31)
irregularmente av 'irregularly' (32)
irritar v 'irritate' 36
isso dem 'that' (9)
isto dem 'this' (Intro)
isto mesmo 'that's right, exactly' 6
italiano n 'Italian language' (2)
italiano -a n aj 'Italian' (2)

já avl 'now, already, yet' 7
janeiro n 'January' 10
janela n 'window' 24L
jantar n m 'dinner' (6) v 'to have
dinner' 24
japonês n m 'Japanese language' (2)
japonês -esa -eses n aj 'Japanese' (2)
jardim -ns n m 'garden' 27L
jardinagem n f 'gardening' 42L
jardineiro n 'gardener' 34L
jeito n 'way' 29 'ability' (31)
jesuíta n m 'Jesuit' 38L
jogada n 'play or move in a game' 29
jogador -a -es n 'player' 29

jogar v 'play' 29L
jogo n 'game, match' 29
jornal n m 'newspaper' 29
jornaleiro n 'newsboy' 34L
jornalismo n 'journalism' 41L
jornalista n m/f 'journalist' (42)
jovem -ns n aj m/f 'young, youth' 33L
juiz -es n m 'referee, judge' 29L
julgar v 'judge' 38L
julho n 'July' (10)
junto -a aj 'together' 24L
justamente av 'exactly' 36L
justificar v 'justify' 35L
justo -a aj 'just' 40L

lá avl 'there' 9
lã n 'wool' 37L
lábio n 'lip' 30L
lábio-dental -ais aj m/f 'labio-dental' (25)
ladainha n 'litany' 38L
lado n 'side' 4
ladrão -ões n 'thief' 29L
lagosta n 'lobster' 35L
laicização -ões n f 'laicization' 42L
lançar v 'throw, start' 39L
lanterninha n 'small lantern' 28L
lápis n m sg/pl 'pencil' (4)
laranja n 'orange' (fruit) 9
laranjeira n 'orange tree' (42)
largo -a aj 'wide' 37L
lateral -ais aj m/f 'side, lateral' 30L
latim n m 'Latin' (37)
lavar v 'wash' 31L
lavar a cabeça v 'shampoo one's hair' 31L
leão -ões leoa n 'lion, lioness' (21)
lei n f 'law' 40L
leite n m 'milk' 32L
leiteiro n 'milkman' 32L
leiteria n 'dairy' (42)
leito n 'bed' 41L
leitura n 'reading' 23L
lembrança n 'souvenir' 35

lembrar v 'remember, remind, think of' (23)
lenço n 'handkerchief' 26L
lenda n 'legend' 35L
ler v 'read' 21
letra n 'letter' (23)
levantar v 'raise' 28L
levantar-se v 'get up, stand up' (24)
levar v 'take' 22 'take (time)' 37L
lhe -s nl 'him, her, them' 23
liberdade n f 'liberty' (36)
libertação -ões n f 'liberation' 39L
libertar v 'free, liberate' 40L
lição -ões n f 'lesson' (Intro)
licença n 'permission' (Intro)
lida n 'chore, toil' 41L
ligar v 'connect, join' 30L 'turn on' (radio) 39
limitar v 'limit' 27*
limite n m 'bounds' 39L
limpo -a aj 'clean' 32L
lindamente av 'beautifully' 35L
lindíssimo -a aj 'very beautiful' 15
lindo -a aj 'beautiful' 23L
língua n 'language' (2) 'tongue' 30L
linguagem n f 'language, speech' (23)
linha n 'line' 13
linho n 'linen' 25L
liqüidação -ões n f 'sale' 25L
liqüidar v 'liquidate' (42)
lírico -a aj 'lyric' 42L
Lisboa n 'Lisbon' (17)
lista n 'list' 32
literário -a aj 'literary' 41
literatura n 'literature' 41
litro n 'liter' 32L
livre aj m/f 'free' (28)
livro n 'book' (Intro)
lixo n 'trash' 11
localização -ões n f 'location' (27)
loção -ões n f 'lotion' 36
locutor -a -es n 'announcer' 39
logo avl 'soon, right away' (Intro)
logo que c 'as soon as' (34)

loja n 'shop, store' 25
longe avl 'far away' 28L
longo -a aj 'long' 33*
lotação -ões n f 'capacity' 29L 'small
   bus'
lotar v 'fill to capacity' 29L
louco -a aj 'crazy' 23
louro -a aj 'blonde' 3
lua n 'moon' 38L
lugar n m 'place' 7
lustrar v 'shine' 36L
luta n 'fight' 40L
lutar v 'fight' 38L
luva n 'glove' 25L
luxo n 'luxury' (42)
luxuoso -a aj 'luxurious' 39L
luz -es n f 'light' 27L

maçã n f 'apple' 32L
macarrão -ões n m 'macaroni,
   noodles' 24L
machucar-se v 'hurt one's self' 29
madeira n 'wood' 4
madrinha n 'godmother' (21)
mãe n f 'mother' 5
maestro n 'conductor' 42
magnífico -a aj 'magnificent' 35L
maio n 'May' (10)
maior -es aj m/f 'bigger, greater' 14
maioria n 'majority' (37)
maioridade n f 'legal age' 40L
mais avl 'more' (Intro)
mais-que-perfeito 'pluperfect tense'
   (28)
"maitre" n m 'head waiter' 24L
mal avl 'badly' 6 'hardly' 36L
mal passado ajl 'rare' (culinary) 24L
mala n 'suitcase' 7
malão -ões n m 'trunk' 7
maldade n f 'meanness' (42)
maleta n 'small suitcase' 7
malferido -a aj 'mortally wounded'
   41L
mamãe n f 'mammy, mama, mom' 12

mandar v 'order' 26L
maneira n 'method, way' (23)
manga n 'sleeve' 25L
manhã n f 'morning' (7)
manicura n 'manicurist' 31L
manifestação -ões n f 'manifestation,
   demonstration' (42)
manifestar v 'manifest, display' (42)
manteiga n 'butter' 24L
manter v 'maintain, keep' 29*
manual -ais aj m/f 'manual' 34L
manufatura n 'manufacture' 37L
mão n f 'hand' (15)
máquina n 'machine' 33L
mar -es n m 'sea' 35L
maravilha n 'wonder' (42)
maravilhosamente av 'wonderfully' 3
maravilhoso -a aj 'wonderful' (36)
marcar v 'mark' 23L
março n 'March' 10
marido n 'husband' (7)
marinha n 'navy' 40L
mas c 'but' 2
masculino -a aj 'masculine' (30)
matar v 'kill' 38L
mate n m 'a type of tea' 37L
matemática n 'mathematics' 34L
matéria n 'subject' 30
material -ais aj m/f 'material' 39L
matricular v 'register, enroll' 30L
mau má aj 'bad' 13
me nl 'me, myself, to me' 14
mecânico -a n 'mechanic' 34L
medicina n 'medicine' 30
médico -a n 'medical doctor' 21
medida n 'measurement' 26L 'measures' 38L
à medida que avl 'while' 29L
medir v 'measure' (21)
medo n 'fear' (6)
meia n 'stockings' 25L 'socks' 26L
meia-noite n f 'midnight' (16)
meio n 'half, middle' (16) 'environment' 28L 'means' 38L

meio-dia n m 'noon' (16)

melão -ões n m 'melon' 32L

melhor -es aj m/f 'better' 14

melhorar v 'improve' 21

membro n 'member, extremity' 30L

mencionar v 'mention' 30L

menino -a n 'boy, girl' (18)

menor -es aj m/f 'smaller' (14)

menos avl 'less' 13

"menu" n m 'menu' 24L

mês meses n m 'month' (7)

mesa n 'table' 11

mesmo -a aj 'same, even' 10

mesmo que c 'although, even though' (33)

mestre n m 'master' 42L

metade n f 'half' 41L

metal -ais n m 'metal' 37L

metodologia n 'methodology' (36)

metrópole n f 'metropolis' 40L

meu minha pos 'my, mine' 1

mexicano -a n aj 'Mexican' (2)

mil 'thousand' 17

milésimo -a aj 'thousandth' (13)

milhão -ões 'million' (17)

milho n 'corn' 33L

milionário -a n 'millionaire' 34

militar -es n m 'military man' 39L

mim nl 'me' (object of preposition) 21

mineiro -a n 'a person from Minas Gerais' 39*

miniatura n 'miniature' 37L

mínimo -a aj 'minimum' 32L

ministério n 'federal-level department' (government) 16

ministro n 'minister' 20

minute n 'minute' (7)

Missa de Requiem 'Requiem Mass' 42L

missão -ões n f 'mission' 38L

missionário -a n aj 'missionary' 41L

místico -a aj 'mystic' 42L

mobília n 'furniture' 19

mobiliado -a aj 'furnished' 19

mobiliário n 'furniture' 40*

mocidade n f 'youth' 41L

mocinha n 'young girl' 28

moço -a n 'young man, boy, young lady, girl' (21) aj 'young' 33L

moço da lanterninha 'usher' 28L

moda n 'way, manner, fashion' (33)

modalidade n f 'modality' (37)

modelo n 'model, pattern' (23)

moderno -a aj 'modern' 28*

modernismo n 'modernism' 41L

modernista aj m/f 'modernist' 41L

modificação -ões n f 'change, modification' (24)

modificar v 'change, modify' 31

modo n 'mood, mode, way' (42)

momento n 'moment' (3)

monarquia n 'monarchy' 40L

monossílabo n 'monosyllable' 36L

montanha n 'mountain' 37L

montar v 'put together' 30L 'mount' 33L

monumento n 'monument' 35L

morango n 'strawberry' 32L

morar v 'reside, live' 5

moreno -a aj 'brunette' 30L

morrer v 'die' 6

morte n f 'death' 28L

morto -a aj 'dead' 41L

mosteiro n 'monastery' 35L

mosquear v 'dapple, mottle' 38L

mostrar v 'show, point out' 27L

motivo n 'reason' (27)

móvel -eis n m 'piece of furniture' 37L

mover v 'move' (42)

movimento n 'movement, excitement' 26L

mundança n 'change, moving' (31)

mudar v 'change, move' 38L

muito avl 'very, very much' (Intro)

muito prazer 'pleased to meet you' 'great pleasure' 1

muitos -as aj 'many' (Intro)

mulher -es n f 'woman' (7)

multidão -ões n f 'crowd' 29*

mundial -ais aj m/f 'world-wide' (42)
mundo n 'world' 28L
municipal -ais aj m/f 'municipal' 8
município n 'municipality' (42)
mural -ais n m 'mural' 35L
museu n m 'museum' 15
música n 'music' 27L
musical -ais aj m/f 'musical' (42)
músico n 'musician' (13)

nação -ões n f 'nation' 22
nacional -ais aj m/f 'national' 34L
nacionalidade n f 'nationality' 2
nacionalismo n 'nationalism' (36)
nada neg 'nothing' 6
nadar v 'swim' 29L
namorado -a n 'boyfriend, girlfriend'
 (16)
namoro n 'going steady, flirtation,
 courtship' 27*
não neg 'no' (Intro)
napoleônico -a aj 'Napoleonic' 40L
naquele -a 'in that' (19)
naquilo 'in that' (19)
nariz -es n m 'nose' 38L
narrador -a -es n 'narrator, story-teller'
 (36)
narrar v 'narrate, tell' (42)
narrativa n 'narrative' 37L
nasal -ais aj m/f 'nasal' (24)
nasalização -ões n f 'nasalization' (37)
nascer v 'be born' 28*
nascimento n 'birth' 41L
natação -ões n f 'swimming' 29L
nativismo n 'nativism' 42L
nativo -a n aj 'native' (36)
nativista aj m/f 'pertaining to the
 native inhabitants' 41L
natural -ais aj m/f 'natural' 30L
naturalmente av 'naturally' 6
natureza n 'nature' 28L
navalha n 'switch-blade knife, razor'
 36L
navio n 'boat' (20)

necessário -a aj 'necessary' (23)
necessidade n f 'necessity, need' 34L
negação -ões n f 'negation, denial' (32)
negar v 'deny, negate' (32)
negativo -a aj 'negative' 23
negócio n 'business' 23L
nem neg 'not even, neither' 11
nem que 'although, even though' (33)
nenhum -ma -ns -mas neg 'none, no
 one, not any' (20)
nervo n 'nerve' (42)
nervoso -a aj 'nervous' (15)
neste -a 'in this' 19
neto -a n 'grandchild' 33L
nível -eis n m 'level' 40L
ninguém neg 'no one, nobody' 20
nisto 'in this' (19)
nitidamente av 'distinctly, vividly' 41L
no -a 'in the' 2
no caminho 'on the way' 27L
no entanto c 'nevertheless' 28L
noite n f 'night' (Intro)
noivado n 'engagement' 23
noivo -a n 'fiancé, bride, bridegroom'
 23
nojo n 'disgust' (36)
nome n m 'name' (Intro)
nomear v 'appoint' (36)
nomenclatura n 'nomenclature' 30L
nono -a aj 'ninth' (13)
nordeste n m 'Northeast' 28L
nordestino -a n 'a person from the
 Northeast of Brazil' 28L
norte n m 'North' 35
nos nl 'us' 22
nós nl 'we' (1)
nosso -a pos 'our' (15)
nota n 'note' 23 'check' 24L 'bill'
 (dollar)
notar v 'notice' (23)
notícia n 'news' 23
noturno -a aj 'nocturnal' 38L
nove 'nine' (7)
novecentos -as 'nine hundred' (17)

novembro n 'November' (10)
noventa 'ninety' (12)
novo -a aj 'new' (14)
nu nua aj 'nude, naked' 38L
num numa nuns numas 'in a, in some' 19
numerada n 'reserved seats' 29L
número n 'number' 3 'size' 25L
numeroso -a aj 'numerous' 40L
nunca avl 'never' 19

o a 'the' (Intro) 'him, her, it, you' 22
objetivo n 'purpose' (27)
objeto n 'object, thing' (23)
oblíquo -a aj 'oblique' (24)
obra n 'work' 28*
obra-prima n 'masterpiece' 41L
obrigado -a aj 'thank you, obligated' (Intro)
observação -ões n f 'observation' 35L
observar v 'observe, watch' 28*
oclusiva (consonant) n aj 'stop' (23)
ocorrência n 'occurrence' (28)
ocorrer v 'occur' (23)
ocupação -ões n f 'occupation' 35L
ocupar v 'occupy' 17
odiar v 'hate' (40)
oferecer v 'offer' 34
oficial -ais aj m/f 'official' 23*
oficialmente av 'officially' 30*
oitavo -a aj 'eighth' (13)
oitenta 'eighty' (12)
oito 'eight' (5)
oitocentos -as 'eight hundred' 17
olá itj 'hello' 30
olhar v 'look' 3
olho n 'eye' (15)
ombro n 'shoulder' 30L
omitir v 'omit' (29)
onça n 'wildcat' 38L
ondas n 'waves' 39
onde interr 'where' (Intro)
ônibus n m sg/pl 'bus' (15)
ontem avl 'yesterday' (7)
onze 'eleven' (7)

ópera n 'opera' 8
operação -ões n f 'operation' (36)
operador -a -es n 'operator' (36), 'surgeon'
operar v 'operate' (42)
operário n 'worker, laborer' 34L
opinar v 'voice an opinion' 36L
opor-se v 'oppose' (32)
oportunidade n f 'opportunity' 25L
oportuno -a aj 'opportune' (42)
ora avl 'now' 41L
oração -ões n f 'clause' (32)
orador -a -es n 'orator, speaker, preacher' 41L
orador sacro 'preacher' 41L
ordem -ns n f 'order' (22)
ordenado n 'salary' 34
orelha n 'ear' (outer) 30L
organização -ões n f 'organization' 34L
organizar v 'organize' 30L
órgão n m 'organ' 30L
orgulho n 'pride' (42)
orgulhoso -a aj 'proud' 35L
orientar v 'orient, guide' 34L
original -ais aj m/f 'original' (36)
ornamental -ais aj m/f 'ornamental, decorative' 42L
orquestra n 'orchestra' 42
orquestração -ões n f 'orchestration, musical arrangement' 42L
ortografia n 'orthography' (23)
osso n 'bone' 30L
ótimo -a aj 'wonderful, excellent' 18
ou c 'or' (16)
outono n 'autumn, fall' 10
outro -a aj 'another, other' (Intro)
outubro n 'October' (10)
ouvido n 'ear, hearing' 21
ouvinte n m/f 'listener' 38L
ouvir v 'hear' 21
ovo n 'egg' (9)
oxítono -a aj 'oxytone, word in which the accent falls on the last syllable' (38)

paciência n 'patience' 25L
pacificação -ões n f 'pacification' 40L
padaria n 'bakery' 32L
padeiro n 'baker' (42)
padrão -ões n m 'pattern' (38)
padre n m 'priest' 27L 'father' 38L
padrinho n 'godfather' (21)
pagamento n 'payment' 38*
pagar v 'pay' (29)
página n 'page' 41
pago part of pagar (29)
pai n m 'father' 5
painel -éis n m 'mural' 42L
país -es n m 'country' (2)
pais n m pl 'fathers, parents' 5
paisagem -ns n f 'view, scenery' 35L
pajé n m 'witchdoctor, medicine man (Tupi)' 38L
palavra n 'word' (Intro)
palco n 'stage' 28L
paletó n 'jacket' 26L
palha n 'straw' 26L
panorama n m 'panorama' 37L
pão pães n m 'bread' (15)
paõzinho paẽzinhos n 'roll' 32L
papel -éis n m 'paper' (4) 'part, roll' (theater) 28L
par -es n m 'pair' 25L
para p 'for, to, toward, for the purpose of, in order to' 3
para que c 'so that, in order to' 32L
parar v 'stop' 25 L
parecer v 'seem, appear' 6
parente n m 'relative' 5
parênteses n m 'parentheses' (35)
parlamento n 'parliament' (36)
parnasiano -a aj 'Parnassian' 41L
paróquia n 'parish' 27L
paroxítono -a aj 'paroxytone, word in which the accent falls on the second to the last syllable' (38)
parque n m 'park' 27*
parte n f 'part' 17
participação -ões n f 'participation' 41L

particípio n 'participle' (28)
partida n 'game' 29 'leaving' 35
partir v 'leave, depart' 7
passado -a aj 'past, last' 18
passagem n f 'ticket' 35
passagem de ida e volta 'round-trip ticket' 35
passar v 'spend' 25L 'pass'
pássaro n 'bird' 38L
passear v 'take a walk, ride' 27L
passear a pé 'walk' 27*
passeio n 'ride, walk' 27*
passivo -a aj 'passive' (41)
passo n 'step' 40L
pasta n 'briefcase' 11
pastar n 'graze' 33L
pasto n 'pasture' 33L
pato n 'duck' 33L
pátria n 'native land, country, fatherland' 38L
patriarcal -ais aj m/f 'patriarchal' 41L
pau-brasil n m 'Brazil wood, red wood' 38L
paulista n m/f 'a person from São Paulo' 15
pé n m 'foot' 27*
peça n 'piece, play, drama' 37L
pedido (casamento) n 'proposal, request' 23*
pedir v 'ask' (Intro) 'order' 24L
pedreiro n 'bricklayer, mason' 34L
pegar v 'take' 34
peito n 'chest' 21
peixaria n 'fish market' 32L
peixe n m 'fish' (9)
peixeiro n 'fishmonger, fisherman' 34L
pejorativo -a aj 'derogatory' (30)
pele n f 'skin' 30L
pelo -a 'by the, through the, for the' 13
pena n 'pity' 24 'penalty, punishment' 39L 'feather'
pensar em v 'think of' 2
pensamento n 'thought' 36L

pente n m 'comb' 31L

penúltimo -a aj 'penultimate, the one before the last' (38)

pequeno -a aj 'small, little' (3)

pêra peras n 'pear' (9)

perceber v 'perceive, discover, realize' 25L

percorrer v 'run through' 30L

perder v 'lose' 13

perfeito -a aj 'perfect' (23)

pergunta n 'question' (Intro)

perguntar v 'ask a question' (Intro)

periodicamente av 'periodically' 35L

período n 'period, epoch' 33*

permanecer v 'stay' (42)

permanência n 'permanence' (42)

permanente aj m/f 'permanent' (27)

permissão -ões n f 'permission' 23*

permitir v 'allow' 30*

perna n 'leg' 30L

perseguição -ões n f 'persecution' 38L

personagem n m/f 'outstanding person, character' 42L

pertencente aj m/f 'belonging' 40*

perto avl 'near, next to' 4

peru n m 'turkey' 33L

pesca n 'fishing' 35L

pescador -a -es n 'fisherman' 35L

pescoço n 'neck' 30L

peso n 'weight' 35

pesquisa n 'research' 24L

pêssego n 'peach' (9)

pessegueiro n 'peach tree' (42)

péssimo -a aj 'very bad' 40

pessoa n 'person' 5

pessoal -ais aj m/f 'personal' (23)

pia n 'sink' 32L

pianista n m/f 'pianist' 42

piano n 'piano' 42

picadinho n 'Brazilian stew' 6

picar v 'chop' 42L

pico n 'peak, summit' 37L

pijama n m 'pajamas' 26L

piloto n 'pilot' 35L

pílula n 'pill' 21

pincel -éis n m 'brush' 36L

pinho n 'pine' 37L

pintinho n 'baby chick' 33L

pintor -a -es n 'painter' 13

pintura n 'painting' 42L

pirata n m 'pirate' 38L

pires n m sg/pl 'saucer' (15)

pior -es aj m/f 'worse' 14

piscina n 'swimming pool' 29L

planejar v 'plan' (26)

plano n 'plan, project' 29

plantação -ões n f 'plantation, planting' 33L

plantar v 'plant' 33L

platéia n 'orchestra seat section' 28L

plêiade n f 'pleiad' 41L

pleno -a aj 'full, entire' 40L

plural -ais aj m/f 'plural' (23)

pobre aj m/f 'poor' (3)

poder v 'be able, can' 13

poder -es n m 'power' 40L

poderoso -a aj 'powerful' 41L

poesia n 'poetry' 41L

poeta n m/f 'poet' 38L

pois c 'for, because' 24

pois bem 'very well, all right' 37L

pois não 'yes, of course' (Intro)

política n 'politics' 23L

político -a aj 'political' 37L

polonês -esa -eses n aj 'Pole, Polish' 37L

poltrona n 'armchair' 19

ponte n f 'bridge' 35L

ponto n 'point' 16 'period' (35)

ponto de exclamação 'exclamation point' (35)

ponto de interrogação 'question mark' (35)

ponto e vírgula 'semicolon' (35)

popular -es aj m/f 'popular' 24L

popularidade n f 'popularity' 30L

por p 'by, through, for' (Intro)

por causa de 'because of' (27)

por cento 'per cent' (27)
por favor 'please' (Intro)
por meio de 'by means of' (27)
por outro lado 'on the other hand' 40L
por que 'why' (5)
por volta de 'around, about' 42L
pôr v 'put' 9 'put on' 26L
poracé n m 'Brazilian Indian dance' 38L
porção -ões n f 'portion, share' 12
porco n 'pig' 33L
porém c 'but, however' 29L
porque 'because, why' (6)
porta n 'door' 4
portanto c 'therefore' 28L
portão -ões n m 'gate' 29L
porteiro -a n 'doorkeeper' 19
porto n 'port' 40L
português n m 'Portuguese language' (Intro)
português -esa -eses n aj 'Portuguese' (2)
posição -ões n f 'position' (23)
posse n f 'possession, ownership' (41)
possibilidade n f 'possibility' 29L
possível -eis aj m/f 'possible' 16
possivelmente av 'possibly' (30)
possuidor -a -es n 'possessor' 38L
poste n m 'post, pole, stake' 39L
posterior -es aj m/f 'posterior, after' (34)
posteriormente av 'after, afterwards' (38)
posto part of pôr 29
potencial -ais n m 'potential' 42L
pouco -a aj 'a little, few' (Intro)
povo n 'people, public' 40L
povoação -ões n f 'settlement, village' 38L
praia n 'beach' 10
praticar v 'practice' 2
prático -a aj 'practical' 34L
prato n 'plate, dish' 24L
prazer -es n m 'pleasure' (Intro)

preceder v 'precede' (29)
precioso -a aj 'precious' (36)
precipitar v 'hasten, speed' 40L
precisar v 'need' 26
preço n 'price' 32L
preconceito n 'prejudice' (36)
precursor -a -es n 'forerunner, predecessor' 42L
prédio n 'building' 27L
prefeitura n 'city hall' 27L
preferência n 'preference' (36)
preferir v 'prefer' 24L
preferível -eis aj m/f 'preferable' (32)
prejuízo n 'damage, injury' 35L
prender v 'tie' 31L 'imprison, arrest' 39L
preocupação -ões n f 'preoccupation, worry' 28L
preocupar -se v 'worry' 28L
preparação -ões n f 'preparation' 30L
preparar v 'prepare' 30
preparativos n 'arrangements' 32L
preparatório -a aj 'preparatory' (36)
preposição -ões n f 'preposition' (23)
prerrogativa n 'prerogative, privilege' 40L
presente n m 'gift' (15) 'present' (23)
presidente n m/f 'president' (28)
preso part of prender 39L
pressa n 'haste, speed' (6)
pressão -ões n f 'pressure' 40L
prestar atenção 'pay attention' (Intro)
pretender v 'intend, plan' (36)
pretérito n 'preterite' (23)
pretexto n 'pretext' 25L
preto -a aj 'black' (22)
primário -a aj 'primary' (34)
primavera n 'spring' (10)
primeiro -a aj 'first' 13
primitivista n aj m/f 'primitivist' 42L
primitivo -a aj 'primitive' (38)
primo -a n 'cousin' 5
princesa n 'princess' 37L
principal -ais aj m/f 'principal, main' (12)

principalmente av 'mainly' 27*

príncipe n m 'prince' 37L

princípio n 'beginning' (42)

prisão -ões n f 'prison' 39L

privilegiado -a aj 'privileged' 41L

problema n m 'problem' 35L

processo n 'legal proceedings' 39L

proclamar v 'proclaim, acclaim' 39L

procurar v 'look for' 19

produção -ões n f 'production' 37L

produto n 'product' 37L

produzir v 'produce' 33L

profano -a aj 'profane' 42L

professor -a -es n 'teacher' 7

professional -ais aj m/f 'professional' 29*

profundamente av 'deeply' 42L

programa n m 'program' 28L 'schedule' 33L

progressista aj m/f 'progressive, prosperous' 37L

progresso n 'progress' 14

proibir v 'prohibit' 40L

projetar v 'project' 42L

prometer v 'promise' (38)

pronome n m 'pronoun' (23)

pronto -a aj 'ready' 7

pronúncia n 'pronunciation' (23)

pronunciar v 'pronounce' (35)

propagar v 'spread, propagate' 40L

proparoxítono -a aj 'pro-paroxytone, word in which the accent falls on the third from the last syllable' (38)

proporção -ões n f 'proportion' 35L

próprio -a aj 'proper' 23 'oneself' 28L

prosador -a -es n 'writer of prose' 41L

prosperidade n f 'prosperity' 39L

prosseguir v 'go on, proceed' 38L

protestante n m/f 'Protestant' (42)

protestantismo n 'Protestantism' (42)

protestar v 'protest' 38L

protesto n 'protest' 28*

prova n 'proof, test' 23

provável -eis aj m/f 'probable' (32)

provavelmente av 'probably' 23L

província n 'province' 39L

próximo -a aj 'near, close' (23)

prudência n 'care, caution' 39L

psicológico -a aj 'psychological' 41L

publicar v 'publish' 40L

publicista n m 'political writer' 41L

pulmão -ões n m 'lung' 30L

pulo n 'jump' 33

pulsar v 'pulsate' 41L

punição -ões n f 'punishment' 28*

quadra n 'court' 29L

quadragésimo -a aj 'fortieth' (13)

quadrilha n 'Brazilian square dance' (12)

quadro n 'painting, picture' 13 'team' 29*

qual quais interr 'which' 3

qualidade n f 'quality' (30)

qualquer quaisquer 'any' 6

quando interr 'when' 5

quantidade n f 'quantity' 24L

quanto -a -os -as interr 'how much, how many' (5)

quarenta 'forty' (12)

quarta-feira n 'Wednesday' 8

quartanista n m/f 'fourth year student' 30L

quarto n 'bedroom' 4

quarto -a aj 'fourth' (13)

quase avl 'almost, nearly' 18

quatorze 'fourteen' (12)

quatro 'four' (7)

quatrocentos -as 'four hundred' (17)

que interr 'what, who, which' 2 'that, whom' 22

que nada 'come off it, come on, not really' 34

que tal 'how about it? what do you think?' 37

quebra n 'break, loss' 40L

queda n 'fall, downfall' 40L
queixo n 'chin' 30L
quem interr 'who' 3
quente aj m/f 'hot' 10
querer v 'want' (Intro)
querer dizer v 'mean' 23*
questão -ões n f 'dispute' 40L
questionário n 'questionnaire' (23)
quilo n 'kilo' 32L
quinhentos -as 'five hundred' 17
quinta-feira n 'Thursday' 8
quintal -ais n m 'backyard, orchard, grove' 27L
quinto -a aj 'fifth' (13)
quinze 'fifteen' (12)
quitanda n 'fruit and vegetable market, a type of delicatessen' 32L
quitandeiro n 'man in charge of a "quitanda"' 32L

raça n 'race' (42)
racismo n 'racism' (36)
radiador -es n m 'radiator' (36)
radical -ais n m 'root' (23)
rádio n m 'radio' (set) n f 'radio' (station) 39
raiva n 'anger' (6)
raiz raízes n f 'root' (40)
rapaz -es n m 'boy, young-man' 3
rapidamente av 'quickly' 31
rápido -a aj 'rapid, quick' (42)
raramente av 'rarely, seldom' (29)
raro -a aj 'rare, scarce' 26*
razão -ões n f 'reason' 13
reação -ões n f 'reaction' 41L
real -ais aj m/f 'real, actual' (36) 'royal' 40L
realidade n f 'reality' (36)
realismo n 'realism' 42L
realização -ões n f 'achievement' (41)
realizar v 'accomplish' (26)
realmente av 'really, actually' 28L
rebelião -ões n f 'rebellion' 40L
recalcar v 'repress' 41L

recanto n 'nook, retreat' 33L
recear v 'fear, dread' (40)
receber v 'receive' (16)
recentemente av 'recently' 28*
recife n m 'reef' 35L
recipiente n m 'receptacle, container' (42)
recitar v 'recite' 35L
recomendar v 'recommend' 32L
recomendação -ões n f 'recommenda-tion' 35L
recompensar v 'reward' (35)
reconhecer v 'recognize' 35L
reconstituir v 'restore' 40*
recreio n 'diversion, recess' 41L
rede n f 'net' 31L 'network' 39
reduzir v 'reduce' 30*
refeição -ões n f 'meal' 24
referência n 'reference' (36)
referente aj m/f 'referring to, concern-ing' (42)
referir-se v 'refer to' (25)
refletir v 'reflect' 41L
reflexão -ões n f 'reflection, thought' (36)
reflexivo -a aj 'reflexive' (25)
reforma n 'reform' (36)
regência n 'regency' 40L
regente n aj m/f 'regent' 40L
região -ões n f 'region' 35L
regime n m 'regime' 41L
régio -a aj 'royal, regal' 40L
regional -ais aj m/f 'regional' 35L
regressar v 'return' 40L
regresso n 'return' 42L
regulador -a -es n aj 'regulator' (36)
regular -es aj m/f 'regular' (36)
regularmente av 'regularly' (32)
rei n m 'king' (13)
reino n 'kingdom, realm' 40L
relacionar v 'relate' 40*
relativamente av 'relatively' 41L
relativo -a aj 'related' (29)
religião -ões n f 'religion' (36)

religioso -a aj 'religious' (36)
relógio n 'clock, watch' 16
remar v 'row' 29L
remédio n 'medicine' 21
renda n 'proceeds, income' 28L
renovar v 'renew' (42)
renovação -ões n f 'renewal' (42)
repercutir v 'have repercussions' 42L
repetir v 'repeat' (Intro)
repolho n 'cabbage' 9
reportagem n f 'story in a magazine or newspaper' 29L
representação -ões n f 'representation' (23)
representante n m/f 'representative' 40L
representar v 'represent' 22 'act, perform' 28L
reprimir v 'suppress' 35L
reprovação -ões n f 'disapproval' (32)
república n 'republic' 40L
republicano -a aj 'republican' 40L
requerer v 'demand, require' 39
residência n 'residence' 7
residencial -ais aj m/f 'residential' (15)
residir v 'live, reside' (42)
resistir v 'resist' 25L
resolver v 'decide, resolve' 16
respectivamente av 'respectively' (31)
respeitar v 'respect' 40L
responder v 'answer, respond' (Intro)
responsabilidade n f 'responsibility' 39L
resposta n 'answer' (23)
restaurante n m 'restaurant' (16)
resto n 'remains, rest' 41L
resultado n 'result' 42L
resultar v 'result, follow' 42L
resumo n 'summary' 39
retangular -es aj m/f 'rectangular' (36)
retirar v 'withdraw' 40L
reto -a aj 'straight' 42L
retratar v 'depict, describe' 41L
retrato n 'portrait' 42L

reunião -ões n f 'meeting, gathering' 28L
reunir v 'meet together, gather' (7)
revelar v 'reveal' 39L
rever v 'revise, see again' (42)
revestir v 'coat, cover' 35L
revisão -ões n f 'revision, review' (24)
revisor -a -es n 'proofreader' (42)
revista n 'magazine' 26L
revolta n 'revolt' 39L
revoltar v 'revolt, rebel' 28*
revoltoso -a n aj 'rebel' 39L
revolução -ões n f 'revolution' 39*
rezar v 'pray' 27L
rico -a aj 'rich' (3)
ridículo -a aj 'ridiculous' (32)
rim -ns n m 'kidney' 30L
rio n 'river' 35L
riqueza n 'riches' 38L
rir v 'laugh' 18
rival -ais n m/f 'rival' (42)
roça n 'cleared land, small garden, field' 33L
romance n m 'romance, novel' 23L
romancista n m/f 'novelist' 28*
romântico -a aj 'romantic' 41L
romantismo n 'Romanticism' 41L
rosbife n m 'roast beef' 32L
rosto n 'face' 30L
roubar v 'rob, steal' 32L
roupa n 'clothing' 25L
roupa branca n 'lingerie, underwear' 25L
roxo -a 'purple' (22)
rua n 'road, street' (16)
rude aj m/f 'crude' 28*
ruim aj m/f 'bad, wicked' (14)
ruína n 'ruins' 37L
ruivo -a aj 'auburn, red-haired' 38L
rural -ais aj m/f 'rural' 42L
rústico -a aj 'rustic' 28L

sábado n 'Saturday' 8
sabão n m 'soap' 36

sabedoria n 'wisdom, knowledge' 34L
saber v 'know, learn' 13
sabor -es n m 'flavor' 9
saboroso -a aj 'tasty, delicious' (42)
sacro -a aj 'sacred' (41)
sacudir v 'shake' 36L
sadio -a aj 'healthy' 30L
saguão -ões n m 'lobby' 35L
saia n 'skirt' 25L
saída n 'exit' 28L
sair v 'leave' 14
sal sais n m 'salt' 24L
sala n 'room' (Intro)
salada n 'salad' 24L
salão -ões n m 'parlor, large room' 31L
salgadinho n 'hors d'oeuvres' (18)
salto n 'heel' 25L
samba n m 'samba, well-known Brazilian dance' 3
sangrento -a aj 'bloody' 40L
sangue n m 'blood' 30L
santo -a n 'saint' 27L
sapataria n 'shoe store' 25L
sapateiro n 'shoemaker' 34L
sapato n 'shoe' 25L
sátira n 'satire' 41L
satírico -a aj 'satirical' 41L
satisfazer v 'satisfy' (38)
satisfeito -a aj 'happy, satisfied' 31L
satisfação -ões n f 'satisfaction' (15)
saudade n f 'longing, nostalgia, homesickness' 25L
se nl 'himself, herself, themselves' 23
'if' 25
seca n 'drought' 28L
secador -es n m 'dryer' 31L
secar v 'dry' 31L
seco -a aj 'dry' 28
secretaria n 'government department' 40L 'office, bureau'
século n 'century' 35L
secundário -a aj 'secondary' (36)
sede n f 'thirst' 6
seguinte aj m/f 'following' (23)

seguir v 'follow' (23) 'go' 39L
segunda-feira n 'Monday' 8
segundo -a aj 'second' (13)
segurança n 'security' (42)
segurar v 'secure, hold' (42)
seis 'six' 5
seiscentos -as 'six hundred' (17)
seleção -ões n f 'selection' 30*
selva n 'jungle' 38L
selvagem -ns aj m/f 'savage, wild' 38L
sem p 'without' 26L
sem graça 'half-heartedly' 26L
semana n 'week' 5
semear v 'sow' (40)
semelhante aj m/f 'similar, like' 35L
semestre n m 'semester' (27)
sempre avl 'always' (3)
senador -es n 'senator' (36)
senhor -es n m 'you, Mr.' (4)
senhora n 'you, Mrs.' (4)
senhorita n 'Miss' (1)
sentar-se v 'sit, sit down' 24L
sentença n 'sentence' (legal) 39L
sentido n 'meaning' 33*
sentimental -ais aj m/f 'sentimental' (42)
sentimento n 'sentiment, feeling' (36)
sentir v 'feel, be sorry' 18
sentir falta v 'miss' 30
séquito n 'cortege, retinue, entourage' 40L
ser v 'be' (Intro)
ser preciso v 'be necessary' 32
série n f 'series' (26)
sério -a aj 'serious' 30L
serra n 'mountain' 37L
serviço n 'service' 34L
servir v 'serve' 24L
sessenta 'sixty' (12)
sete 'seven' (7)
setecentos -as 'seven hundred' (17)
setembro n 'September' (10)
setenta 'seventy' (12)
sétimo -a aj 'seventh' (13)

setor -es n m 'sector' 42L

seu sua pos 'your, yours, his, her, hers, their, theirs' (Intro)

Seu 'Mr.' 9

severamente av 'severely' 41L

sexagenário -a n aj 'sexagenarian' 40L

sexta-feira n 'Friday' 8

sexto -a aj 'sixth' (13)

si nl 'himself, herself, themselves' 38L

significado n 'meaning' (25)

significante aj m/f 'significant' 41L

sílaba n 'syllable' (23)

silêncio n 'silence' 38L

sim 'yes' (Intro)

simbolismo n 'symbolism' 41L

símbolo n 'symbol' 22

simpatia n 'warmth, understanding' 35L

simpático -a aj 'nice' 3

simples aj m/f sg/pl 'simple, modest' 16

simplicidade n f 'simplicity' 28L

simultaneamente av 'simultaneously' 30*

simultâneo -a aj 'simultaneous' (34)

sinal -ais n m 'signal, mark' (23)

singular -es aj m/f 'singular' (23)

sinhá n 'Missy' 28L

sistema n m 'system' 38L

situação -ões n f 'situation' 16

situar v 'locate' 24L

só aj m/f 'alone, just' avl 'only' 5

sob p 'under' (23)

sobrancelha n 'eyebrow' 30L

sobre p 'about, on' 10

sobrecarregar v 'overload, overburden' 34

sobremesa n 'desert' 24L

sobretudo n 'overcoat' 26L

sobrevoar v 'fly over' 35L

sobrinho -a n 'nephew, niece' 18

social -ais aj m/f 'social' 28L

socialismo n 'socialism' (36)

sociedade n f 'society' (36)

sócio -a n 'member' 29L

sofá n m 'sofa' 19

sofrer v 'suffer' (16)

sogro -a n 'father-in-law, mother-in-law' 16

sol sóis n m 'sun' (15)

sólido -a aj 'solid' 38L

solista n m/f 'soloist' 42

solo n 'solo' 42

solteirão -ona n 'unmarried man, old maid' (21)

solúvel -eis aj m/f 'soluble' (36)

som sons n m 'sound' (23)

sombra n 'shade' 38L

somente av 'only' (23)

sonata n 'sonata' 42

sonhar v 'dream' 28L

sonho n 'dream' 27L

sono n 'sleep' (6)

sonoro -a aj 'voiced' (23)

soprano n 'soprano' 42

sorrir v 'smile' 37

sorriso n 'smile' 27L

sorte n f 'luck' 19 'kind' 38L

sorvete n m 'ice cream' 24L

sotaque n m 'accent' 30L

sozinho -a aj 'alone' 20

suave aj m/f 'soft' 13

subir v 'go up' (28)

subjuntivo n 'subjunctive' (32)

submeter v 'subject, subjugate' 38L

substantivo n 'noun' (25)

substituição -ões n f 'substitution' (30)

substituir v 'substitute' (23)

sucessivo -a aj 'successive, consecutive' 40L

sucesso n 'success' 25L

sufixo n 'suffix' (38)

sugerir v 'suggest' (23)

sugestão -ões n f 'suggestion' 42L

sujeito n 'subject' (23)

sul n m 'South' 37

sumir v 'disappear' 28

superficial -ais aj m/f 'superficial' (36)

superior -es aj m/f 'upper, superior' 30L
superioridade n f 'superiority' 40L
supervisionar v 'supervise' 34L
suplemento n 'supplement' 41
supor v 'suppose, presume, assume' 38L
suprir v 'furnish, compensate, make up for' 38L
surdo -a aj 'voiceless' (23) 'deaf'
surgir v 'emerge, appear' 41L
surpreender-se v 'be surprised' 35L
surto n 'outbreak' 42L
sustentáculo n 'support' 40L

taciturno -a aj 'taciturn, quiet' 28L
tagarelice n f 'babbling' 36L
tal tais aj 'such, like' 37
talher -es n m 'silverware' 24L
talvez avl 'perhaps' 27
tamanho n 'size' (28)
também avl 'also' 3
tanga n 'loincloth' 38L
tanto -a aj 'so much, so many' 3
tão 'so, very, as . . . as' 6
tapete n m 'carpet' 19
tarde n f avl 'afternoon, late' (Intro)
táxi n m 'taxi' (20)
teatro n 'theater' 8
tecido n 'fabric' 37L
técnica n 'technique' 41L
tela n 'screen' 28L
telefonar v 'telephone, call' 23
telefone n m 'telephone' 3
telefonema n m 'telephone call' (40)
tema n m 'stem' (31)
temperamento n 'temperament' (36)
temperatura n 'temperature' 37L
tempo n 'time, weather' 18 'tense' (verb) (30)
temporário -a aj 'temporary' (27)
tendência n 'tendency' (27)
tênis n m 'tennis' 29L
tentar v 'try' 29L

tentativa n 'attempt' 39L
teologia n 'theology' (36)
teoricamente av 'theoretically' 30*
ter v 'have' 9
ter . . . anos 'be . . . years old' 26
ter lugar v 'take place' 39L
terça-feira n 'Tuesday' 8
terceiro -a aj 'third' 13
terminação -ões n f 'ending' (23)
terminar v 'finish, end' (3)
termômetro n 'thermometer' 37L
terno n 'man's suit' 26
ternura n 'tenderness, affection' (28)
ter que 'have to' 10
terra n 'land' 28L
terrível -eis aj m/f 'terrible' (36)
tesoura n 'scissors' 36L
testa n 'forehead' 30L
testar v 'test' 30L
teu tua pos 'your, yours' 27L
til n m 'tilde' (23)
timbre n m 'tone quality, timbre' (38)
time n m 'team' 29
tinta n 'paint' 38L
tintureiro -a n 'dryer, drycleaner' 34L
tio -a n 'uncle, aunt' (5)
tios n 'aunt and uncle' (5)
tipo n 'type, kind' 29*
tirar v 'remove' 36L
tirar o leite v 'milk' 33L
toalha n 'towel' 36L
tocar v 'play' 42L
todo -a aj 'each, every, all' 1
todos os dias 'everyday' 2
tolice n f 'a silly thing, nonsense' 26L
tom -ns n m 'tone' 28L
tomar v 'take' 21
tomar medidas v 'measure' 26L
tônico -a aj 'stressed' (syllable) (25)
tonto -a aj 'dizzy, crazy' 24
tópico n 'topic' 35L
tórax -es n m 'thorax' 30L
torcedor -a -es n 'rooter, fan' 29L
torcer v 'cheer, root' 29L

torcida n 'rooters, fans' 29L
tornar-se v 'become' (7)
torneio n 'tournament' 29L
torneira n 'faucet' 32L
torre n f 'tower' 27L
tossir v 'cough' (28)
trabalhador -a -es n 'worker' 33L
trabalhar v 'work' (2)
trabalho n 'work' (11) 'paper' 41
traço de união 'hyphen' (35)
tradição -ões n f 'tradition' 35L
tradicional -ais aj m/f 'traditional' 23*
tradicionalista aj m/f 'traditionalist'
  42L
traduzir v 'translate' 41L
tráfego n 'traffic' 28L
traficante n m/f 'dishonest trader' 38L
trair v 'betray' (14)
tranqüilamente av 'quietly' 33L
tranqüilidade n f 'tranquility' 40L
tranqüilo -a aj 'peaceful' (42)
transfigurar v 'transfigure, transform'
  41L
transformar v 'transform, change' 14
transporte n m 'transportation' 38*
tratar de v 'work on, take care of' 25L
travessão -ões n m 'dash' (35)
trazer v 'bring' 12
trecho n 'section, passage' 27*
trem n m 'railroad train' (7)
trema n m 'diaresis' (23)
três 'three' (7)
treze 'thirteen' (12)
trezentos -as 'three hundred' (17)
tribuna n 'speaker's platform' 41L
tribunal -ais n m 'court' 40L
trigésimo -a aj 'thirtieth' (13)
trinta 'thirty' (12)
triste aj m/f 'sad' 25L
troca n 'exchange' (27)
troco n 'change' (money) 36L
tronco n 'trunk' (body) 30L
tudo 'all, everything' 7

turismo n 'tourism' (36)

ultimamente av 'recently, lately' 25L
último -a aj 'last' 27L
ultrapassar v 'surpass, exceed' 42L
um -a -ns -mas 'a, one, some' (Intro)
unha n 'nail' (finger, toe) 31L
único -a aj 'only' 13
unidade n f 'unity' 40L
unido -a aj 'united' 22
uniforme n m 'uniform' 26L
unir v 'join, unite' 35L
universal -ais aj m/f 'universal' 42L
universalista aj m/f 'universal, general'
  41L
universidade n f 'university' 3
universitário -a aj 'of or pertaining to a
  university' 40L
usar v 'use' (23), 'wear' 26L
uso n 'use' (27)
usual -ais aj m/f 'usual' (28)
útil úteis aj m/f 'useful' 38L
utilização -ões n f 'use, utilization' 38*
uva n 'grape' 32L

vaca n 'cow' 33L
vaga n 'opening' 30
valentão -ona -ões n 'boastful person'
  (21)
valer v 'be worth' 29
valor -es n m 'connotation' (30) 'value'
  38L
vantagem -ns n f 'advantage' 15
vaqueiro n 'cowboy, herdsman' 28L
varanda n 'veranda' 27L
variação -ões n f 'variation' (28)
variar v 'vary' 26*
variável -eis aj m/f 'variable' (25)
vários -as aj 'several' 30L
varrer v 'sweep' 27L
vazio -a aj 'empty' 29L
veia n 'vein' 30L
velar -es aj m/f 'velar' (23)

velho -a n aj 'old, old person' (3)
vencer v 'win, overcome' 29L
vendedor -a -es n 'salesclerk, vender'
26L
vender v 'sell' (6)
Veneza n 'Venice' 35L
vento n 'wind' 27L
ventre n m 'womb' 40L
ver v 'see' 13
veraneio n 'summer vacation' 40*
verão -ões n m 'summer' 10
verbal -ais aj m/f 'verbal' (24)
verbo n 'verb' (23)
verdade n f 'truth' 23
verdadeiro -a aj 'true, real' 38L
verde aj m/f 'green' 22
verdura n 'green vegetable' 9
vermelho -a 'red' (22)
versão -ões n f 'version' 41L
vertical -ais aj m/f 'vertical' 42L
véspera n 'eve, day before' 35L
vestibular -es aj m/f 'college entrance
   examination' 30
vestíbulo n 'vestibule' 28L
vestido n 'dress' 17
vestígio n 'trace, remains' 35L
vestir-se v 'to dress oneself' 25
vez -es n f 'time' (Intro) 'turn' 29L
viagem -ns n f 'trip' 20
viajar v 'travel' 10
vida n 'life' 23L
vigário n 'vicar, curate' 27L
vigésimo -a aj 'twentieth' (13)
vindo part of vir (29)

vinho n 'wine' 24
vinte 'twenty' (12)
violeiro n 'guitar player' 42L
violento -a aj 'violent' 40L
violinista n m/f 'violinist' 42
violino n 'violin' 42
vir v 'come' 8
vir ao seu encontro 'meet' 32L
vírgula n 'comma' (35)
virtuoso -a aj 'virtuous, upright' (36)
visão -ões n f 'vision, sight' (36)
visita n 'visit' 21, 'visitor' 27L
visitante n m/f 'visitor' 35L
visitar v 'visit' 15
visto part of ver (29)
vítima n 'victim' (36)
vitória n 'victory' 29L
vitorioso -a aj 'victorious' 40L
vitrine n f 'store window' 25L
vivo -a aj 'vigorous' 41 L 'alive, vivid'
vivacidade n f 'vivaciousness' 23L
viver v 'live, reside' 15
vizinhança n 'neighborhood' 32L
vocabulário n 'vocabulary, glossary'
   (23)
vocálico -a aj 'vocalic' (25)
você nl 'you' (Intro)
vogal -ais n f 'vowel' (24)
vólei n m 'volleyball' 29L
volta n 'return, turn' 15
voltar v 'return' 25L
vovô vovó n 'grandpa, grandma' 33L
voz -es n f 'voice' (41)